互联网+时代下的财务管理

曾俊平　李淑琴　著

NORTHEAST NORMAL UNIVERSITY PRESS
WWW.NENUP.COM
东北师范大学出版社

图书在版编目(CIP)数据

“互联网+”时代下的财务管理 / 曾俊平，李淑琴著 .
—长春：东北师范大学出版社，2017.3 （2024.8重印）
ISBN 978-7-5681-2885-8

Ⅰ. ①互… Ⅱ. ①曾… ②李… Ⅲ. ①互联网络—应
用—财务管理—研究 Ⅳ. ① F275-39

中国版本图书馆 CIP 数据核字 (2017) 第 047910 号

□责任编辑：于天娇　　□封面设计：优盛文化
□责任校对：何　云　　□责任印制：张允豪

东北师范大学出版社出版发行
长春市净月经济开发区金宝街 118 号（邮政编码：130117）
销售热线：0431-84568089
网址：http://www.nenup.com
电子函件：sdcbs@mail.jl.cn
三河市同力彩印有限公司
2017 年 7 月第 1 版　2024 年 8 月第 4 次印刷
幅面尺寸：170mm×240mm　印张：16.25　字数：291 千

定价：53.00 元

前言

PREFACE

随着我国资本市场的日益发达和现代企业制度的建立，作为组织企业财务活动、处理企业财务关系的一项综合性经济管理活动，财务管理在企业管理中的地位日益提高，财务管理学作为一门研究财务管理理论和方法的学科也受到了理论和实务界的进一步关注。而随着信息经济时代的到来，信息技术也给各国经济发展带来了深远的影响，传统经济正逐步向信息经济过渡，以信息技术为代表的高新技术形成的新经济模式，将在企业管理中发挥越来越重要的作用。

在移动互联网时代，互联网正成为连接一切的中心，促进了融合，破除了传统企业和传统思维打造的障碍，轻易地实现了人类聚合天下的梦想，“互联网 +”由此应运而生。“互联网 +”改变了传统财务管理业务环境的具体表现——企业的运作方式、组织形式、管理目标、管理对象、管理内容及核算方法等都发生了变化，这种变化必然赋予传统财务管理理论和实务新的特征。“互联网 + 财务管理”产生的根本原因是互联网的发展，互联网在财务管理的控制和决策中起重要作用。网络技术为现代财务管理的顺利实施提供了技术保障，同时，财务管理过程本身是信息资源的利用过程。本书在“互联网 +”的基础上对财务管理的相关知识进行了分析阐述，以不断充实和完善新形势下财务的理论体系和实施技术。由于作者水平和经验的限制，不当之处在所难免，恳切希望广大读者和各位专家予以批评指正，以便今后进一步修改和完善。

目录

CONTENTS

第一章　导　论

第一节　财务管理基本内涵

一、什么是财务管理

英文“finance”一词有财务、金融、财政、筹措资金、理财等许多含义，但都与“钱”的获取、运用和管理有关，即理财。通常，当涉及微观层面的内容时，人们习惯上称“finance”为财务，如公司财务、财务公司、财务状况、财务报表、财务决策等；而当涉及宏观层面的内容时，习惯上则称其为金融、财政，如金融市场、金融中心、金融中介、金融期货等。本书研究的是现代企业的理财活动，故称“finance”为财务。

在现实经济社会，资源是稀缺、有限和多用途的，而钱又是最灵活的一种资源。因此，绝大多数人都对钱感兴趣，都与钱打交道。概括地说，财务是一门涉及决定价值和制定决策的学科，其功能是配置资源，财务有三个主要方面，即公司财务管理、投资者的投资、金融市场与金融中介，它们从不同角度处理与理财有关的交易活动。

财务管理是财务的一部分，通过决策制定和适当的资源管理，在组织内部应用财务原理来创造并保持价值。从企业的角度看，财务管理就是对企业财务活动过程的管理。具体地说，就是对企业资金的筹集、投向、运用、分配以及相关财务活动的全面管理。其目的是有效地利用资源，以便实现企业的目标。

二、财务管理的内容

企业生产经营的过程，从购买生产要素开始，到投入生产过程，生产出中间产品和最终产品，再进入销售过程，最后取得销售收入和利润；然后进行质或量的扩张，进入下一个再生产过程。这是一个资本不断运动变化的过程，也就是企业财务活动的过程。资本是企业财务活动的基本要素，企业财务活动的基础是资本的运动。资本的运动过程及内容，决定了企业财务活动的内容。而企业财务活动的内容，就是企业财务管理的内容。

根据企业财务活动的内容，企业财务管理的主要内容可概括为：筹资管理、投资管理、营运资产管理、收入与分配管理，财务管理实际上是一种决策，财务管理决策主要有以下几个方面：

1. 投资决策。决定企业是否应该购买长期资产，企业将投资于哪些资产，是否进行新项目投资等。企业长期投资的计划与管理过程，称为资本预算，即对未来现金流的大小、时间和风险的评估。

2. 融资决策。决定如何获得企业所需要的资金，融资成本有多大，如何安排企业长期债权与股权的比例结构才能使公司的价值最大，如何使融资成本最小等。

3. 营运资本管理决策。企业的营运资本管理是一项日常活动，以保证企业持续经营、避免生产中断以及由此带来的巨大损失。营运资本管理决策包括企业应该持有多少现金和存货，是否应向顾客提供信用销售，如何获得必要的短期融资等内容。

4. 收入与分配决策。即决定公司采取什么样的股利政策，在公司股利分配与留存收益之间如何进行选择，并分析公司股利政策对企业资本结构、公司价值、股票价格的影响等。除了上述四项决策以外，财务管理决策还包括企业的并购、重组、破产清算、跨国经营财务管理、财务分析与财务计划等内容，它们一起构成了企业财务管理的完整内容。

三、财务管理的特征

现代财务管理以企业价值或股东财富最大化为目标，以企业资本运动为对象，以财务决策为核心，以投资、融资、营运资本管理为主要内容，贯穿企业管理的全过程。财务管理利用资本、成本、收益、利润等价值指标来组织、使用企业的各种资源和要素，以便形成、实现和分配企业的价值，体现"理财"的特征。因此，财务管理实际上是一种关于价值的管理和决策，是对企业再生产过程中的价值运动所进行的管理。

现代企业财务管理具有如下特征。

1. 涉及面广。企业生产经营的各个方面、各个领域、各个环节都与财务管理密切相连。企业生产要素的购买、生产的组织、营销的开展、资产的管理、技术的开发、人事与行政的管理、分配的进行等活动，无不伴随着企业资金或资本的运动。每个部门或环节在如何使用资金，如何计算成本的大小及如何实现收入等方面，都受到财务管理制度的制约。从有效利用资源的角度看，财务管理涉及企业生产经营和管理的各个方面。

2. 综合性强。财务管理能以价值形式综合反映企业的生产经营及管理的效果、财务信息和财务指标，能综合地反映出企业的资产负债情况、成本与收益大小、资源利用效率等，进而反映出企业的管理水平、竞争力及市场价值。通过财务信息把企业生产经营的各种因素及其相互影响等全面、综合地反映出来，进而有效地促进企业各方面管理效率的提高，是财务管理的一个突出特点。此外，在进行财务分析和决策时，财务管理人员必须了解和掌握现代经济学、金融学、会计学、统计学、管理学等相关知识和方法。从这个意义上说，财务管理决策具有知识综合性的特点。

3. 企业管理的核心。现代企业管理，包括生产管理、技术管理、人力资源管理、财务管理、营销管理、资产管理、战略管理等许多内容，其核心是资源配置和价值创造。钱从哪里来？往哪里花？企业的终极目标是什么？如何少花钱多办事？如何有效地利用资源？如何有效地激励管理人员和员工？如何考核、度量企业的经营绩效？如何分享企业的经营成果等，这些都是企业管理者必然关注的问题。企业生产运营、管理的一切方面，最终都归结为财务管理的基本问题，都要通过财务指标来反映。再好的企业，如果长期处于亏损状态，就不能说是一个好的企业；再好的管理，如果不能实现公司的价值目标，不能使股东财富或企业价值增加，就不能说是一个有效的管理。从这个意义上说，财务管理是现代企业管理的核心。

4. 不确定性和复杂性。在现实世界中，未来充满着不确定性。由于信息不完全或信息不对称，以及委托代理关系的普遍存在，使得现代企业在进行财务管理决策时，将受到众多不确定性因素的影响。例如，商品及要素价格的变化、利率及汇率的变化、决策者偏好、竞争对手策略、市场结构与市场需求的变化、国内外金融市场的波动、宏观经济政策的调整、技术创新与变革、制度变化等，都将对企业的财务管理活动和财务管理决策产生重要影响。这些变量具有较大的不确定性或不可预知性，使得企业财务管理面临着极大的不确定性，财务管理决策就变得更加复杂。

第二节 企业组织形式

在现实经济中，大多数经济活动是由企业而不是由个人来实现的。企业是市场经济的基本经济主体，它是组织众多人参与进行经济活动的一种形式。企业的组织形式，决定着企业的财务结构、财务关系、财务风险和财务管理方式。

企业组织形式可按不同的类型进行分类。一般按出资构成形式和剩余索取形式将企业分为三种主要形式：独资企业、合伙制企业和公司制企业。

一、独资企业

独资企业是指由单个自然人独自出资、独资经营的企业，又称个人业主制。

独资企业的财产为投资者个人所有，投资者具有对企业完全的决策权和经营权，个人独自享受企业的利润、独自承担经营责任和风险。

独资企业具有如下主要特征。

1. 企业的所有权、经营权及剩余索取权是统一的，经营者有最大的激励。
2. 投资者以其个人的全部资产对企业债务承担无限责任。投资者个人资产与企业资产之间没有差别。
3. 企业内部结构简单，不需要正式的章程，开办费用低，政府限制极少。
4. 不需要支付企业所得税，企业所得按个人所得税规定纳税。
5. 企业规模小，资金来源有限，发展速度缓慢，筹资相对困难，难以投资经营一些资金密集、适合规模经营的行业。
6. 企业的存续期受制于业主本人的生命期，存续期短。
7. 企业所有权不容易转移。
8. 抵御财务和经营风险的能力较低。

二、合伙制企业

合伙制企业是指由两个或两个以上的人共同出资创办、共同经营、共负盈亏、共同对企业债务承担无限责任的企业。

合伙制企业分为两类：一般合伙制和有限合伙制。在一般合伙制中，所有的合伙人同意提供一定比例的资金和参与公司经营，并分享相应的利润或亏损。每个合伙人享有的权利和承担的义务是相同的，每个人都对企业中的债务承担无限责任。有限合伙制企业允许某些合伙人的责任仅限于个人在合伙企业中的出资额。有限合伙制通常要求：至少有一个合伙人是一般合伙人，即负无限责任；有限合伙人不参与企业管理。

合伙制企业同独资企业相类似，具有如下特征。

1. 合伙制企业对所有债务负无限责任，如果一个一般合伙人不能履行其承诺，不足部分由其他一般合伙人承担。有限合伙人所负责任仅以其出资额为限。

2. 合伙制企业的费用一般较低，在开办合伙制企业时，无论是一般合伙制还是有限合伙制，都需要书面文件。

3. 当一个一般合伙人死亡或撤出时，一般合伙制随之终结。一般合伙制企业转让产权要求所有合伙人必须一致同意，因此在没有宣布解散的情况下转让产权是很难的。但有限合伙人有出售其在企业的权益的权利。

4. 合伙制企业的收入按合伙人征收个人所得税。

5. 管理控制权归属一般合伙人，重大事件通常需要通过投票表决来决定。

6. 由于受到其他合伙人发生变化（死亡、退出、丧失民事能力等）的影响，企业的存续期有限且不稳定。

7. 由于合伙人对合伙企业的债务承担无限责任，在增强了合伙人责任心的同时，也加大了其经营风险。

8. 合伙制企业要筹集大量的资金也十分困难，权益资本的规模通常受到合伙人自身能力的限制。

三、公司制企业

公司是现代企业的重要组织形式。它是依照公司法登记设立，由股东作为出资者，以其全部法人财产进行自主经营、自负盈亏的法人企业。公司享有由股东投资形成的全部法人财产权，依法享有民事权利，并承担民事责任。公司股东作为出资者，按投入公司的资本额享有所有者的资产收益、重大决策和投票表决权，并以其出资额或所持股份为限，对公司承担有限责任。公司制企业可分为有限责任公司、无限责任公司、股份有限公司、两合公司等。《中华人民共和国公司法》（以下简称《公司法》）中所称的公司，是指有限责任公司和股份有限公司。

公司制企业具有如下特征。

1. 公司产权表示为股份，产权可以随时转让，公司的存在与持股者无关。

2. 公司具有无限存续期，因为公司与其所有权是分离的。

3. 股东的责任仅限于其投资在所有权的股份。

4. 公司的所有权与经营权是分离的。股东一般不直接参与公司的经营管理，公司由股东大会或董事会委托的管理层来经营管理。

5. 公司的股东除了在收到股利时缴纳个人所得税外，公司还必须缴纳企业所得税。这对于股东来说是双重纳税。

下面着重介绍股份有限公司和有限责任公司这两种基本类型。

（一）股份有限公司

股份有限公司是指注册资本由等额股份构成并通过发行股票筹集资本，股东以其所认购的股份对公司承担有限责任和义务，公司以其全部资产对公司债务承担责任的企业法人。

股份有限公司是现代公司最基本的组织形式，简称股份公司。其基本特征包括以下几方面。

1. 股份公司将其资本总额划分为等额股份，每股金额相等，并采用股票形式向出资人发放，作为其投资入股的凭证。

2. 同期发行的股票，每股的发行条件和价格相同。同股同权、同股同利。

3. 股东可以依法转让其所持有的股份。

4. 股份公司的股东人数必须达到法定人数，一般只有下限要求，没有上限要求。股东可以是自然人，也可以是法人。

5. 股份公司的设立程序复杂，法律要求严格。公司设立必须有公司章程，上面载明公司名称、经营目的、获准发行的股票数量、各种不同股份的权限（如普通股、优先股）、股东拥有的权利和义务、公司的发起人、创建时董事会的成员数、决策规则等。

6. 公司涉及大量的公开信息披露，如公司章程、招股说明书、发行公告、股东名录、股东大会决议、董事会决议、年度和半年度的财务报告、关联交易、重大事项等，必须在证券市场上公开披露和公告。

股份有限公司的优点是：（1）通过向社会发行股票，可以广泛吸收社会资本，迅速扩大企业规模，提高企业竞争力。发行股票是筹集大规模资本的有效形式。（2）大股东可以用一部分资本控制、配置更多的社会资本，实现资本产权的社会化，从而有效地配置资源。（3）股东对公司债务只承担有限责任，且股票可以在市场上自由买卖，增强了股票的流动性，使投资者的风险控制在一定范围内。（4）由于股票可以在市场上自由流通，股票价格便成了公司经营好坏的“晴雨表”，可以促使管理层努力提高经营管理水平和企业绩效。

股份有限公司的缺点是：（1）股东除了在收到股利时须缴纳个人所得税外，公司还须缴纳企业所得税。对股东来说，属于“双重纳税”。（2）当少数大股东控制公司时，小股东的利益可能受到侵害；而当股权相对分散时，大股东又容易失去对公司的控制。（3）由于公司的所有权和控制权是分离的，管理者的目标和股东的目标可能不一致或产生利益冲突，因而产生较大的代理成本。（4）股份公司通常面临着严格的市场、行政和法律监管，如严格的信息披露制度，对公司的经营管理和规范运作是相当大的考验。

股份公司的股东是公司的所有者。作为所有者，股东拥有股利分配权、投票权（如投票选举董事会、投票表决公司重大事项等）、破产清算权和优先认股权等权利。

（二）有限责任公司

有限责任公司是指由两个以上股东共同出资，每个股东以其出资额为限对公司债务承担有限责任，公司以其全部资产对其债务承担有限责任的企业法人，通常简称为有限公司。

有限责任公司具有如下特征。

1. 它的设立程序要比股份公司简单得多。在我国，设立股份公司要经过国务院授权的部门（如中国证监会）或省级人民政府批准。而设立有限公司，除法律、法规另有规定外，无须任何政府部门批准，可直接向公司登记机关申请登记、注册。公司无需向公众公开披露信息。

2. 有限公司的资本无须划分为等额的股份，也不发行股票。股东确定出资额并交付后，由公司出具证明，作为股东在公司中应享有的权益凭证。

3. 有限公司的股份不能自由买卖。由于有限公司股东持有的股权证书并不是股票，这种股权证书只能在股东之间相互转让。在向股东以外的人转让股份时，必须经过全体股东过半数同意，而且老股东具有优先购买权。

4. 有限公司的股东人数有限额。大多数国家的公司法对有限公司的股东人数都有上限规定。我国新的《公司法》规定，有限公司由两个以上 50 个以下股东共同出资设立。

5. 有限公司内部管理机构的设置灵活。股东人数较少和规模较小的有限公司，可以不设董事会，大股东可以亲自经营企业，使所有权与控制权的分离程度降低。还可以不设监事会，只设 1 ~ 2 名监事，行使监督的权利。

四、各种企业组织形式的比较

表 1–1 和表 1–2 简要说明了各种企业组织形式间的差异。表 1–1 是上述四种组织形式间的简单比较，表 1–2 是公司制企业与合伙制企业的比较。

表 1-1　各种企业组织形式的比较

比较内容 \ 企业组织形式	独资企业	合伙制企业	股份有限公司	有限责任公司
管　理	拥有和经营企业	拥有和经营企业。任命一般合伙人之一为其经理，合伙协议规定其经营和管理权限	公司拥有和经营企业，员工管理企业，股东由董事会代表	公司拥有和经营企业，员工管理企业
财务义务责任：				
（1）责任性质	独资人承担全部责任	一般合伙人对企业的全部义务以及任一合伙人发生的特定负债负责；有限合伙人除特别承担的义务，不对企业的义务负责	股东对公司的财务义务不承担责任	股东不对公司的义务直接负责
（2）责任大小	责任无限	一般合伙人的责任是无限的；有限合伙人的责任以出资额为限	限于所投入的权益	限于所投入的权益
所得税处理：				
（1）纳税主体	独资人	合伙人	股份公司	公司的股东
（2）纳税利益	企业的全部纳税事项直接转为独资人，独资企业不是纳税主体	所有权的纳税利益通常按所有权份额归属合伙人	所有权的纳税利益归属股份公司	所有权的纳税利益通常按所有权份额归属股东
（3）扣税限制	没有限制	扣税通常限于每个合伙人投资的纳税基础	扣税可能不直接由股东获得	扣税通常限于每个股东投资的纳税基础

续 表

企业组织形式 / 比较内容	独资企业	合伙制企业	股份有限公司	有限责任公司
（4）所得税	所得额仅按独资人课税	所得额仅按合伙人课税	所得额按股份公司课税，股利按股东正常收入课税	所得额仅按股东课税

表 1-2　　公司制企业与合伙制企业的比较

比较内容	公司制	合伙制
流动性与可交易性	股份可以交易而公司无须终结；股票可以在交易所上市交易	产权交易受到很大限制；一般无合伙制的产权交易市场
投票权	每股有一投票权，表决重大事项和选举董事会；董事会决定高层经理	有限合伙人有一定投票权；一般合伙人独享控制和管理经营
税　收	双重征税：公司收入缴纳企业所得税，股东所获红利缴纳个人所得税	合伙制企业无须缴纳企业所得税，合伙人根据从合伙制企业分配的收入缴纳个人所得税
再投资与分红	公司拥有较大的自由度决定股利支付比例	一般来说，合伙制企业不允许将其现金流量用于再投资，所有的净现金流量分配给合伙人
责　任	股东个人不承担公司的债务	有限合伙人不承担合伙制企业的债务，一般合伙人要承担无限责任
存续期	公司具有无限存续期	合伙制企业仅有有限存续期

五、CFO 在公司治理中的地位与职责

（一）公司治理

公司治理是关于公司各利益主体之间的责任、权利、利益关系的制度安排，涉及公司的激励、监督、决策机制的建立和实施。狭义的公司治理是指公司的股

东、董事会与经理层之间的关系，广义的公司治理还包括与利益相关者的关系、有关法律法规和上市交易规则等。

经济合作与发展组织（OECD）提出的公司治理原则包括：（1）公司治理框架应保护股东权利。（2）应平等对待所有股东，包括中小股东和外国股东。当股东权利受到侵害时，所有股东应有机会得到赔偿。（3）应确认公司利益相关者的合法权利，鼓励公司与他们开展积极的合作。（4）应确保及时、准确地披露所有与公司有关的实质性事项的信息，包括财务状况、经营状况、股权结构以及公司治理状况。（5）董事会应确保对公司的战略指导、对管理层的有效控制，董事会应对公司和股东负责。

中国证监会出台的《上市公司治理准则》也强调：（1）应平等对待所有股东，保护股东合法权益。（2）强化董事的诚信和勤勉义务。（3）发挥监事会的监督作用。（4）建立健全绩效评价和激励约束机制。（5）保障公司利益相关者的合法权利。（6）强化信息披露，增加公司透明度。因此，该治理准则在股东权利、大股东和控股股东的行为、上市公司的独立性、董事会的构成及议事规则、董事的权利与义务、独立董事制度、董事会专门委员会、监事及监事会、绩效评价与激励和约束机制、信息披露与透明制度、利益相关者等方面都做了明确的规定。

在现代公司制组织形式中，由于所有权与经营权的分离，以及委托代理关系的普遍存在，使公司治理呈现出分权、分层的治理特征，即在股东大会、董事会、经理层、监事会之间的分权与分层治理。图 1-1 给出了现代公司的一般组织构架，从中可以看到这种分权、分层的治理特征。

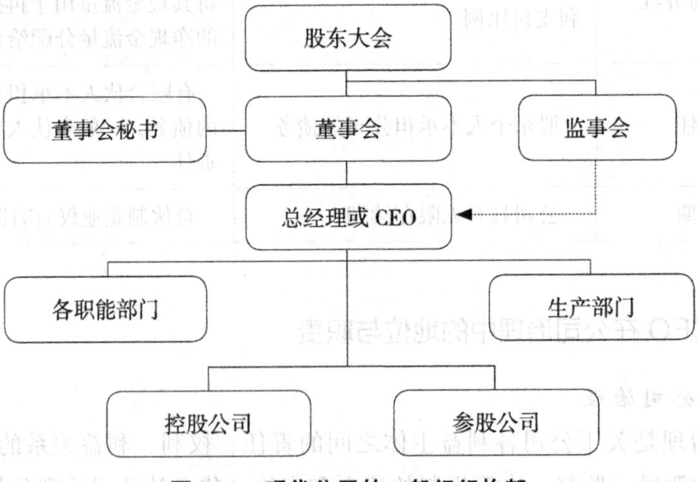

图 1-1　现代公司的一般组织构架

（二）CFO 在公司治理中的地位

在现代公司中，由于委托代理关系的存在，委托人（股东）与代理人（经理层）的目标常常不一致，这样，在信息不对称的情况下，就容易产生“逆向选择”“道德风险”及“内部人控制”等问题。为了降低代理成本，所有者要寻求一种符合自身利益和成本收益原则的财务控制与分层治理机制，以加大对企业财务与会计的监督和控制。为此，股东需要在董事会和经理层设置一个能代表所有者利益、能对管理层实行财务监督与控制的职位。于是 CFO 制度就应运而生了。

CFO（Chief Financial Officer），通常称为首席财务官或财务总监，是现代企业管理中重要的高级管理职位。CFO 处于股东和经营管理者之间，是公司重要战略决策的制定者和执行者之一，在现代公司治理中具有重要的地位和作用。

第一，CFO 独立行使职权。CFO 受股东或董事会委派，在公司治理中与总经理是平行的地位。CFO 是公司财务资源的第一位把关人，对公司现金和中长期投资拥有集中的控制与监管权，同时必须能主导公司的会计及其组织系统，其工作是独立的。行使监督职能的前提是独立性，因此 CFO 独立于包括 CEO 在内的管理层其他人员，由董事会直接任命，对董事会和股东负责。

第二，CFO 既是董事会成员又是经理层成员。在公司治理中董事会的作用就是决策和监督。CFO 作为执行董事，首先是董事会成员。因为无论是股东委派，还是董事会任命，CFO 在公司治理中所特有的监督功能和参与决策功能，在客观上都要求 CFO 进入董事会。董事会对公司的财务监督至少应该有两个层次：（1）以财务独立董事和董事会专门委员会——审计委员会为核心的外部财务监督；（2）以财务执行董事——CFO 为核心的内部财务监督。代表董事会对公司实施内部财务监督，首先要求 CFO 本身是董事。同时，作为经理层成员在 CEO 的统一领导下进行日常决策和公司管理经营。

第三，CFO 肩负着三方面的受托责任：（1）对股东的受托责任。CFO 首先是作为股东的代表进入董事会而对股东负责，意味着 CFO 与 CEO 都作为执行董事，在重大决策方面具有平等的决策权利。（2）对董事会的受托责任。CFO 的一个重要特征是由董事会直接任命或聘任，而不是由 CEO 聘任，因而与 CEO 共同对董事会负责，CEO 作为首席执行官统一负责对董事会战略和经营决策的执行，而 CFO 作为首席财务官负责对董事会财务决策的执行和财务监督。（3）对 CEO 的受托责任。董事会经营决策的执行须统一领导，统一由 CEO 负责。CFO 除了对董事会财务决策的统一执行和财务监督外的其他方面必须对 CEO 负责。

在财务监督和业绩评价方面，CFO 直接对董事会负责，不受 CEO 的制约，这是一种监督制约机制，可以增加 CFO 的独立性，从而可在一定程度上减轻股东和 CEO 之间的信息不对称，以及由此而产生的道德风险，使股东的权益得到有效保护。

在资产经营方面，CFO 应该对 CEO 负责，这是一种效率机制，可以提高执行董事会决议的效率，避免机会的流失。因此，CEO 统一负责对董事会经营决策的执行，可以降低机会成本；而 CFO 统一负责对董事会财务决策的执行和财务监督，则可以降低代理成本。

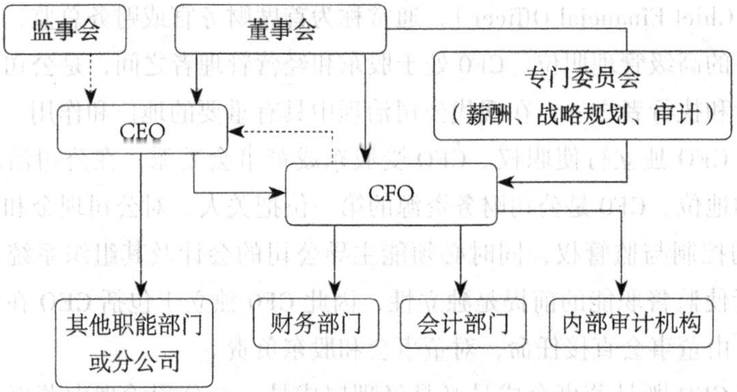

图 1-2　CFO 在公司治理结构中的地位

（三）CFO 在公司治理中的职责

CFO 既是公司治理的重要环节，又是企业管理的重要组成部分。在公司治理层面，CFO 代表所有者对经营者进行监督，主要履行监督职责；而作为高级管理人员，CFO 又必须以价值创造和管理控制为核心，承担起企业的价值管理职责，全过程参与企业的管理控制，为增加公司价值和提高股东回报而努力。

从理论上讲，CFO 在公司治理中的职责可概括为以下六方面。

1. 所有者监督职责。作为股东利益的代表，CFO 主要对公司财务活动的事前、事中、事后进行监督，涉及公司财务活动的制度、资金、人员等方面的监督与控制。

2. 战略计划管理职责。主要体现在：CFO 应站在公司战略角度，评估各项计划的价值创造能力，在重大问题上为 CEO 和公司提供专业建议；做出企业在扩张、资源利用等方面的财务分析与评价；规划并指导实施公司战略的重大交易；制定、建议、实施公司财务战略，以支持公司其他经营战略；实施重大财务交易；建立预算管理体系；选择适当的控制和评价指标及管理薪酬计划，评估公司及其战略单元的业绩等。

3. 资源价值管理职责。CFO 负有重要的价值创造职责。CFO 作为管理层和董事会成员，应不断探讨改进现有的监督和制约机制，并对公司决策权分配的机制和是否保护股东权益给予足够的关注；考虑如何在利益相关者之间建立起一套有效的制衡机制；CFO根据公司的发展战略提出符合公司实际的、明晰的辅助性财务战略，领导财务管理人员实现价值创造；全程参与公司价值创造战略的制定，与CEO一起培养公司的价值创造能力等。

4. 业绩评价管理职责。在公司治理中，CFO实际要处理对内对外的投资关系及其所形成的利益分配关系，以及处理委托代理关系所形成的代理成本问题。其中最核心的问题是企业的经营业绩评价和企业管理者的管理业绩评价两大问题。

5. 会计基础建设职责。CFO首先需要在公司治理和公司管理层面拥有较好的工作平台。为此，需要建设一个基于增加公司价值的会计工作基础构件，主要包括：会计信息报告系统（包括财务会计报告系统、责任会计报告系统和管理会计报告系统）、会计控制机制、财务管理体制等。

6. 公司控制管理职责。确保企业竞争战略的风险控制是CFO的重要任务，CFO成为公司的风险控制管理者。CFO要解决企业价值最大化与可持续发展、利益关系处理与协调、业绩评价与管理激励等一系列问题，因此，一个有效的管理控制系统，至少应包括目标战略控制、资源结构配置、利益管理处理、经营业绩评价、管理报酬激励等要素。

在公司治理的实践中，CFO应承担的具体职责包括以下几个方面。

1. 参与制定公司的财务管理制度，监督检查公司各级财务的运作情况和资金收支情况。

2. 参与制定公司的重大财务决策，包括审定公司的财务预算、决算方案；审定公司重大经营性、投资性、融资性的计划和合同，以及资产重组和债务重组方案。

3. 同总经理联签批准规定限额内的经营性、投资性、融资性、固定资产购建支出，汇往境外资金和担保贷款事项。

4. 参与审定公司发行股票、债券的方案，审核公司新项目投资的可行性。

5. 参与制定公司的利润分配方案和亏损弥补方案。

6. 参与制定公司的薪酬和奖励方案，参与激励机制设计。

7. 对公司的经营业绩进行评价，对公司价值进行评估。

8. 审核公司的财务报告和报表，与CEO共同确定，保证其真实性，报公司董事会和对外进行信息披露。

9. 对董事会批准的公司经营计划、方案的执行情况进行监督。

10. 依法检查公司财务会计活动及相关业务活动的合法合规性、真实性和有效性，及时发现和制止违反国家法律法规的行为和可能造成出资人重大损失的经营行为，并向董事会报告。

11. 接受监事会领导，组织公司各项审计工作，包括对公司及其子公司的内部审计科年度报告的审计工作。

12. 定期报告公司的资产、经营状况以及重大经营事项和问题。

从具体内容上看，CFO 的职责大致分为两类：一是财务管理与决策，二是会计管理与控制。因此，CFO 下属两个部门，一个是财务部门，另一个是会计部门。财务部门由财务主管负责，从事资本预算、利润分配、投资管理、现金管理、信用管理、证券管理、基金管理、财务计划等管理决策活动；会计部门由会计主管负责，从事财务会计、成本会计、税务会计、成本核算、成本管理、总分类账、会计信息处理与管理、财务报告或报表、内部控制等管理控制活动。

第三节　财务管理环境与目标

一、财务管理环境

（一）理财环境

企业是市场经济的主要参与者，是理财活动的主体，它的生存和发展离不开其赖以生存的客观环境。理财环境又称财务管理环境，是指对企业运行和财务活动产生作用和影响的各种条件或因素。它是企业财务活动赖以生存的土壤和条件。对企业的运营和财务管理等都具有重要影响，主要表现在以下几方面。

1. 理财环境的好坏对企业的运营和发展至关重要。理财活动所依赖的各种条件或因素发生变化时，可能制约、影响着企业的财务决策，从而影响企业的经营活动。因此，企业在理财过程中必须充分了解、适应和利用所处的理财环境。

2. 包括理财环境在内的客观环境总是变化的，而且充满了不确定性，理财环境内诸因素的相互作用、相互影响，对企业的财务活动、进而对财务管理决策也将产生重要影响。所以，企业在进行财务管理决策时，必须深入分析各种条件、因素的变化及其可能产生的影响，及时调整企业的战略和目标，做出有利于企业长远发展的决策。

3. 从一定意义上说，理财环境是关于企业理财活动的一系列制度安排（正式规则和非正式规则），它们对企业的行为和决策具有制约、激励、监督、导向等作用。在既定的制度框架下，企业会最大化自己的利益。而制度的形成、变迁则是各经济当事人利益最大化博弈的结果，企业的行为对理财环境的形成也将产生重要影响。因此，企业的行为既受环境的制约，又对环境产生影响。企业有责任来维护、营造一个良好的经营环境。

企业的理财环境涉及企业赖以生存和发展的各个方面，可按不同的标准对企业的理财环境进行简单划分。如按理财环境的性质不同，可分为政治环境、经济环境、法律环境、文化环境、自然与社会环境等；按对企业财务活动产生影响的范围，可分为宏观环境和微观环境；按与企业的关系划分，可分为外部环境和内部环境；按理财环境的稳定性划分，可分为相对稳定的理财环境和变化的理财环境；按理财环境是否可控来划分，可分为可控制的环境和不可控制的环境。

无论如何划分，影响企业理财活动的基本内容和基本因素却都是相同的。企业是市场经济的主体，在正常情况下，对企业运营和理财活动产生重要和直接影响最多的还是经济与法律环境。

（二）法律与监管环境

在经济体体系中对企业的经济行为有着最根本性制约的因素，就是国家制定的各种法律法规。市场经济是以法律法规和市场准则为特征的经济体制，其实质是一种法制经济、信誉经济和契约经济。广义的法律包括各种法律、法规和制度，法律规定了企业经营活动的空间，也在相应的空间内为企业的自主经营提供了法律保护。

企业是一个“契约关系的联结体”，企业的经济行为与各利益相关者的利益或一致或冲突。在实际的经营管理过程中，企业既要遵守国家及地方的法律法规，又要利用法律保护自己的合法权益；既要追求自身利益的最大化，实现自己的经营管理目标，又要充分考虑到利益相关者的利益，而不能损害利益相关者的利益。否则，就将受到法律的制裁，最后被市场淘汰。

企业经营的法律与监管环境，对于企业的各种经济活动是一个约束和规范，企业的一切经营管理活动，必须在法律法规的框架内，受到法律的制约和保护，也必然受到有关部门的监管和市场的监督（公众及媒体）。企业的财务管理者必须充分了解有关法律法规对企业行为的规范及要求，以法律法规为基本行为准则，必须知法、懂法、守法、依法行事，并依法最大限度地保护自己的合法权益。

二、财务管理的目标

财务管理目标就是通常所说的理财目标，是指企业进行财务活动所要达到的根本目的，它决定企业财务管理的基本方向。关于企业的财务管理目标，在财务理论界有不少提法，也一直存在一些争论。随着财务经济学的发展和企业管理实践的变革，财务管理的目标也在不断演化。财务管理的目标主要有以下几点。

（一）利润最大化

利润最大化的观点，在经济学中根深蒂固，在理论和实践中具有相当广泛的影响。自亚当·斯密以来，经济学家就把人类行为界定为追求财富最大化，即假设人是具有理性的经济人，个人追求自身利益的最大化，而市场通过"看不见的手"协调经济运行。利润最大化是新古典经济学的基本假设之一，新古典经济学在分析微观个体的经济行为时，假设个人追求效用最大化，厂商追求利润最大化。在完全竞争的市场中，当边际成本等于边际收益时，厂商就实现利润最大化，而实现利润最大化的要素组合，就实现了资源的最优配置。因此，许多经济学家都以利润最大化来分析企业的行为和评价企业的业绩。经济学中的利润，指的是经济利润而非会计利润，而且是长期利润，利润最大化曾经被认为是企业财务管理的正确目标。这种观点认为：利润代表企业新创造的财富，利润越多则企业财富增加越多。以利润最大化作为企业财务管理目标有其科学成分，企业追求利润最大化，就必须不断加强管理、降低成本、提高劳动生产率、提高资源利用效率。追求利润最大化反映了企业的本质动机，也为企业的经营管理提供了动力。同时，利润这个指标在实际应用中简单直观，容易理解和计算，经营收入减去经营成本就是利润，在一定程度上也反映了企业经营效果的好坏。

利润最大化观点在实际运用中存在以下缺陷：（1）利润最大化模糊不清。利润有许多含义，例如是指会计利润还是经济利润，是短期利润的最大化还是长期利润的最大化。（2）利润最大化忽略了所获货币的时间差异，即没有考虑货币的时间价值。（3）利润最大化忽略了不同方案之间的风险差异，没有考虑所获利润应承担的风险问题，可能导致财务管理者不顾风险的大小而去追求更多利润。（4）利润最大化中的利润，是一个绝对数，它没有反映出所获利润与投入资本额的关系。（5）如果片面强调利润的增加，有可能诱使企业产生追求利润的短期行为，而忽视企业的长期发展。这在中国国有企业的经营绩效考核中尤为突出。

常有学者把每股收益最大化目标作为利润最大化的改进而提出来，然而，它也不是一个完全正确的公司目标。首先，它没有确定预期回报发生的时间或时期。其次，使用传统收益率，如投资收益率，没有考虑风险因素。并且没有考虑股利政策对股票每股股价的影响，如果公司的唯一目标是每股收益最大化，则公司将永远不支付股利，因为可以把收益留在公司内部，以投资于任何收益率为正的项目。

（二）股东财富最大化

股份公司是现代企业的主要形式，其典型特征是所有权与经营权的分离。股东不直接参与企业的经营管理，而是委托给经营者，委托代理就成为一种普遍现象。根据现代委托代理理论，企业经营者应该最大限度地谋求股东或委托人的利益，而股东的利益是要增加投资回报，增加股东财富。因此，股东财富最大化这一目标就自然受到人们的关注。

股东作为企业的所有者，其财富就是他所持公司股票的市场价值。如果以未来一定时期归属股东权益的现金流量（如每股收益或每股红利），按所要求的最低收益率（考虑风险报酬的资本成本）折为现值，可得到股东投资报酬的现值，这就是股东财富的具体体现。

许多经济学家主张选择股东财富最大化作为企业财务管理的目标，理由如下。

1. 股东财富非常明确，它基于预期流向股东的未来现金流量，而不是模糊的利润或收入。

2. 股东财富明确地取决于未来现金流量的时间，股东财富最大化在一定程度上能克服企业在追求利润时的短期行为。因为不仅目前的利润会影响股票价格，预期未来的利润对企业股票价格也会产生重要影响。

3. 股东财富的计量过程考虑了风险因素，风险的高低会对股票价格产生重要影响。

4. 股东财富最大化目标比较容易量化，操作方便、简单。

股东的财富由其拥有的股票数量和股票的市场价格来决定。当股票价格达到最高时，股东财富也就达到了最大，所以，股东财富最大化通常演变成公司股票价格最大化。

公司理财强调股票价格最大化的原因如下所述。

1. 股票价格在所有的衡量指标中最具有可观察性，能被用来判断一家上市公司的表现。与不经常更新的收益和销售不同，股票价格不断地更新以反映来自公司的新消息。

2. 在一个理性的市场中，股票价格趋向于反映公司决策所带来的长期影响。与会计衡量指标不同，如收入、销售或市场份额，这些指标都只是着眼于公司决策对当前运作产生的影响，而股票的价值则是公司前景与长期状况的函数。在一个理性的市场中，就投资者而言，股票的价格趋向于反映它本身的价值。

3. 公司股票价格是所有市场参与者对公司价值判断的集中反映。公司股价受很多因素的影响，包括现在及可预期未来的每股收益、收益发生的时间安排、收益的期间和风险、公司的股利政策以及其他影响股价的因素。因此，公司的股价是公司经营情况的"晴雨表"，显示了公司的良好管理带给股东的利益。

4. 如果股东对公司管理业绩不满意，可以出售手中的股票。如果众多不满意公司管理的股东都出售持有的股票，该公司的股票价格就会下降。这样，管理者就将面临压力，就必须为改进公司的管理而努力，积极为股东创造价值。

以股东财富最大化作为公司财务管理目标的观点，具有十分广泛的影响，是目前国外理财学和财务管理教科书中提及最多的主流观点。虽然在理论上还存有争议，但股东财富最大化还是为越来越多的人所接受或认同。在实际中，也有许多大企业以股东财富最大化作为自己的追求目标。

强调股东财富最大化，也面临着以下问题。

1. 只适合上市公司，对非上市公司很难适用；只强调股东利益，而忽视了其他利益相关者的利益。

2. 股票价格受多种因素的影响，非上市公司所能控制；在实行股票期权激励的公司中，可能会诱使管理层弄虚作假，千方百计抬高股价。

3. 受雇的经营者可能因自身的利益而背离股东财富最大化的目标。

4. 股东能够通过剥夺贷款人和其他权益所有者的财产而增加自己的财富。

5. 强调股东财富最大化的公司可能为社会制造了大量的成本（负的外部性），而这些成本却无法在公司的财务报表中反映出来。

（三）企业价值最大化

企业价值最大化，又称公司价值最大化，是股东财富最大化的进一步演化。所谓公司价值是指公司全部资产的市场价值。这里的企业价值有别于股东财富。股东财富是指所有者权益的价值。

所谓企业价值最大化，是指通过经营者的经营管理，采用最优的财务政策（如资本结构决策和股利政策等），在考虑货币时间价值和风险的情况下，不断增加企业的财富，使企业的总价值达到最大。以企业价值最大化作为财务管理的目标，其优点与股东财富最大化相类似，其基本估价思想也一致。

现代企业经营管理实践中，存在众多的企业"利益相关者"，那些受企业行为影响或可影响企业行为的任何个人、群体和组织，都是企业的利益相关者，包括顾客、供应商、竞争对手、政府、所有者、债权人、企业员工、社区等。企业与利益相关者的关系是客观存在的，没有了这种关系，企业也就不复存在了。现代企业理论中的利益相关者理论认为，公司的目标不是追求股东价值最大化，而是应满足各利益相关者的不同需求和利益。因此，企业的目标应该是追求企业的内在价值和长期价值。企业价值最大化目标，不仅考虑了股东的利益，还考虑了债权人、经理层、企业员工等利益主体的利益。

以企业价值最大化为目标的最大困难，就是企业价值的估价方法问题。目前理论上常用的价值评估方法有现金流量贴现法、超常收益贴现法、基于价格乘数的估计方法等。但对于用什么方法、折现因子和估价时期如何确定等问题，都还没有一个统一的标准或结论。

（四）其他目标与企业的社会责任

1. 其他目标

企业的财务管理目标，除了上述三个最大化目标外，还有不少其他提法，如经济效益最大化、市场份额最大化、产量最大化、收入最大化、社会利益最大化、就业最大化、权益资本收益率最大化、成本最小化等。

在这些其他目标中，有的目标是股东财富最大化或企业价值最大化的中间目标（如市场份额最大化、产量最大化、收入最大化），而不是终极目标。中间目标与终极目标，有时一致，有时不一致；有的目标是政府企业或非营利组织的目标，如社会利益最大化、就业最大化、成本合理负担等；但这些目标可能缺乏经济效率，因为当稀缺的资源用于竞争性用途时，可能导致资源的错误配置；有的目标只是我国学者根据我国企业实际，针对上述三个目标的缺欠而提出的，不具有普遍意义。

2. 企业的社会责任

在探讨企业的管理目标时，企业如何处理与利益相关者的关系，是一个无法回避的问题。

在企业经营中，存在着与人性假设同等重要的假设：企业经营道德性假设。它是企业及其管理者持有的关于企业经营与伦理道德关系的假设，或者说是关于有效地处理企业与利益相关者关系的假设。其基本特征是道德经营以社会为前提：企业通过对社会做出贡献的方式谋求自身利益的最大化，企业在满足所有者利益的同时，还要考虑其他利益相关者的利益；企业经营活动与社会的伦理规范有关。可以用社会的伦理规范来评价企业的经营活动；法律是最低限度的道德标准，企业应当按照高于法律要求的伦理规范从事经营活动。

支持企业道德经营假设的观点认为：企业是社会的一分子，是社会资源的受托管理者。同时，企业也使用、消耗大量的社会资源，如社会为企业提供了必不可少的法律及监管环境、公平竞争的市场环境、良好的公共基础设施、环境保护、经营管理所需要的各类人才等。因而，企业在谋求自身利益的同时，应该为增加社会福利做出贡献。而且，企业对社会有巨大的影响力，根据权责一致的原则，企业必须承担与此相称的社会责任。

企业与利益相关者存在休戚与共的关系，只有考虑了利益相关者的利益，企业的利益才可能得到保障；由于存在着市场失灵（不完全竞争、外部性、信息不对称），所有者利益最大化不一定能给社会带来最大的好处，而可能带来较大的负外部性（社会成本）；法律是人们必须共同遵守的最低行为规范，法律只规定什么是不应该做的，而没有指明什么是应该的、受鼓励的。社会是不断发展变化的，法律往往滞后于现实，仅仅守法不太可能激发员工的责任感、使命感，不太可能赢得顾客、供货商、政府、社区、社会公众的信赖和支持，也就不太可能取得卓越的发展。

股东财富或公司价值最大化并不意味着管理者可以忽视公司的社会责任，如保护消费者权益、向雇员支付薪金、保持公正的雇佣和安全的工作环境、支持职工教育、保护环境等。公司唯有承担社会责任而别无选择，股东的财富，上至公司的生存都依赖于它所承担的社会责任。

强调企业的社会责任并在此基础上追求企业的利益最大化，这是许多经济学家和管理学家所持的共同观点，也是实际上许多著名的大公司所奉行的理念之一。

（五）值得注意的问题

在讨论企业的最大化财务管理目标时，必须注意如下几个问题。

1. 最大化目标的假设问题。任何一种理论或命题都有其严格的假设，否则就不一定成立。例如，利润最大化目标假设存在完全竞争的市场、人是理性的经济人；股东财富最大化目标假设管理者有道德感，不会对社会或其他利益相关者带来负的外部性，即社会成本可以忽略以及信息充分和市场有效等。

2. 最大化目标的可实现性问题。即企业的最大化目标在实际管理中能否真正实现；如果在某一时期实现了最大化目标，那么企业今后应该如何发展。

3. 总体目标还是具体目标问题。

4. 动态目标还是静态目标问题。

5. 长期目标还是短期目标问题。

第二章 “互联网+”概述

第一节 “互联网+”的概念

互联网已经深深烙进今天绝大多数中国人的工作和生活中；同样，在过去短短二十多年间，互联网也已经给中国经济各方面带来诸多改变。正因为如此，政府对于互联网发展的认识也在不断进步，对于互联网的态度也从开始相对消极和被动接受，转化为今天积极主动拥抱和引导。可以说李克强总理所说的“我想站在‘互联网+’的风口上顺势而为，会使中国经济飞起来”在很大程度上代表了官方明确、正面的表态。

这也是“互联网+”概念会被写入国家战略的原因：现在的中国需要“互联网+”。换一个角度，从互联网企业，尤其是几个龙头企业的角度来说，他们非常需要政府对互联网的推动，这也是包括马云、马化腾、李彦宏、雷军等大佬们积极参与政府组织的相关座谈会并且在两会提案中不遗余力地推荐互联网相关内容的主要原因。

互联网体量庞大、增速惊人，对政府而言，这已经是一个不容忽视的存在；对互联网企业而言，诸多互联网基础设施的建设需要从国家层面进行全面部署和强有力推动。

互联网深刻影响着经济的各方面，从政府角度来说，需要管控和引导；而从互联网企业角度来说，需要政府更加开放和积极。但不管怎么样，沟通是必要的，共同努力尝试推进并寻找最佳平衡点也是必要的。

中国经济正在转型升级，互联网或能成为重大助力。同时，对互联网企业而言，发展越大越快就越容易触及传统主体经济，因此也需政府支持。

于是，在双方都要求明确、态度积极的情况下，“互联网+”在互联网大佬以人大代表的身份写进提案后，被写入政府工作报告，终成国家战略。

一、“互联网 +”时代

通过搜索引擎查询相关信息可以看到，最早在公开场合提出“互联网 +”概念的是国内知名咨询公司易观国际董事长于扬。2012 年 11 月 14 日，在北京富力万丽酒店二层，于扬在易观第五届移动互联网博览会上首先提出“互联网 +”，并做了相关解读：“移动互联网，它的本质离不开‘互联网 +’。在未来，‘互联网 +’应该是我们所在行业目前的产品和服务在与未来看到的多屏全网跨平台用户场景结合之后产生的这样一种化学公式。我们可以按照这样一个思路找到若干这样的想法。而怎么找到你所在行业的‘互联网 +’，是企业需要思考的问题。”

而将“互联网 +”概念发扬光大的是腾讯董事会主席马化腾。2013 年 11 月在众安保险开业仪式上，马化腾提出：“互联网加一个传统行业意味着什么呢？其实是代表了一种能力，或者是一种外在资源和环境，是对这个行业的一种提升。”最终在 2014 年的两会上，包括马化腾在内的互联网圈代表在提案中发出有关互联网的更多声音，并最终被政府认可后写入政府工作报告。

二、“互联网 +”的定义

对“互联网 +”的具体定义以及深层次的内涵解读是至关重要的，这决定着其理论框架和应用路径。能否正确地理解“互联网 +”，很大程度上也将决定政府或企业能否充分发挥“互联网 +”的价值。

那么到底何谓“互联网 +”？

较早开始宣传“互联网 +”概念的易观国际董事长兼 CEO 于扬认为，未来“互联网 +”应该是我们目前所在行业的产品和服务在与未来多屏全网跨平台用户场景结合之后产生的一种化学反应公式。例如，传统的广告加上互联网成就了百度；传统集市加上互联网成就了淘宝；传统百货卖场加上互联网成就了京东；传统银行加上互联网成就了支付宝；传统的安保服务加上互联网成就了 360；而传统的红娘加上互联网成就了世纪缘。

马化腾则认为，“互联网 +”是一个趋势，“+”的是各种传统行业。当互联网加上媒体后，产生了网络媒体，对传统媒体影响很大；加上零售后，产生了电子商务，对实体商业影响很大；加上金融后，产生了互联网金融。传统行业每一个细分领域的力量仍然无比强大的，互联网仍然是一个工具。当前的“互联网 +”时代，各个行业的信息孤立被互联网连接起来，行业间信息交互融合形成新的行业生态。互联网通过打破信息不对称，为用户提供精准、个性化的服务，缔造了一个又一个产业的新机遇、新生命。

综合来看，我们可以采用一种简单但明确的定义。从字面上看，“互联网 +”是一种连接状态，“+”号的一边是工具，另一边是应用工具的主体。互联网工具，指的是包括互联网和移动互联网，以及由互联网和移动互联网而产生的诸多新技术、新思维在内的创新工具；而应用互联网工具的主体，可以是个人、企业，也可以是行业、城市，乃至国家和星球，但在商业环境下最主要的还是企业和产业。

因此，互联网就是构建互联网化组织、创造性地使用互联网工具，以推动企业和产业更有效率的商务活动。

理解“互联网 +”的定义，要明确两个前提，并从两方面解读。

两个前提：其一，“互联网 +”是以最浅显易懂的方式来描述互联网环境下的商业模式。“互联网”是泛指，“+”同样也有多种形态。比如淘宝是“互联网 + 集市”，天猫是“互联网 + 百货商场”，早期的腾讯和京东则可以认为是“互联网 + 游戏厅”和“互联网 + 电脑城”；这样能最清晰地帮助企业明确自己的战略路径，也能明确地让消费者了解企业定位。其二，“互联网 +”最关键不在于互联网工具，而在于应用互联网的主体。或者说两者会是螺旋式上升的关系，互联网会加快生产领域和社会关系变化的进程，而这种变化又会推动互联网在技术上进一步创新，同时在思维模式上更深一层地改造和升华。

两方面解读：其一，深刻认识到重要性：“互联网 +”将爆发巨大的能量，纯互联网企业需要与传统各行业深入结合才能获得更进一步发展，而如果各行各业的传统企业能真正实现核心能力与互联网的结合，最终也将焕然一新。其二，需要具备快速行动力：对踟蹰于互联网转型的诸多传统企业而言，用更积极、开放的心态快速理解互联网在自身所处经济环境中可能产生的影响并以行动去做具体改变，而不是被动等待互联网革命的到来，会是下一阶段企业生存与发展的关键所在。

三、“互联网 +”的内涵

当前非常流行“解构主义”，无论是商业、行业，还是电影、音乐，都会因为解构而焕然一新，同时也能够让人们看透其本质上的一些东西。说白了，就是把一个词或者一个事用更通俗易懂的语言解释一遍，将其内涵也挖掘出来展示在用户面前。这里，给出中国电子商务研究中心的“忠臣粉丝”、互联网资深观察人士王吉伟先生对“互联网 +”的解构，以挖掘“互联网 +”更深的内涵。

1. 互联网渠道 +

在一部分互联网人的眼中，互联网是个工具。就如之前的蒸汽时代、电力时代一样，这些工具解放了更多的劳动力进而从事更多的工作，给生产与生活带来更大的便捷性。互联网作为工具，最大的贡献就是在互联网 2.0 时代到来以后，成为一个企业商业营销及交易的新渠道。这个渠道跟线下的其他渠道一样但效率更高，在线支付使得购买商品更加容易，在线选货的种类更多，重要的是互联网渠道让商家的市场增加了十几倍，彻底冲破了地域概念，不用区域代理机制也能将货卖到更远的地方。

"互联网 +"的商业模式之所以能成功，是因为互联网创造了一个新的营销及供应的渠道，有了这个渠道所有的交易都不成问题。理论上任何行业的任何商品都可以在网上实现交易，电商诞生到现在，基本上所有大家见过的商品都被放到了网络商城上。因此，探讨"互联网 +"必须研究"互联网渠道 +"这个属性，渠道是互联网交易的重要组成部分，无论是 B2B 还是 B2C。

2. 互联网平台（生态）+

互联网发展到 3.0 时代，进入"互联网 + 综合服务"的时代。除了特别大的市场，大型的互联网商家已经看不上那些本源市场不够大的行业，但是一个商家足够多的行业是需要互联网服务的，大型商家们干脆做出一个只服务于卖家与买家的网站，而自身不从事这个行业，这就是我们当前看到的各大平台。

电商平台、物流平台、社交平台、广告平台等各种平台应有尽有，到后来，这些平台开始垂直与细分化，出现了美妆、生鲜、酒类、鞋类等更专业的平台。它们的本质都是电商，融合社交、物流、营销等工具，为买家和卖家双方提供最大化的服务，盈利模式上赚取的是服务费。

这些平台后来越做越大，已经不限于自身起家的行业，而是通过平台吸引更多的技术、服务提供商，并开始跨界发展，譬如社交平台会做游戏、电商及硬件等。电商平台也会做文学、电影及体育等这些平台几乎会做当前能见到的各种热门行业的业务，一些看似不相干的业务也因为战略发展需要而被纳入旗下。实现方式则通过与其他商家合作及收购、并购，他们自身能做的自己做，不能做的或者不愿意做的交给别人做。从而由共同的价值链组成与自然生态类似的互联网生态。

传统企业融合"互联网 +"，一方面可以自己做平台或生态，另一方面在早期也可以加入某个平台或生态，做那些平台不愿做或者不想做的，从而通过平台及生态战略来实现企业的初步转型。平台一方会为企业提供足够多的帮助与支持，将来很有可能是传统企业转型的必经之路。大部分企业会选择两条腿走路，一条是平台及生态的入驻，另一条则是企业自身的探索，这样可以回避转型不成功的风险。

3. 万物互联 +

“万物互联 +”也可以称作“物联网 +”。虽然现在各处都是智能硬件，各处都讲物联网，但要实现真正的“万物互联 +”，还有很长的路要走。这是未来的“互联网 +”形态。“互联网 +”被提出来，也正是因为将来会是万物互联的时代，从商业到物、到人，再到事，所有都是被连起来的。这将会有更多的商业模式出现，也会是“互联网 +”的最终目标。因为在那个时代，商业及企业已经不分线上与线下，整个社会都是一个“大一统”的状态，也就不会再有所谓的企业转型之谈。“互联网 +”也就完成了其使命。

4. 如何理解

除了对“互联网 +”的互联网部分做一个解构外，这里简单地说说其中的“+”。这个可以看作是连接与融合，互联网与传统企业之间的所有部分都包含在这个“+”之中。这里面会有政府对“互联网 +”的推动、扶植与监督，会有企业转型服务商家的服务，会有互联网企业对传统企业的不断造访，会有传统企业与互联网企业不间断地探讨，还有连接线上与线下的各种设备、技术与模式。如果去翻阅资料，还会有更多内容在里面。总之，这个“+”既是政策连接，也是技术连接，还是人才连接，更是服务连接，最终实现互联网企业与传统企业的对接与匹配，从而帮助完成两者相互融合的历史使命。

在技术上，“+”所指的可能是 WiFi、4G 等无线网络，移动互联网的 LBS，传感器中的各种传感技术，O2O 中的线上线下相连接，场景消费中成千上万的消费，人工智能中的人机交互，3D 打印中的远程打印技术，生产车间中的工业机器人，工业 4.0 中的智能工厂、智能生产与智能物流。这里不再一一列举，将来还会有更多更新的技术来为“互联网 +”服务。

第二节 “互联网 +”的技术与思维基础

一、互联网思维

传统企业融合“互联网 +”的第一步是了解互联网，所以了解互联网思维是一个基础的开始。什么是互联网思维？在互联网商业模式的长期发展中，很多互联网企业积累了大量的案例及数据，足以让他们总结出一套适合自身发展的方法论，这个方法论就可以看作互联网思维。互联网思维是互联网企业总结出来的，更适合线上的商业模式，所以对传统企业在线下经营不会太适合。"互联网 +"要求传统企业先了解互联网思维，然后再结合实际情况探索出新的商业模式。

典型的互联网思维有雷军的"专注、极致、口碑、快"七字诀，也有其他诸如生态思维、平台思维、免费思维、跨界思维等。正是这些内涵丰富的互联网思维，构成了种类繁多的互联网商业模式。互联网思维就如餐饮企业的标准化流程一样，其特点是可以快速复制。但互联网思维不是万能的，当前更多所谓的"屌丝、粉丝、迭代"等互联网思维是建立在产品运营、商业营销及用户服务的基础上的，并非商业模式的具体体现。

二、用互联网技术改造现有业务

把互联网当作工具，用互联网方法来提高效率、降低成本，利用大数据，云计算等技术来更精准地发现用户需求，最大限度地满足并引领用户需求。

进入移动互联网时代，老板对组织、产品、用户的高度必须要全面认识。通过互联网卖产品还是技术思维，必须把互联网思维上升到企业战略的高度。

传统企业互联网化的核心要义在于"在线"和"联网"。只有"在线"才可以实现数据的沉淀、积累、挖掘和使用，最终抓住 C（消费者）而推动 B（企业），实现 C2B（消费者对企业）的转变；只有"联网"才可能开展大规模社会化协同，催生专业化分工，促进效率的提升。无论是从互联网还是从大数据的角度，只有双向互动才能创造价值。整个互联网的发展，本质上是让互动变得更加高效、更加方便、更加自然。"在线"是传统商业的提升，企业与客户逐步"互动"，使 B 和 C 的单线价值日益增加。但只有在"联网"之后，B 与 B、B 与 C、C 与 C 之间才能进行全面互动，网络的价值才真正凸显出来，从而创造全新的可能性。

然而无论从什么角度出发，传统企业和传统社会运行体系的参与者和维护者都不愿承认互联网变革的广度和深度，而更愿意把互联网看作一种工具，一种可以或不得不加以利用但决不能改变和取代传统的东西。结果是，尽管他们对互联网认真观察、思考、分析，却无论如何也产生不了互联网思维。这是立场使然，也是利益使然，与智商无关。于是，互联网思维被肤浅扭曲地归纳为产品设计上的极致化追求、服务上的客户导向和市场推广上的狂轰滥炸，一场本该触及根本的论道之战变成了庸俗无聊的术辨之争。可以断定，在不改变立场，不放弃既得利益的前提下，无论花多少钱、招多少人、买多少设备、做多少电商或微商，都不可能使传统企业和传统社会运行机制彻底摆脱被动挨打的态势。

三、“互联网 +”下财务安全的技术基础

财务安全将直接影响到信息经济的正常运行，影响到国家、企业和个人的切身利益。必须采取有效措施和方法来保障网络财务运行的安全。

（一）防火墙技术

防火墙是指建立在两个网络边界上用以保障安全的策略和网络通信监控的系统集合。是用来对两个或多个网络之间的互相访问实行强制性管理的安全系统，通过屏蔽未授权的网络访问等手段，把内部网络隔离为可信任的网络。防火墙是构架于 Intranet 和 Internet 之间，运用于两个网络之间的屏障，作为内部网与外部网沟通的桥梁，也是企业内部网络对外接触的大门。所以说，防火墙是重要的信息安全产品，是一种非常有效的网络安全模型。可以监控进出网络的通信量，只让安全、核准了的信息进入，同时又承担着对外防御来自 Internet 的各种攻击，对内辅助企业安全策略实施的重任。

1. 防火墙的含义

企业的网络财务是基于 Internet 上的，它的最大好处是方便了企业内部之间以及企业与外部的信息交流，提高了工作效率。然而，一旦企业内部网连入 Internet，就意味着 Internet 上的每个用户都可能访问企业网。如果没有一个安全的保护措施，黑客会非法访问企业资源。防火墙就是一种保护企业内部网中数据安全的重要技术。它控制了 Intranet 与 Internet 之间的所有数据流量，控制和防止 Intranet 中有价值的信息流入 Internet，也可防止来自 Internet 的无用垃圾和有害数据流入 Intranet，它是不同网络或网络安全之间信息的唯一出口，已经成为企业保护信息安全不可缺少的一道屏障。

防火墙是一种获取网络安全的形象性说法。它是一种计算机硬件和软件的结合，使国际互联网 Internet 和企业内部网 Intranet 之间建立起一个安全网关，从而保护内部网免受非法用户的侵入。主要有服务访问约定、验证工具、包过滤和应用网关组成。最主要的目的在于隔离企业内部网络和外部网络，实现保护内部网络的目的。其实防火墙的构架是一套独立的软、硬件配置。它通过建立一整套规则和策略来监测、限制、转换跨越的数据流，实现保护内部网络的目的。同时，防火墙也是一种由计算机软件和硬件组成的隔离系统设备。

2. 防火墙的功能

从不同的角度考虑，防火墙具有不同的功能，最基本的包括以下几种。

（1）隔离风险区域，防火墙处于安全区域与危险区域之间，能隔离内部敏感

数据与风险区域之间的连接，由于只有经过精心选择的协议能通过防火墙，所以，网络环境变得更安全。防火墙可以禁止不安全的协议进出受保护的内部网络，这样，外部攻击者就不可能利用这些脆弱的协议来攻击内部网络。防火墙同时也可保护企业内部网络免受基于路由的攻击，如IP选项中的源路由攻击等。

（2）强化网络安全策略，通过以防火墙为中心的安全方案配置，能将所有安全软件（如口令、加密、身份认证和审计等）配置在防火墙上，与将网络安全问题分散到各个主机上相比，防火墙的集中安全管理更经济。例如在网络访问时，一些口令和认证系统完全可以不必分散在各个主机上，而可以全部集中在防火墙上。

（3）限制访问内部信息，内部网络只有提供给内部一些管理人员访问的信息，防火墙可以实现相关安全策略上的访问限制。通过利用防火墙对内部网络的划分，可以实现内部网络重点网段的隔离，从而限制了局部重点或敏感网络安全问题对全局网络造成的影响。

（4）进行监控审计，如果所有的访问都经过防火墙，那么，防火墙就能记录这些访问并做出日志记录，同时也能提供网络使用情况的统计数据。当发生可疑动作时，防火墙能进行适当的报警，并提供网络是否受到监测和攻击的详细信息。另外，收集一个网络的使用和误用情况也是非常重要的，这可以清楚防火墙是否能够抵挡攻击者的探测和攻击，并且清楚防火墙的控制是否充足，网络使用统计对网络需求分析和威胁分析也是非常重要的。

3. 防火墙的种类

按照建立防火墙的主要途径，防火墙产品可分为基于分组过滤实现的防火墙、代理服务防火墙和应用网关防火墙。

（1）基于分组过滤的防火墙。分组过滤即包过滤，包过滤防火墙在网络层中对数据包是有选择的通过，依据系统事先设定好的过滤逻辑，检查数据流中的每个数据包，根据数据包的源地址，目标地址以及数据包所使用的端口确定是否允许该类数据包通过。包过虑防火墙是基于“凡是未禁止的就是允许的”访问原则。包过滤主要有两种实现方式：基于路由器的防火墙和基于独立运行软件的防火墙，我们这里使用较多的是基于路由器的防火墙。

包过滤防火墙的工作原理很简单，第一，有选择地允许数据分组穿过防火墙，实现内部和外部主机之间的数据交换；第二，作用在网络层和传输层；第三，根据分组的源地址、目标地址、协议类型等标志确定是否允许数据通过。只有满足过滤逻辑的数据包才被转发，否则被丢弃。包过滤防火墙的安全性能非常好，最大的优点就是它对于用户来说是透明的。也就是说，不需要用户名和密码就可登录；这种防火墙简洁，速度快，费用低，而且易于维护，通常作为第一道防线。然而缺陷也是很明显的，主要表现为对网络的保护有限，因为它只检查地址和端口，对网络更高协议层的信息无理解能力；缺乏记录功能——通常它没有用户的使用记录。所以我们就不能从访问记录中发现黑客的攻击记录，虽然如此，包过滤仍然是目前使用最广泛的防火墙。

（2）代理服务器的防火墙。代理服务器是在防火墙上运行的专门的应用程序或服务器程序，这些程序接受用户的 Internet 服务请求，根据安全策略将它们传送给真正的服务器，代理提供真正的连接并且充当服务网关。它可以按照 IP 地址禁止未授权者的访问。但是，它不适合企业用来控制内部人员访问外界的网络。为了实施更加严格的访问控制策略，可以采用代理服务。代理服务是基于“凡是未被允许的就是禁止的”访问原则。代理服务是管理员根据访问原则允许访问或拒绝访问待定的应用程序或应用服务的控制平台；同时也是实施较强的数据监控、过滤，记录和报告等功能的一类网络安全模型的总称。代理服务通常由单独的计算机和专有应用程序承担。

（3）应用网关防火墙。由于以上两种防火墙各有优缺点，将上述两种技术融合的复合型防火墙——应用网关防火墙，是现代防火墙的发展趋势之一。

应用层网关防火墙可使网络管理员实现比包过滤防火墙更严格的安全策略。应用层网关不使用包过滤工具来限制 Internet 服务进出防火墙系统，而是根据所需服务关上安装专用程序代码的方式来管理各种 Internet 的服务。每增加一种保护的新服务，必须为其编制相应的程序代码，否则该服务就不被支持，而且不能通过防火墙来发送。另外，应用网关也可以通过配置专用程序代码来支持应用程序的特定服务，但绝对不允许用户登录到该网关上，否则该用户可能获得权限，通过安装特洛伊木马来获得登录口令，并修改防火墙的安全配置，直接攻击防火墙。应用网关防火墙由于采用了应用层网关技术，网络安全性较高。内外的计算机系统应用层的链接是通过两个终止于代理服务的链接来实现的，这样便成功地实现了防火墙内外计算机系统的隔离。

（二）漏洞扫描技术

由于网络经济的发展，网络财务系统日益复杂，以至于人们无法保证系统不存在网络设计漏洞和管理漏洞。近年来发生的网络攻击事件中，能够突破边界防卫系统（如防火墙）的案件并不少见，非法入侵者的攻击行动主要是利用各种网络漏洞侵入，使防火墙等设施形同虚设。对付破坏系统企图的理想方法是建立一个完全安全的没有漏洞的系统。实际上，这根本是不可能的。因此，一个实用的方法是，建立比较容易实现的安全系统，同时按照一定的安全策略建立相应的安全辅助系统，漏洞扫描器就是这样一类系统，它是自动检测远程或本地主机安全性弱点的程序。

就目前系统的安全状况而言，系统中存在一定的安全漏洞，因此也就存在着潜在的安全威胁。但是，如果我们能够根据具体的应用环境，通过使用漏洞扫描器，发现所维护的 Web 服务器的各种 TCP 端口的分配、提供的服务、Web 服务软件版本和这些服务及软件呈现在 Internet 上的安全漏洞，从而在计算机网络系统安全中做到有的放矢，及时修补漏洞，就可以有效地阻止入侵事件的发生，从而构筑坚固的安全防线。

一般按常规标准，可以将漏洞扫描器分为两种类主机漏洞扫描器和网络漏洞扫描器。主机漏洞扫描器是指在系统本地运行时检测系统漏洞的程序，如著名的 Cops、Tripe Wire，Tiger 等自由软件；网络漏洞扫描器是指基于 Internet 远程检测目标网络和主机系统漏洞的程序，如 Satan、ISS lnterent Scanner 等。

（三）入侵检测技术

入侵检测系统是一种不同于防火墙的、主动保护网络资源的网络安全系统，是防火墙合理和必要的补充。据统计 80% 以上的网络入侵发生在有防火墙隔离的网络内部，系统在监控过往信息的同时能够对数据进行分析、消化，并以一种更加人性化的方式将网络上存在的安全风险准确地告知用户，使用户一目了然并能迅速做出决策。入侵检测系统处于防火墙之后对网络活动进行实时检测，是防火墙的延续，所以，可以和防火墙、路由器配合工作，但它又是独立于防火墙之外工作的。

1. 入侵检测系统的原理

仅仅使用防火墙，网络安全还远远不够。主要原因如下：

（1）入侵者可能寻找防火墙背后可能敞开的后门。

（2）入侵者可能就在防火墙内。

（3）由于性能的限制，防火墙常常不能提供实时的入侵检测能力。

为了实现系统的安全防护，就必须建立一种网络防火墙的逻辑补偿技术，即入侵检测技术。该技术能够把系统的安全管理能力扩展到安全审计、安全检测、入侵识别、入侵取证等相应范畴。

入侵检测系统可检测、识别和隔离"入侵"企图，还能针对正在发生的攻击行为进行相应的回击，采取相应的阻断或关闭设备等措施。但网络入侵检测技术并不能分析加密的会话，也不能发现已经成功的攻击。统计一场事务检查是一种入侵检测方法，它通过检查统计量的偏差，从而检查出不正常的行为，给用户、用户组、工作站、服务器、文件和网卡及其他一系列资源主体和对象定义一系列的变量，通过观察历史数据或声明期望值来为加密一个变量基值，当发生系统活动时，将根据每个主体和对象的利害关系或者保持或修改这些变量。

入侵检测系统与系统扫描器不同，系统扫描器是根据供给特征数据库来扫描系统漏洞的，它更关注配置上的漏洞而不是当前进出你的主机的流量。在遭受攻击的主机上，即使正在运行扫描程序，也无法识别这种攻击；入侵检测系统扫描当前网络的活动，监视网络的流量，根据定义好的规则来过滤从主机网卡到网线上的流量，提供实时报警。网络扫描器检测主机上设置的漏洞，而入侵检测系统监视和记录网络流量，如果在同一台主机上运行入侵检测系统和扫描器的话，需要合理重置入侵检测系统以便及时发出报警信号。

2. 入侵检测系统的分类

按照检测功能的不同，入侵检测系统可以分成以下几类。

（1）网络入侵检测系统。网络入侵检测系统通过对网络中传输的数据包进行分析，从而发现可能存在的恶意攻击。如在不同的端口检查出大量的 TCP 连接请求，就能发现 TCP 端口扫描的攻击企图。网络入侵检测系统既可以运行在监视自己端口的主机上，也可以运行在监视整个网络状态且处于混杂模式的探测主机上。

（2）网络完整性校验系统。网络完整性校验系统用来校验系统文件，查看系统是否已经被黑客攻破而更改了系统源文件并留下了后门。它不仅可以校验文件的完整性还可以对其他组件，如系统注册表等进行校验。这类软件的缺点是一般没有实时报警的功能。

（3）日志文件分析系统。该系统通过分析网络服务产生的日志文件来获得潜在的恶意攻击企图，与网络入侵检测系统类似，这类软件在寻找日志中暗示攻击企业的模式来发现入侵行为。通过分析 HTTP 服务器日志文件来寻找黑客，扫描 CHI 漏洞行为。

（4）欺骗系统。该系统通过模拟一些著名漏洞并提供虚假服务来欺骗入侵者，当然也可以完全不使用任何软件就达到欺骗黑客的目的，如重命名网络终端上的管理人账号，然后设立一个没有权限的假账号让黑客来攻击。一旦中计，就会记录下它的行为。

（四）入侵防御技术

简单地说，入侵防御系统就是防火墙加上入侵检测系统，但并不是说可以代替防火墙或入侵检测系统。防火墙是精度比较粗的访问控制产品，它在基于 TCP/

IP 协议的过滤方面表现出色，而且在大多数情况下，可以提供网络地址转换、服务代理、流量统计等功能，甚至有的防火墙还能提供 VPN 功能。和防火墙比较起来，入侵防御系统的功能比较单一，它只能串联在网络上（类似于通常所说的网桥式防火墙），对所不能过滤的攻击进行过滤。这样一个两级的过滤模式，可以最大限度地保证系统的安全。一般来说，企业用户关注的是自己的网络能否避免被攻击，对于能检测到多少攻击并不是最重要的。当然，入侵检测系统和其他产品相结合，可以提供针对企业信息资源全面的审计资料，这些资料对于攻击还原、入侵取证、异常事件识别、网络故障排除等都有很重要的作用。

从功能上来看，入侵检测系统是一种并联在网络上的设备，它只能被动地检测网络遭到了何种攻击，它的阻断攻击能力非常有限，一般只能通过发送 TCP RE-SET 包或联动防火墙来阻止攻击。而入侵防御系统则是一种主动的、积极的入侵防范和入侵阻止系统，它部署在网络的进出口处，当它检测到攻击企图后，会自动地将攻击包丢掉或采取措施将攻击源阻断。可以这样比喻，入侵防御系统就如同火灾预警装置，火灾发生时，它会自动报警，但无法阻止火灾的蔓延，必须要有人来操作进行灭火。而入侵防御系统就像智能灭火装置，当它发现有火灾发生后，会主动采取措施灭火，中间不需要人为干预。入侵防御系统的检测功能类似于入侵检测系统，但入侵防御系统检测到攻击后会采取行动阻止攻击，可以说入侵防御系统是基于入侵检测系统的，是建立在入侵检测系统发展的基础上新生的网络安全产品。

实践证明，单一功能的产品已不能满足客户的需求，安全产品的融合、协同、集中管理是网络安全的重要发展方向。大型企业要一体化的安全解决方案，需要细粒度的安全控制手段。中小企业一边希望能够获得切实的安全保障，一边又不可能对信息安全有太多的投入。从早期的主动响应入侵检测系统到入侵检测系统与防火墙联动，再到最近的入侵防御系统，是一个不断发展和完善地解决安全需求的过程。

（五）防病毒技术

计算机病毒是某些人利用计算机软、硬件所固有的脆弱性，编制的具有特殊功能的程序，由于它与生物医学上的“病毒”具有同样的传染性、潜伏性、破坏性等专有的特性，因此取名为“计算机病毒”。计算机病毒从 1981 年首次被发现以来，近 20 多年来，在数目和危害性上都在飞速发展。以 1999 年为例，每年都会增加一千多种新病毒。因此，计算机病毒问题越来越受到计算机用户和计算机反病毒专家的重视，并且发现了许多防病毒的产品。

1. 计算机病毒的分类

（1）按传染方式分类。

按传导方式可分为引导型病毒、文件型病毒和混合型病毒三种。所谓引导型病毒是指破坏程序嵌入磁盘的主引导扇区（主引导区病毒）或操作系统引导（引导区病毒）中，当系统引导时就进入内存，从而控制系统，进行传播和破坏；文件型病毒是指病毒将自身附在一般可执行文件上的病毒，以文件为感染对象，目前大多数的病毒都属于文件型病毒；混合型病毒是一种既可以嵌入到磁盘引导区中又可以嵌入到可执行程序中的病毒。

（2）按连接方式分类。

按连接方式可分为源码型、入侵型、操作系统型和外壳型病毒。源码病毒较为少见，也难以编写，因为它主要攻击高级语言编写的源程序，在源程序编译之前插入其中，并随源程序一起编译，连接成可执行文件，刚刚生成的可执行文件就已经带毒了；入侵型病毒可以自身代替正常程序中的部分模块，因为此类病毒只攻击某些特定程序，针对性强，一般情况下也难以被发现，清除起来也较困难；操作系统型病毒可用自身部分加入或替代操作系统中的部分功能，因其直接感染操作系统，这些病毒的危害性也较大；外壳型病毒将自身附加在正常程序的开头或结尾，相当于给正常程序加了个外壳，文件型病毒都属于这一类。

（3）根据病毒特有的算法分类。

根据病毒特有的算法可分为伴随型病毒、“蠕虫”型病毒、寄生型病毒、诡秘型病毒、变形病毒（又称幽灵病毒）。伴随病毒不改变文件本身，它们是根据算法产生 EXE 文件的伴随体，其具有同样的名字和不同的扩展名，把自身写入 COM 文件，但并不改变 EXE 文件；“蠕虫”病毒不改变文件信息，而只是利用网络从一台机器传播到另一台机器，不停地占用计算机网洛资源，造成网络阻塞和内存消耗；寄生型病毒附在系统的引导扇区或文件中，通过系统功能的执行传播；诡秘型病毒一般不直接修改操作系统中断和扇区数据，而是通过设备和文件缓冲区等在操作系统内部修改，利用操作系统空闲数据区进行工作；变形病毒用一个繁杂的算法，使自己每次传播都有不同的内容（特征）和长度，它们的做法是一段混有无关指令的解码算法和被变化过的病毒体组成。

（六）信息加密技术

1. 信息加密的概念

加密技术的使用至少可以追溯到4000年前，从古至今，它都是在敌对环境下，尤其是战争和外交场合，实现保护通信的重要手段。在信息社会，这门古老的加密技术更加具有重要的意义。所谓加密，就是把数据和信息转换不可辨识的密文的过程，使不应该了解该数据和信息的人不能够识别，信息在传输过程中即使被窃取或截获，窃取者也不能了解信息的内容，从而保证信息传输的安全。而对密文的内容需通过密钥将其转换为明文，这就是解密过程。加密手段一般分软件加密和硬件加密两种。软件加密成本低而且实用灵活，变换方便；硬件加密效率高，本身安全性高。

2. 密码体制的分类

加密技术是网络信息安全主动、开放型的防范手段，数据加密包括两个元素：算法和密钥。最简单的方法是，把加密算法看作是一个密码锁，而密钥就是打开锁的号码。号码位数越多，潜在攻击者要攻破的组合变化也就越多。这样，密钥越长，算法的保护能力也就越强。在安全保密中，可通过适当的密钥加密技术和管理机制，来保证网络的信息通信安全。密钥加密技术的密码体制分为对称密钥体制（也称私钥算法）和非对称密钥体制（也称公钥算法）两种。

（1）对称密钥体制。

对称密钥体制使用同一个密钥进行加密和解密数据。即用户使用这个密钥加密数据，数据通过互联网传输之后，接收数据的用户使用同样的密钥解密数据。其缺点主要是在通过之前必须有一个安全的密钥交换过程以及在有多个通信方时会造成密钥量的急剧增加。对称算法用于大数据加密，对称算法的密钥长度通常比较短。

（2）非对称密钥体制。

非对称密钥体制采用两个不同的密钥。这种数学算法的惊人之处就是：一个用户能够使用一个密钥加密数据，而另一个用户能够使用不同密钥解密数据。非对称密钥体制在进行加密和解密时使用的关键信息是由一个公钥和一个与公钥不同的私钥组成的密钥对。用公钥加密的结果只能用私钥才能解密，而用私钥加密的结果也只能用公钥解密。同时，用公钥推导私钥的代价在实际中是十分高昂的，甚至是不可行的。因此可以将公钥散发给其他人，而自己则安全地持有私钥。这样其他人发送邮件时就可以用公钥进行加密，而这封被加密的邮件只能用私钥解密并阅读，这就是用公钥加密法进行加密的基本原理。

由于对称密钥加密算法比非对称密钥加密算法快得多，所以通常利用二者的优点，即采用对称密钥加密文件，采用非对称（公开）密钥算法加密"加密文件"的密钥（会话密钥），这种混合加密系统能较好地解决加密运算速度和密钥分配管理的问题。

非对称密钥技术较容易实现数字签名，因此很适合网络财务应用的需要。目前应用最多的公开密钥系统有 RSA。

（七）数字签名技术

数字签名是用来保证信息传输过程中信息的完整而提供信息发送者的身份认证，是目前电子商务、网络财务中应用最普遍、技术最成熟、可操作性最强的一种电子签名方法。数字签名的含义是：利用一套规则和一个参数对数据计算所得的结果来确认签名者的身份和数据的完整性，通常采用非对称加密算法来实现。数字签名的过程是被发送方文件用散列算法加密产生信息摘要，该算法保证对于不同的信息，其摘要是不同的，同时通过摘要是无法获得原文的，发送方用自己的私有密钥对摘要再进行加密，并将加密结果作为数字签名附在正文后发送给对方。对方用发送方的公共密钥对所附数字签名的摘要进行解密，同时对收到的文件用散列算法加密产生又一摘要，如果两者所得的结果相同，则可验证是对方的签名，否则无法通过对数字签名的检验。因为相应的私钥只有该电子邮件声明者拥有，而只有用该私钥加密才能获得可由相应公钥正确解密的结果。

（八）数字认证技术

1. 数字证书

为保证网上数字信息的传输安全，除了在通信传输中采用更强的加密算法等措施之外，必须建立一种信任及信任验证机制，即参加网上信息传输的各方必须有一个可以被验证的标志，这就是数字证书。数字证书是各实体（持卡人/个人、商户/企业、网关/银行等）在网上信息交流及商务交易活动中的身份证明，具有唯一性。尤其在电子交易的各个环节，交易的各方都需验证对方证书的有效性，从而解决相互间的信任问题。

证书是一个经认证中心数字签名的包括公开密钥拥有者信息以及公开密钥的文件。从证书的用途来看，数字证书可分为签名证书和加密证书。签名证书主要用于对用户信息进行签名，以保证信息的不可否认性；加密证书主要用于对用户传送的信息进行加密，以保证信息的真实性和完整性。

2. 认证中心

数字证书认证中心是整个网上电子交易安全的关键环节，它主要负责产生、分配并管理所有参与网上交易的实体所需的身份认证数字证书。每一份数字证书都与上一级的数字签名证书相关联，最终通过安全链追溯到一个已知的并被广泛认为是安全、权威、足以信赖的机构——根认证中心。网络上进行电子交易的各方都必须拥有合法的身份，即由数字证书认证中心机构签发的数字证书，在交易的各个环节，交易的各方都需检验对方数字证书（网上身份）的有效性和合法性，从而解决了用户信任问题。

数字证书认证中心涉及电子交易中各交易方的身份信息、严格的加密技术和认证程序。基于其牢固的安全机制，数字证书认证中心应用可扩大到一切有安全要求的网上数据传输服务。认证中心是网络财务体系中的核心环节，是电子交易中信赖的基础。通过自身的注册审核体系，检查核实进行证书申请用户身份和各项信息，使网上交易用户的属性客观真实性与证书的真实性一致。认证中心作为权威的、可信赖的第三方机构，负责发放并管理有参与网络交易的实体所需的数字证书。

（九）安全保障制度

制度建设是保证网络财务安全、准确、可靠实施的先决条件，没有完善的管理制度，就不能很好地发挥网络财务的作用，还可能造成财务工作的混乱，甚至给企业和国家造成损失。

1. 建立岗位责任制度

按照财务管理的要求，对网络财务人员进行管理，按照责、权、利相结合的原则，明确系统内部各类人员的权限，建立健全岗位责任制，一方面可以保护企业资金财产的安全；另一方面，可以提高工作效率，充分发挥网络财务系统的作用。

2. 建立安全的操作规程

通过建立和实施各项操作规程，建立网络系统的网络财务系统的运行机制，做好系统内有关数据的备份和出现故障时的数据恢复工作，确保系统运行的安全、有效。企业制定的操作规程主要包括上级运行系统的规定、明确操作人员的工作职责、工作权限等。严格禁止越权操作、非法操作。

3. 建立档案管理制度

良好的档案管理是网络财务正常运行的保障，也是系统维护的保障；是保证数据、信息安全的关键环节，也是财务信息得以充分利用，更好地为管理服务的保障。档案资料保管员要按档案管理的有关规定行使职权，负责对各类输出的数据、程序、凭证等各种业务档案的保管工作以及一些程序、数据资料的保密工作，不得擅自外借档案资料。

4. 建立安全的法律保障

（1）网络财务对法律的挑战。

网络财务的自身特征决定了它不仅为全球经济的发展营造了良好氛围，同时对社会各个领域特别是立法提出新的要求和挑战。① 无国界性，Internet 的一个重要特征是全球联通、跨越地域，这就面临着各国社会制度、经济发展程度、现行法律规范、文化等千差万别的实际情况，协调起来比较有难度。② 信息的数字化。由于计算机的处理和网络传输，财务数据都是以一定的电、磁信号来表示，也就是说以 Internet 为载体、计算机处理为特征的财务业务的记录以及使用的资金都是数字化的。因此，法律是否承认通过电子形式传送的数字化信息的效力是网络财务立法必须解决的核心问题。数字化信息的法律地位主要涉及业务交易的书面形式、电子签名以及认证等几个方面。③ 信息技术发展快。网络技术的发展速度，远远超过一个国家适时地调整其法律框架的能力。即使试图对法律进行调整以适应网络财务的要求，也会因为出现的一些新情况、新问题，使得适时的法律调整总是跟不上网络技术的发展步伐。

（2）网络财务的发展需要法律的保障。

人们在感受网络财务比传统财务具有便捷、高效、覆盖面广、交易费用低廉等优势的同时，也感觉到网络财务与传统法律的障碍，与网络财务的发展速度相比，与之相关的法律、法规明显滞后。美国许多州政府都在抱怨网上财务使他们损失税收，网上金融发展尚不完善，网上黑客随时可能出现，尤其是一些隐秘资料更是无法保障。

（3）网络财务立法有利于促进网络财务的发展。

创造一个适应网络财务发展的法律法规环境，鼓励、引导、维护网络财务沿着健康轨道发展，成为当前世界各国立法工作的一项重要任务。许多国家都出台了推动本国网络财务发展的政策和规范性文件，旨在抓住信息技术的机遇争取新的竞争优势，提高国际竞争力，为网络财务在全球范围内的发展提供保障。

第三节 “互联网 +”发展趋势

一、“互联网 +”的发展历程

（一）消费互联网

互联网发明于 1969 年，商业化始于 1995 年。互联网的商业化应用是伴随着技术的进步与使用互联网人群的增加而逐渐扩大的，互联网的商业化应用起始于人与信息的连接，发展于人与商品的连接以及人与人之间的连接，连接是互联网商业化的基础。

互联网的商业化造就了独特的互联网商业模式，先后产生了信息门户、电子邮箱、搜索、电商、视频、电子游戏、广告、社交等互联网商业模式，这些互联网商业模式都与人类的消费有关，包括信息消费，商品消费、服务型消费。纵观PC时代的互联网商业模式，归根到底就是一个"卖"字，电商直接销售商品，视频、门户以及搜索网站出卖流量为商家的商品或服务提供广告服务，电子游戏、社交、视频等也莫不如此。直接为人类提供产品或服务的互联网商业模式，称为互联网1.0时代，又称为消费互联网时代。

互联网的商业化与人类自身需求的发展也是同步的，根据马斯洛需求层次理论，人的需求是从低到高逐层升级的，物质消费需求是基本的需求。互联网的商业化正是从人的需求出发，通过互联网帮助产品制造商或服务提供商进行销售，并由此形成不同的模式。不过在商品销售的过程中，加入了娱乐化、金融化等元素。

建立在PC上的消费互联网，首先解决的是买方与卖方的信息不对称问题，通过价格比较与品类聚集，形成了网络上的超市或专卖店，用户不出门便可了解商品的特性及价格，从而做出选择。电商搭建商品销售平台，通过发达的物流来实现交易。视频、门户及社交则通过娱乐化的增值服务来吸引客户注意力，从而帮助商家促销产品。在消费互联网时代，具体的消费品（产品或服务等）、内容是核心。如何吸引用户的眼球，增加用户的黏性以及提高用户转化率是关键。因此，消费互联网也被称为眼球经济模式。为了吸引眼球，社会化媒体承担起了主要责任，所以才有"一切产业皆媒体"之说。

（二）以"互联网+"为核心的产业互联网

以智能手机为核心的移动终端设备引领的移动互联网进一步扩大了连接的范围，使随时随地超越时空连接一切成为可能。在移动互联网技术的驱动下，互联网已经通过不断的连接与聚合，打破了传统产业的栅栏与篱笆，极大地消除了信息不对称，"互联网+"时代已经来临。与PC互联网相比，移动互联网的连接与聚合能力更为强大，这使得互联网逐渐从以消费为主（物美价廉的商品、快速便捷的服务）的消费互联网模式逐渐向线下实体延伸，向产业靠近，于是出现了线上与线下融合的O2O模式，以及更为宽广的"互联网+"模式。"互联网+"模式的出现，不仅是因为互联网技术的驱动，也因为人类自身需求层级的提升。社会已经不再局限于便捷的服务方式以及物美价廉的消费，而是利用互联网向更为广阔的产业挺进。

另外，从互联网发展的逻辑来看，消费互联网时代属于巨头垄断流量及人口的时代，在这个时代，与消费有关的互联网人口及平台比较集中，并形成了大的平台，各大平台已经稳固占据各自的领地，因此消费互联网时代屈于平台时代或者是互联网基础设施建设时代。

移动互联网的出现打破了上述局面，它使入口分散化，互联网向线下实体与产业靠近，重视的是重度垂直与细分，虽然消费互联网时代的平台或生态很难再形成，但互联网对未来生活、产业的影响与改变却更大。从消费互联网时代的垄断到产业互联网时代的百花齐放，已形成多元化的生态景象。移动互联网的出现使得互联网从消费互联网时代大踏步迈入以“互联网+”为代表的产业互联网时代，“互联网+”对人类社会生活方式，经济发展的影响更加深远，尤其是互联网+工业、互联网+农业、互联网+第三产业（服务业）已全方位影响整个国家经济的发展。

在移动互联网时代，以“互联网+”为核心的产业互联网具有更为广阔的发展前景，在商业模式中，它也与消费互联网有所不同，在协作性、融合、开放方面更具优势。如果在消费互联网时代可以将企业简单地划分为互联网公司与传统行业的话（说明互联网与传统行业的分离状态），那么，在产业互联网时代互联网通过更为强大的连接与聚合能力，更为先进的互联网技术（移动智能终端设备、大数据、云计算、人工智能、智能硬件等）以及更为开放的互联网思维，与传统产业、行业紧密相连，形成共赢局面。互联网已经不再是简单的“互联网+”行业，也不是传统行业利用互联网销售，而是互联网改变和打造传统行业的每一个环节，形成一种新的融合。

（三）从消费互联网到产业互联网

在互联网商业化的近20年时间里，互联网已经深刻地改变了中国经济的格局和产业版图。在第一个十年里，互联网行业和传统行业和平共处，互联网催生了很多新经济，比如门户、游戏和电商等。在第二个十年里，互联网逐步改变甚至颠覆了很多传统行业。在未来的第三个十年里，“互联网+”将势不可挡，互联网将进一步渗透到社会的各个方面，改变未来的生活方式。

从消费互联网到产业互联网，不仅仅是结构的改变，而是互联网与传统产业协作方式的改变。在消费互联网时代，互联网改变的是商品销售方式、商品流转效率及人类消费方式，而在产业互联网时代，互联网已经深入产品的生产环节、研发环节，改造的是整个产业链条，而这些环节涉及范围广、影响面大、配套服务众多，因此，产业互联网对经济的影响也更大。

产业互联网与消费互联网既有关联又有所不同，其不同点主要体现在以下几个方面：

第一，用户主体不同。消费互联网主要针对个人用户提升消费过程中的体验，而产业互联网主要以生产者为主要用户，通过对生产、交易、融资和流通等各个环节的互联网渗透，从而达到提升效率，节约能源等效果。这是一个从个人虚拟化到企业虚拟化的转换过程。

第二，发展动因不同。消费互联网得以迅速发展主要是由于人们在阅读、出行、娱乐等诸多方面的生活体验得到了有效改善，而产业互联网将会通过生产、资源配置和交易效率的提升得到推进。

产业互联网的商业模式有别于消费互联网的"眼球经济"它是以"价值经济"为主，即通过传统企业与互联网的融合，寻求全新的管理与服务模式，为消费者提供更好的服务体验，创造出不仅限于流量的更高价值的产业形态。

（四）迎接以"互联网 +"为核心的产业互联网时代的挑战

"互联网 +"时代的商业场景，商业模式均与消费互联网时代有所不同。消费互联网始于互联网商业化之初，建立于 PC 互联网之上，一切围绕产品交易或服务进行，流量是最重要的手段。因此属于典型的眼球经济。而产业互联网发展于移动互联网时代，是伴随着互联网连接与聚合能力的提高而逐步深入的。显然，消费互联网与产业互联网不同。

在以"互联网 +"为核心的产业互联网时代被改变的不仅仅是传统行业，同时还有发达于消费互联网时代的传统互联网平台。即便是提供平台与渠道的互联网企业，在新的"互联网 +"浪潮来临之际已成为提供基础设施的传统互联网，如果不能够顺势而为适应"互联网 +"的变化，必将失去自己的地盘，逐渐被新的互联网企业所取代。在消费互联网时代，商品从短缺到过剩，大而全的、一站式服务的、可提供品类与价格比较的互联网平台具有巨大优势。随着过剩消费时代的来临，追求个性化、订制化服务的小而美的垂直类平台则适应了时代。尤其是对于现代社会中越来越细分的行业及服务，需要精细化的、能提供给消费者参与感的新模式。以本地生活 O2O 的登门服务为例，现已出现美甲、洗衣、搓澡、大厨、家政、家教、美妆、代驾等细分化服务，这与消费互联网时代的 58 同城、赶集网有所不同。

（五）"互联网 +"时代中产业互联网主线

在互联网商业化的前二十年中，我国的互联网行业基本处于由 BAT（百度、阿里、腾讯）掌控大多数人口的消费互联网时代。随着移动互联网快速取代 PC 互联网，虚拟化进程加快，并逐渐从 C 端用户（个人）转向 B 端用户（企业），以价值经济为主要盈利模式的产业互联网将逐渐兴起。在消费互联网时代，多以免费与购买流量的方式抢占客户的眼球，并向客户提供物美价廉的产品与服务的中介或平台，垄断了绝大多数互联网商业化市场。大型平台以巨额的流量和入口形成垄断，后来者难以有较大的发展机会。因此，依靠烧钱购买流量以快速抢占市场的方式成为在消费互联网时代生存的丛林法则，唯有快速做大做强才有存活的可能。而在产业互联网时代，互联网从产品、服务销售向生产、研发延伸，众多细分领域中的行业被“互联网+”化之后都有巨大的生存空间。在人口分散化、去中心化、去平台化的移动互联网时代，BAT等传统互联网并不占有绝对的优势，因为这些都是纯互联网企业，分别占据着搜索、电商及社交人口，仅仅是为产品或服务提供销售的平台，在“互联网+”时代，这些传统的纯互联网企业如果故步自封，就可能会沦落为互联网基础设施，最终被垂直细分类公司以及与产业结合的小而美的互联网公司逐步瓦解与分化。

由此可见，建立在移动互联网上的产业互联网中存在着无比巨大的机会，任何一个行业或产业都有可能被互联网改造，互联网连接能力越强，聚合能力越大，传统产业的机会反而越大。这一改变不仅为互联网创业带来了巨大的机会，同时也为传统产业带来巨大的发展前景，传统产业与互联网企业的结合将为彼此带来巨大的发展空间。

“互联网+”直接将提供者与消费者相连，消除了信息不对称现象和中介，极大地激励了商品提供者。站在产业互联网的风口，我们可以发现产业互联网的三大主线。

1. 产业互联网时代里的三大变革

第一，互联网时代下的生产制造变革。

在消费互联网时代，通用性商品逐渐趋于饱和，个性化、订制化产品与服务来自提供者。消费互联网造成的消费过剩时代即将终结，取而代之的是满足消费者个性化渴求和参与感的时代，这就要求传统的生产方式需要适应市场的变化，由企业主导转变为由消费者主导，生产从尊重消费者体验开始，进而构成以消费者为中心的生产模式，给消费者更多地参与感与良好的体验。

因此，产业互联网在与传统企业融合中的最大特点是，将原有以企业为导向的规模型设计转向以用户为导向的个性化设计。从产品功能研发到产品包装设计，每一个部分都通过互联网思维与用户建立关联，争取更广泛的互动，从而形成有效的生产制作方案，强调用户的参与度，尊重用户的个性化需求，如小米手机的生产模式，正是将消费者视为研发的参与者，根据消费者的需求进行产品定位与设计，进而取得了巨大的成功。又比如智能家居、可穿戴设备等正是从满足消费者个性出发，在这方面，苹果公司从人性出发直指人心，打造了无与伦比的手机体验，开创了以智能手机等移动终端为基础的移动互联网时代，从而为消费互联网向产业互联网过渡创造了条件。

第二，“互联网 +”时代下的物流体系变革。

互联网对物流体系的改造也是全面的，不仅仅是电商及 O2O 服务促进了物流体系的全面建设，而且通过互联网还能对物流及配送的过程实时跟踪，解决客户顾虑的痛点。我们可以通过互联网随时查询商品、信笺的在途寄送信息。同时，还可以在重要设备及物品中嵌入电子芯片，通过电子芯片、物联网等技术跟踪物品的动态及具体位置。此外，大数据技术、云计算及互联网的地图、位置信息服务对物流体系的提升也是贡献巨大。

如上所述，在消费互联网时代，为了节约资源与时间成本，传统行业在分销采购等方面已逐渐采用 B2B 的交易方式。据工信部统计，我国 B2B 业务已将近 8 万亿，企业也更重视线上平台的交易与建立，并逐步完善支付手段、电子商务安全认证等体系，也促使大量的批发业务由线下转移到线上。对于电商来说，它们做的是建立于互联网之上的电子商务，对于大多数传统企业而言，运用互联网交易平台进行商务电子化，提高了流通效率。因此，从某种程度上说，消费互联网时代的电子交易模式为“网上交易平台 + 支付工具与诚信体系 + 线下物流与仓储”。物流体系是最重要的环节，京东在发展之初就已看到物流的重要性，不惜血本建立了强大的物流体系。阿里巴巴也逐渐开始发力创立独立的物流体系，以解决物流不畅的劣势，专门成立了菜鸟物流。可以想象，互联网不是排斥实体与传统产业，而是更有效地与传统产业融合。这就比如再好的电商平台，平台上的商品还是需要线下生产或消费的。

在以“互联网 +”为代表的产业互联网时代，物流体系建设更加重要。传统企业应充分利用线下资源的优势，拓展线上平台，并将线下的物流及售后服务等业务流程进行线上管理，最终实现线上线下一体化。由此看来，产业互联网对物流交付平台和信息集成交易平台的建立是传统企业与互联网融合的一个重要方向。

第三，“互联网 +”时代下的融资体系变革。

我国金融经历了牌照的金融 1.0 时代，银行、证券、保险、信托、基金、期货，金融租赁等 7 大金融行业均属于国家管制下的金融行业，需要颁发相关的牌照。在该时期，7 大金融机构实际上依靠牌照吃饭，有了牌照就等于有了饭吃。最为明显的例子就是证券公司中的投行业务，从最初的通道、配额到后来的保荐制度，都与资质有关。随着经济的发展及传统金融行业竞争加剧，金融机构从拉存款竞争演变为产品与服务的竞争，稳定的高收益理财产品是它们主要的竞争方式，金融由此进入以产品与服务为中心的金融 2.0 时代，在这方面，最具代表性的是基金。

无论是牌照的金融 1.0 时代，还是在以产品为中心的金融 2.0 时代，融资难与融资贵都是常见的怪现状。这也使中国出现了大量的类金融机构以及繁荣的民间借贷市场。由于我国金融行业长期受某些因素的限制，致使结构失衡，体现于 20% 的大企业客户占用了 80% 的金融资源。银行借贷动力不足，使得众多中小微型企业得不到有效的金融服务，从而制约发展。此外，我国金融结构也存在不合理问题，间接融资比例太大，直接融资比例太小。

互联网对金融的影响是巨大的，从互联网化的证券交易所到电子银行，互联网极大地改变了金融的执行效率。随着金融脱媒步伐加大，由互联网技术驱动金融的互联网金融时代来临，这就是金融的 3.0 时代。在金融 3.0 时代，“一切产业皆金融”。在互联网金融中出现了传统产业互联网化、互联网企业从事金融服务、第三方支付、众筹、P2P、互联网理财、虚拟货币等模式，极大地丰富了传统金融市场。互联网金融的出现也如同在沉寂的一潭死水中投下一块巨石，掀起了波澜。传统金融开始全面向互联网金融发力，就连中国最大的银行——工商银行也已经杀入互联网，而国家开发银行早已杀入 P2P 行业。

由此可见，互联网金融由于其成本低、效率高，同时能解决信息不对称等问题，将在中小微企业融资领域发挥重要作用。鼓励与发展多层次资本市场、多层次金融市场，为“互联网 +”提供资本支持。

2. 以“互联网 +”为核心的产业互联网三大方向

消费互联网始于互联网对第三产业的改造，也就是对服务业的改造，主要集中在销售、广告、日用生活等方面。随着移动互联网的发展，以“互联网 +”为核心的产业互联网兴起，产业互联网不仅将消费互联网时期的第三产业提升到更高的层次，而且范围更为广泛。甚至于我们可以把互联网 + 第三产业（服务业）称为服务互联网，而服务互联网是产业互联网的重要组成部分。

如果按照国民经济的划分方法，“互联网 +”可以与第一产业、第二产业及第三产业融合，由此形成互联网工业、互联网农业及互联网服务业（服务互联网）。在互联网服务中，互联网金融、互联网医疗、互联网教育及互联网为新型的现代服务业。而本地化生活服务则为服务互联网的核心，是未来生活场景的重要组成部分。

从我国“互联网 +”目前的发展态势来看，“互联网 +”已从全面应用到第三产业，形成了诸如互联网金融、互联网交通、互联网医疗、互联网教育等新业态，而且正在向第一和第二产业渗透。由此可见，互联网工业、互联网农业及互联网服务业将“互联网 +”未来发展的三大方向。

（六）夯实与发展产业互联网的技术基础

从互联网商业化进程看，发明于1969年的互联网在经历了25年左右之后才开始商业化应用，在长达25年的时间内，互联网仅仅被作为计算工具和储存工具未被商业化的主要原因在于直到20世纪90年代后，互联网浏览器及万维网的出现为商业化提供了条件，而之前的互联网不能够被普通民众所掌握使用，互联网用户的数量还很小，还不具有吸引人类眼球的能力，也就无法产生眼球经济。由此可见，互联网技术与普及率是影响互联网商业化最主要的两大路径。

以智能手机等移动终端设备的发明将人类引入移动互联网时代，而移动互联网则将互联网商业化进程从消费互联网引入产业互联网时代，使"互联网+"成为新经济的核心。由此可见，移动互联网是产业互联网兴起的技术基础，而在移动互联网之中，终端、云计算、大数据及宽带网络是核心。在产业互联网兴起的浪潮中，上述四项关键技术加速了产业互联网时代的到来。

上述4项技术还在不断地发展中，智能终端设备已从智能手机，Pad开始向智能电视、智能家居、智能汽车、可穿戴设备、基因硬件等多元化发展。网络宽带在向5G、6G迈进。随着卫星通信技术的进一步发展，网络宽带的处理能力则更加强大，而云计算能力随着连接的扩大进一步增强，并为人类带来了最重要的资产——大数据。

二、"互联网 +"的未来发展趋势

关于建立在移动互联网技术上的"互联网 +"，大的逻辑是用互联网技术与思维去改造传统产业，连接一切是其主要方式。但核心是去中心化，去平台化。这种探索的核心有三个方面：一是不再局限于商业信息是否对称的变革；二是不再局限于信息技术不断创新的变革；三是不再局限于以价格为形态方式发生变化。这些趋势就是"互联网 +"时代的特征。在"互联网+"之下，未来会出现哪些发展趋势呢？

（一）连接与聚合成为"互联网 +"时代的主旋律

互联网的本质是连接，其价值也在于连接，互联网商业化的进程表明，连接是其商业化的主要工具与载体，而通过连接产生的强大聚合能力是其手段与目标。无论是门户、电商、搜索、社交无不体现了互联网的连接，而电商、社交及搜索的商业化运用则体现了连接背后的聚合能力。

从消费互联网到移动互联网，互联网的连接能力越来越强，时空维度在不断地拓展，这种拓展促进了互联网云计算及大数据的应用，开辟了物联网的新领地。

未来的连接仍在继续，连接一切将成为互联网的主旋律。美国最大的社交网站——脸书、中国的腾讯都将以连接为使命。从商业价值角度分析，连接本身即可产生经济效益，通过连接拆除传统产业的壁垒，促进融合与协作，打破信息不对称。同时，通过连接产生的大数据将成为极重要的资产。

（二）产业互联网化、金融化成为大趋势

在移动互联网强大的连接能力之下，一切产业皆互联网，一切产业皆金融的时代已经来临。建立在移动互联网之上的产业互联网是典型的价值经济、个性经济、共享经济、体验经济、粉丝经济、众包经济等。众多的细分行业都可以通过触网获得发展机会，在去中心化、去平台化的产业互联网时代，提供个性化服务的重度垂直模式将具有商业机会，行业垂直、地域垂直及人群垂直都可以在各自领地获得生存与发展机会。由此可见，产业互联网时代就是一切产业皆互联网的时代。

在产业互联网中，除了强大的物流体系之外，各类交易都需要有金融服务的支持。金融服务支持包括网络支付、互联网金融服务等。离开了金融，产业互联网就如同缺少了强大的物流体系支持一样难以发展。因此，一切产业皆金融的时代已经来临。

（三）个性化、定制化需求时代来临

消费互联网已激发了用户的各项消费需求，消费经济已从短缺步入过剩时代，价格战与补贴或免费不断上演。在过剩或过度消费时代，那种生产标准化产品的时代即将终结，在满足了基本的需求之后，人类的需求将逐渐向个性化方向发展。而定制化则是个性化的实现手段。定制化本身需要用户参与，以用户体验为中心，为用户提供符合价值需求的产品。从以企业为中心的标准化生产时代到以用户为中心的产业互联网时代，互联网逐渐向尊重人性的方向发展，实现人性的回归，纵观成功的互联网企业与科技公司，无不以洞悉人性为中心，苹果就是典型的代表，而小米则将用户参与发挥到极致。

（四）O2O将成为服务互联网的主要模式

产业互联网可以对产业链的研发和生产过程进行重塑，这就催生了大量的商机。在交易过程中，产业互联网的交易模式则由线下转移到了线上以及线上线下一体化，代表模式有B2B和O2O。电子商务平台的兴起削弱了长期困扰市场的信息不对称等问题，降低了购买双方大量的时间与经济成本。在这个过程中，壁垒较高的行业可以通过建立垂直电子商务平台，聚热于行业内部，实现市场的细分。

在“互联网+”或产业互联网时代，无论是服务互联网或原来建立在PC之上的消费互联网，还是“互联网+”传统行业，一个不容争议的发展趋势是线上与线下的高度融合。另外，O2O也将成为主要的发展趋势。离开了线下实体，离开了传统产业，互联网将会与金融一样出现空壳化、虚拟化，犹如空中楼阁和海市蜃楼，即便是消费互联网时代的电商，也将逐步向 O2O 方向发展，新建立的本地化生活服务类 O2O，电商化极其明显。因此，从某种程度上说，O2O 将成为新型电商。

（五）智慧工业时代

随着社会的发展，个性化需求会越来越多，在互联网技术的支撑下，这种需求也将成为现实，实际上工业 4.0 就是个性化定制。

以"互联网 +"为核心的产业互联网不仅是在继续改造和提升作为第三产业的互联网，而且已经向工业领域延伸。"互联网 +"硬件的软硬一体化将造就新的工业体系，人工智能、智能机器人、无人飞机、无人汽车、车联网、物联网、大数据、云计算、可穿戴设备等智慧业将成为产业互联网的重要领域，互联网已经不再局限于消费领域，而且对于工业化改造的作用越发凸显。纵观世界，在产业互联网来临之际，中国已经走在了世界前列。在工业化时代落后的中国已经在新经济的浪潮中与欧美等发达的国家站在了同一个起跑线上，而且在互联网经济中占得了先机。

面对产业互联网，在中国还处于消费互联网时代时，传统的工业强国——德国就已经提出了工业 4.0 的行动计划。在"互联网 +"战略的指引下，工信部制定了"中国制造 2025 规划"，将互联网信息化与工业化深度融合，推动"中国制造"走向"中国智造"。这个规划被业内称为"中国工业版 4.0"。

面对产业互联网的浪潮，中国不能错过换代升级的机会。中国传统行业门类齐全，拥有世界上最为齐全的工业体系，为当今世界第一制造大国，在"互联网 +"时代下，中国就拥有了雄厚的产业基础，如果能够顺应潮流，利用"互联网 +"则会产生更加巨大的发展能量。数量庞大的传统产业、互联网用户及巨大的市场需求，这些都是中国产业互联网最大的基础。

在 2015"两会"召开前，工信部就提出将支撑 100 家以上规模的工业、企业积极探索智能工厂、智能设备和智能服务的新模式、新业态；支撑 1000 家工业及生产性服务企业的高带宽专线服务，新增 M2M（智能机器）终端 1000 万个，促进工业互联网发展，并将在石化、钢铁、有色、建材等领域开展智能工厂、数字矿山、物联网发展试点示范。据 GE 测算，应用工业互联网后，企业的效率会提高大约 20%，成本可以下降 20%，节能减排可以下降 10% 左右。据工信部估算，未来 20 年中国工业互联网的发展至少可带来约三万亿美元的 GDP 增长，未来互联、集成、智能生产、数据处理、产品创新都直接受益于工业 4.0 的规划。尚未完全完成工业化的中国却拥有强大的产业互联网发展基础与条件，在产业互联网大潮中，这都为中国实现跳跃式、超越式发展创造了机会。

第三章　互联网+财务管理

第一节　互联网+下的企业经营环境分析

“互联网+”如今已成为一个热词，乃至一种现象。但不能只是追求表面的繁荣和热闹，就如同大可不必犯上“互联网焦虑症”一样，对“互联网+”也必须冷静认识和思考。身处互联网大环境中，就要知道：“互联网+”对人们的生存状态产生的巨大影响；“互联网+”让经济形态发生翻天覆地的变化。

商业的本质不会发生变化，“互联网+”更像是催化剂。产业价值链的各个环节，以及企业经营各个层面都有可能被互联网改变。

一、互联网使人们的生活方式出现崭新的形式

互联网是人类社会有史以来第一个全球性论坛组织形式，世界各地数以亿计的人们可以利用互联网进行信息交流和资源共享。电脑网络切入人们的私人生活和公共生活领域使人们的生活方式出现了崭新的形式，包括购物方式、阅读方式、学习方式、工作方式等等。

二、互联网让不同的领域学科边界变得模糊

工业革命的社会化大生产通过细致分工，让人成为流水线上的螺丝钉，这需要的是专家式人才。信息借助互联网以前所未有的广度和深度流动起来，行业壁垒在信息洪流冲击之下无比脆弱，行业融合、领域交互成为新趋势，过去小范围家庭、组织内部的知识传递，变成了现在无国界的网络社交互动。不同思想的交流碰撞，在学科边缘、行业边界之上不断地摩擦出创新的火花。未来随着互联网普及将涌现出越来越多的“跨界人”。

三、社会结构依据兴趣组合，沟通更加平等

互联网促进了社会利益结构多元化的发展，改变了原有的社会分层结构，导致社会群体的关系更加复杂。传统社会结构中各社会要素垂直的结构形态发生了变化，网络社会结构不再以传统意义上的社会结构形态进行分层，而是重新依据兴趣、爱好等方式进行重组。

四、互联网重构价值观念和行为模式

互联网作为一个信息流动的平台，逐渐形成了它固有的文化属性。互联网作为人们长期浸淫其中的虚拟社会，形成了独有的网络伦理文化特征，具有虚拟性、匿名性、快捷性、开放性等特点，互联网提供的资源在空间上重塑了人们的活动场所，在很大程度上改变了人们的生活方式和行为模式。

五、"互联网 +"时代中产业互联网的痛点

从消费互联网时代的眼球经济到产业互联网时代的价值经济，无论最后采取什么样的商业工具和商业模式，最重要的还是能否提供更好的品质、性价比和服务体验问题。就目前发展而言，我国的产业互联网还存在着以下痛点，痛点之处就是最好的商业机会所在。

第一，互联网基础设施建设相对滞后，急需完善和提升。

"互联网 +"应该先建好基础设施，包括网络基础设施、数据基础设施和标准接口的基础设施。

首先，对于网络基础设施，主要就是网络的进一步普及和网速的提高。我国的宽带网络速度与发达国家相比还非常落后，应当改善与提升。此外，跟中国社会的二元结构相似，中国的互联网也呈现出巨大的城乡差，据中国互联网络信息中心发布的《2013 年中国农村互联网发展状况调查报告》，城镇网民数量占比达到 72.4%，而农村网民仅占 27.6%。农村网络基础设施亟待改进与提升。

其次，对于数据基础设施的建设，应加大政府对互联网数据资产管理的重视程度与力度，主要是适度的合理开放，条件成熟时设立数据资产交易所机制，促进数据资产的交易。

最后，对于互联网标准接口的基础设施工作而言，重要性则在于让大家研发的产品能互相兼容，相互适配。因此，应建立统一的标准，促进开放与协作。

我国在基础设施建设方面投入巨资，在拉动我国经济增长的同时也对改善我

国投资环境起到巨大的促进作用，但是在互联网基础设施投入方面，还不够重视，今后应加大该方面的投入。

第二，信息安全和支付安全问题急需解决。

互联网的连接与聚合能力提升，对人类社会的影响巨大，但是硬件、互联网等各个方面存在的安全隐患也与日俱增，这些问题如果不能够得到解决，一方面会对互联网造成巨大的破坏，另一方面也会影响用户对互联网的信心。网络安全主要集中在信息的安全与网络支付安全两大方面。

第二节　企业财务管理系统的构建

互联网时代下，财务管理系统的构建也越来越重要，关系到企业经营的各个重大事项。

一、网络财务的信息理论基础

（1）事项法（事项会计理论）是网络财务的信息理论基础

事项法（事项会计理论）是在否定价值法理论的基础上提出的一种会计理论研究方法。事项法也叫使用者需要法，是指按照具体的经济事项来报告企业的经济活动，并以此为基础重新构建财务会计的确认、计量和报告的理论与方法，事项法是美国会计学会基本理论委员会成员、美国会计学家 George. H. Sorter 在 20 世纪 60 年代提出的。他在 1969 年发表了《构建基本会计理论的“事项法”》一文，全面阐述了以事项法为基础所形成的基本会计理论。Sorter 认为：现有的会计核算模式是一种价值法，其目的在于确认资本的最佳收益，故需要对原始数据进行一系列的分类、汇总、确认和计量。事项法的核心就是将事项作为会计分类的最小单元，在日常核算中仅仅对各项交易活动的事项进行存储和传递，而不进行会计处理。会计信息的使用者根据各自的需要，对事项信息进行必要的积累、分配和价值计量，最终将事项信息转化为适合于使用者决策模型需要的各种会计信息。

（2）事项驱动会计与传统会计的区别

事项驱动会计与传统会计的真正区别在于提供的会计信息的汇总与处理程度不同，以及由谁来执行这些汇总、处理和评价。价值法对事项信息的加工是由会计人员根据会计准则或制度进行的，最后呈报的是经过汇总的财务报告；而事项法将信息的加工程序留给信息使用者，呈报的是对原始事项数据简单加总的事项数据报告。

另一个差异在于两者对经济事项有不同的定义。在价值法中，经济事项必须是能够用货币计量的交易事项；在事项法中，经济事项不仅包括交易事项，而且包括不用或不能用货币进行计量的经济事项，如人力资源、团队精神、社会责任等。

二、网络财务的体系架构

（一）网络财务信息系统

1. 网络财务信息使用者的需求

在网络环境下，信息使用者对会计信息提出了新的需求。网络财务系统应能满足信息使用者的以下需求。

第一，实时性。系统能根据信息使用者的要求实时披露财务信息。

第二，多样性。财务信息系统在内容上应能提供财务的和非财务的、定量的和定性的使用者想知道的信息；在计量属性上，应从单一的历史成本计量属性到历史成本、现行成本、可变现净值等多重计量属性并存；在列表形式上，应从单一信息媒体到文、图、音、像等多种信息媒体并存。

第三，可定制性。系统可以根据信息使用者的要求，从不同的角度提供个性化的财务信息。

第四，共享性。通过网络获取财务信息，可使得财务信息的再利用更加方便，可提高信息利用效率，减少信息不对称性。

2. 网络财务信息系统的构成及主要特点

网络财务信息系统是一个人机结合的系统，不仅需要计算机硬件、软件、网络通信设备的支持，还需要人在一定的规程下充分利用它们进行各项操作。因此，网络财务信息系统的主要构成要素包括硬件、软件、人员、数据和规程。

网络财务信息系统根据其功能可分为三个层次，即会计核算系统、财务管理信息系统和财务决策信息系统。我国目前应用的财务软件大都处于会计核算系统这个层次。

网络财务信息系统的主要特点如下。

（1）与现代信息技术的高度融合。它按信息处理的要求，充分利用现代信息技术，对企业的会计工作流程、方式和方法进行了重新构建，以适应企业瞬息万变的管理要求。

（2）与业务管理系统的高度协同。包括与企业内部的协同、与供应链的协同、与社会相关部门的协同，如网上银行、网上保险、网上报税等。

（3）高效率的集中式管理。互联网的出现，使集中式管理成为可能。

（4）高度实时化的动态核算系统。传统会计是一个静态的、事后反映型的核算系统。而网络财务的发展将改变这一历史，变传统的事后静态核算为高度实时化的动态核算。

（5）强大的远程处理能力。网络财务软件从设计到开发应用都定位在网络环境的基础上，使得跨地区、跨国界的财务核算、审计、管理和贸易成为可能。同时，网络化管理将使企业的各种财务信息得到快速便捷的反映，最终实现财务信息的动态实时处理和财务的集中式管理，便捷的远程报账、远程报表、远程查询和审计。

（二）网络财务报告

1. 网络财务报告的内涵及层次

网络财务报告的内涵因环境的变迁、网络技术的发展而不断发展。在现有技术条件下，网络财务报告是指企业通过网络披露企业各项经营业务与财务信息，并将反映企业各种生产经营活动和事项的财务报告存储在可供使用者随时查阅的数据库中，供使用者查询企业的财务状况、经营成果、现金流量及其他重要事项。

网络财务报告分为以下三个层次。

（1）在线财务报告。在线财务报告是指企业在国际互联网上设置网站，向信息使用者提供定期更新的财务报告。

（2）实时财务报告。它指整个会计循环通过网络自动完成，从原始数据的录入到数据处理再到生成财务报告都通过联网的计算机来完成。在这一阶段，用户可随时获得实时报告信息。

（3）按需定制的财务报告。这是网络财务报告的高级阶段，指以披露通用目的财务报告为基准，进一步披露企业经过编码的经济事项源数据。可根据用户的选择自动定制用户所需的财务报告。随着 XBRL 分类体系构建完毕，经过测试并广泛投入使用，定制报告模式也成了现实。

2. 网络财务报告的新模式——XBRL

XBRL 是可扩展财务报告语言（Extensible Business Reporting Language）的缩写，是一种基于可扩展标记语言（XML）框架，专门为公司编制和发布网络财务报告而开发出来的语言。有了 XBRL 就能够实现按需定制的目标，也能整合财务信息供应链上各方的利益。微软是第一家以 XBRL 格式进行财务报告的高科技公司，使用者可以使用 XBRL 在线数据库进行数据分析。目前，我国深圳证券交易所和上海证券交易所已经开始使用 XBRL 格式进行财务报告的编制。在两大证券交易所网站上，信息使用者都可以直接获取多样化的财务报告，可以进行财务指标分析、数据查询、财务信息分析，从而满足使用者多样化的需求，对其进行正确决策起到很大的帮助作用。

基于 XBRL 的网络财务报告具有如下特点。

（1）无须改变现存的会计规则，也无须公司额外披露超出现有会计规则要求的信息，只是改进了编制、分析与发布企业报告信息的流程。

（2）以标准化的标记来描述和识别每个财务信息项目，即为每个财务项目定义标记（tags），使财务报告的编报标准趋向统一。

（3）可以编制、发送各种不同格式的财务信息，交换与分析财务报表中所含的信息。

（4）可以允许使用者跨系统平台传递和分析信息，降低信息重新输入的次数。

3. XBRL 网络财务报告的信息披露

XBRL 根据财务信息披露规则，将财务报告内容分解成不同的数据元，再根据信息技术规则给数据元赋予唯一的数据标记，从而形成了标准化规范。以这种语言为基础，通过对网络财务报告信息的标准化处理，可以将网络财务报告中不能自动读取的信息转换为一种可以自动读取的信息，大大方便了对信息的批量需求和批量利用。

XBRL 网络财务报告的信息披露包括以下几个层次。

第一层次，主要是对传统会计报表内容进行披露，包括资产负债表、损益表、现金流量表及其附注。

第二层次，对其他财务报告进行披露。如设立专用报告专区，针对不同的使用者或使用者集团进行披露。考虑到不同类型使用者之间的信息差别，应有选择地和重点针对特定使用者披露特殊信息，提供内容（或时间）上有差别的报告。

第三层次，对一些在传统会计报表基础上扩展出来的信息进行披露。如对在企业的生存与发展中占举足轻重地位的智力资源信息或类似的知识资本进行披露；对不符合传统会计要素定义与确认的标准，且不具有实物形态的衍生金融工具信息进行披露。

第四层次，报告一些非财务信息。非财务信息是指诸如企业背景、企业关联方信息、企业主要股东、债权人及企业管理人员配备的信息。为了增加企业信息的透明度、增加受托责任与诚信度，还要对具体的公司信息进行披露，如战略、计划、风险管理、薪酬政策等信息。

第五层次，主要是指对以多媒体技术在公司网站上提供股东大会、董事会或其他重要会议的现场纪实的录像或录音等信息的披露。在网站上进行多层次信息的披露，除了应提供当年的信息数据外，为了满足信息使用者的需要，还可以提供历史的数据，其内容也以多层次的信息模式为依据。

XBRL 作为财务信息处理的最新标准和技术，增加了公司财务报告披露的透明度，同时极大地提高了财务报告信息处理的效率和能力。它的应用必将会给我国财务报告的披露带来历史性的变革，成为企业财务报告的发展趋势。

（三）网络财务成本控制

网络财务软件在成本数据归集方面，设计了全面的数据自动源，可以提供成本分析、成本核算、成本预测的功能，满足会计核算的事前预测、事后核算分析的需要，还可以分别从总账、工资、固定资产、成本系统中取得各种成本费用数据。

成本管理模块可以从存货核算、工资管理、固定资产管理和总账中自动提取成本数据。每个成本的期间数据都会同步自动产生。在成本计划方面，可以编制全面的成本计划，待成本核算工作结束后，针对此计划的成本差异分析结果就会自动产生。在成本预测及分析方面，可以做出部门成本预测和产品成本预测。

（四）网络财务安全

网络系统的安全是网络财务发展的前提。网络财务使原来的单一会计电算化系统中变成一个开放的系统，而会计业务的特点又要求其中的许多数据对外保密，因此，安全就成为网络财务中备受用户关注的问题。由于财务涉及资金和公司机密等，任何一点漏洞都可能导致大量资金流失，所以应对其传递手段和储存工具要求严格，要从技术和法律上为它创造一个安全的环境，抵抗来自系统内外的各种干扰和威胁。如在技术上加强对网上输入、输出和传输信息的合法性、正确性控制，在企业内部网与外部公共网之间建立防火墙，并对外部访问实行多层认证；在网络系统中积极采用反病毒技术；在系统的运行与维护过程中高度重视计算机病毒的防范，以及采取相应的技术手段与措施；及时做好备份工作。备份是防止网络财务系统意外事故最基本、最有效的手段，包括硬件备份、系统备份、财务软件系统备份和数据备份四个层次。发展适合网络财务的新技术是网络财务发展的基础。

在法律上，应建立电子商务法律法规，规范网上交易、支付、核算行为，并制定网络财务准则。此外还必须有第三方对安全进行确认，即建立网络安全审计制度，由专家对安全性做出相应评价。

（5）网络审计

财务信息存储的电子化、网络化，财会组织部门的扁平化，内部控制形式的变化等使得对审计线索、审计技术、审计方法、审计手段、审计标准，以及对审计人员的知识结构、技能的要求发生了重大的变化。网络审计将成为在网络财务环境下进行审计工作的必然趋势。网络审计面对的企业内部环境是集成化的信息系统，它的合理性、有效性、安全程度直接影响到审计工作的质量和效率，如硬件设备的稳定性、兼容性、软件本身质量的高低及对企业实际情况的适应性等。而这些又受技术和人为的诸多因素影响，即审计环境中的不定因素增加了，从而增加了审计的风险。

利用网络通信系统，建立网络化的审计机制，可实现账簿文件的在线式随机审计，即管理层或审计机构可以通过网上授权，提取被审单位的会计信息，审计经营单位财务数据的真实性和有效性。这种机制对各经营单位产生了严格的制约作用，可更加有效地防范经营单位弄虚作假，推迟做账等。实现联机方式下的在线式的随机审计，可加强监管力度，减少审计过程中人为因素的干扰，而且审计的时点可由审计人员随机决定，无须事先通知被审单位，这大大降低了监管成本。网络审计在现阶段还只是起步阶段，对许多问题尚无很好的解决办法，如财务数据结构的不统一等，但网络审计是未来的发展方向，这是不容置疑的。

（六）网络财务的实施

1. 网络财务的实施方案

网络财务的实施，一般来说有以下两个步骤。

（1）应根据自身的实际情况进行需求分析，确定到底要利用网络财务系统完成哪些工作。

（2）根据企业需求进行网络方案设计。目前常用的高速网络技术有快速以太网、FDDI 分布式光纤数据接口、ATM 异步传输模式、千兆位以太网。网络财务还是一个新兴的领域，其实现没有固定的模式，故要依据企业的不同情况"量体裁衣"。

2. 网络财务的实施途径

网络财务一般通过网络财务软件和网上理财服务两种途径来实现。

网络财务软件是指基于网络计算技术，以整合实现电子商务为目标，能够提供互联网环境下的财务管理模式、财会工作方式及其各项功能的财务管理软件系统。

网上理财服务是指具备数据安全保密机制，以专营网站方式在网上提供的专业理财服务。网上理财服务的具体体现是网上自助式软件的应用，它是 ASP-Active Sever Page 活动服务主页的一种重要服务方式。

3. 网络财务发展的法律基础

网络财务的诞生和发展除了要有一定的技术基础外，一些相关法规的制定也为其实施提供了广阔的发展空间。财政部颁发的《会计电算化工作规范》中明确指出：其有一定硬件基础和技术力量的单位，都要充分利用现有的计算机设备建立计算机网络，做到信息资源共享和会计数据实时处理。新《会计法》中增加了建立网上销售核算内部控制制度的规定，这样就使得网络财务模式的建立更有法可依。有了法律的明文规定，网络财务的安全和权限问题将得到大幅度改善。此外，新《会计法》对各行业和各地域会计制度进行了统一。但对于跨地域的大型企业来说，不同地域会计准则的一致性将成为网络财务能否发挥极大威力的关键因素。网络财务是个新生事物，针对如何具体在网络财务的程序和方法上操作，如何实施内部控制，如何提供财务报告，怎样保障财务信息真实性等一系列问题，还没有相应的法规予以规范，理论界和实业界也都处于探索阶段。

综上所述，网络财务是对财务管理的延伸发展，是一门新兴学科，对传统财务管理提出了世纪性的挑战，是推动我国经济发展的强劲动力。

（三）网络财务系统

财务信息的处理依靠财务系统完成，而财务系统的特定目标和功能的实现要靠一定的会计数据处理技术的运用。随着科学技术的进步，特别是计算机的出现，促使会计数据处理技术不断发展变化，经历了从手工处理到机械处理再到计算机处理的发展过程，因而财务系统也随之经历了从手工财务系统到机械化财务系统再到电算化财务系统的发展过程。

所谓电算化财务系统就是指以计算机为主的当代电子信息处理技术为基础，充分利用电子计算机能快速、准确地处理数据的特性，用计算机代替手工进行会计数据处理并部分代替人脑运用财务信息进行分析、预测和决策等的财务信息系统。

20 世纪 70 年代末，我国财会工作者将计算机应用于会计工作，并由此提出了“会计电算化”这一具有中国特色的会计术语，其实质就是电算化财务系统。需要指出的是，当时的电算化财务系统仅仅只是将人、纸质凭证、算盘等构成手工财务系统的要素改变成了人、磁介质数据、计算机等，仅仅只是用计算机代替了人脑的计算、储存，并没有突破财务部门内部的范围，没有实现与其他部门及企业的连接，还是一种封闭式的工作方式，信息孤岛问题较为突出。从 20 世纪 90 年代开始，一方面计算机技术从单机逐渐向局域网及互联网方向发展；另一方面，企业已不再满足于电算化核算，而是希望进一步实现财务控制、管理和决策支持的计算机化，网络财务系统也就应运而生了。

网络财务系统是电算化财务系统的进一步发展，是基于电子商务背景，以网络计算技术为依托，集成先进管理思想和理念，以人为主导，充分利用计算机硬件、软件、网络基础设施和设备，进行经济业务数据的收集、传输、加工、存储、更新和维护，全面实现各项会计核算及财务管理职能的计算机系统。一方面，网络财务系统对外可安全、高效、便捷地实现电子货币支付、电子转账计算和与之相关的财务业务电子化，对内可有效地实施网络财务监控和管理系统。另一方面，网络财务系统是一个可对物流、资金流和信息流进行集成化管理的大型应用软件系统。

网络财务系统是一个人机系统，它不但需要硬件设备和软件的支持，还需要人按照一定的规程对数据进行各种操作。网络财务系统的构成要素与电算化财务系统相同，包括硬件、软件、人员、数据和规程，只是在具体内容上更为丰富，如下所示。

（1）硬件。网络财务系统主要由服务器、工作站、移动终端及其他办公设备通过网络通信设备联网组成。

（2）软件。网络财务系统的硬件要发挥作用，必须有一套与硬件设备匹配的软件支持。网络财务系统的软件包括系统软件和应用软件。系统软件是指管理、监控和维护计算机资源的软件，包括操作系统软件、通信软件、数据库管理软件和系统实用软件等。应用软件是指为了解决用户的实际问题而设计的软件，如通用网络财务软件和专用网络财务软件。

（3）人员。网络财务系统的核心人员包括两类：一类是系统开发人员，包括系统分析员、系统设计员、系统编程和测试人员等；另一类是系统的使用人员，包括系统管理员、系统维护人员及系统操作人员等。除此之外，向系统提供信息的各种人员，如供应商、客户、政府主管部门人员及分析师等也是网络财务系统不可缺少的运行要素。

（4）数据。网络财务系统的数据来自于企业内、外部的多个渠道，包括：外部环境数据，如宏观经济数据、消费者偏好数据等；外部交易数据，即企业与其他企业或个人发生的经济业务，如采购业务和销售业务；内部业务数据，如发放工资、产成品入库等；会计核算数据，如往来业务核算、成本核算、期间费用核算等。

（5）规程。网络财务系统的规程包括两大类：一类是政府的法令、条例等；另一类是维持系统正常运转所必需的各项规章制度，如岗位责任制度、操作管理制度、软硬件维护制度、安全保密制度等。

第三节　网络财务系统应用案例

网络财务的产生对会计学科的发展，对企业财务管理信息化的实施乃至整个企业信息化的实现都具有重大的现实意义和深远的历史意义。而网络财务软件的应用，为不同规模的企业用户提供了很大的帮助。

一、用友网络财务软件应用案例分析

（一）客户简介

申银万国证券股份有限公司（简称申银万国或申万）由原上海申银证券公司和原上海万国证券公司于 1996 年 7 月 16 日合并组建而成，是国内最早的股份制证券公司，也是目前国内规模最大、经营业务最齐、营业网点分布最广的证券公司之一。目前，申银万国在全国各地共设有 9 个分公司、2 个代表处、150 家营业网点，并在香港特别行政区设有申银万国（香港）集团公司和控股的上市公司——申银万国（香港）有限公司。申银万国还与法国巴黎资产管理有限公司（BNP）共同发起设立了申万巴黎基金管理有限公司。

（二）需求背景

申银万国是国内最早实行会计信息化的证券公司之一，最初，申银万国各营业部使用的财务系统是一个各营业部相对分散的用友财务核算系统，各营业部的系统安装在本地，每月末向地区总部和总部报数据和报表，地区总部和总部再汇总，决策层得到的信息滞后，而且不准确，同时整个申万财务系统就有 100 多个系统管理员，总部的系统管理人员更是繁忙，只要有新的报表下发，经常要在全国各营业部间来回奔波，而且周期很长。到后来，其营业部达到 100 多个时，这种痛苦更加明显。同时该核算系统无财务管理功能和模块，满足不了各级财务管理部门的需要。该系统曾为申银万国公司的财务工作起了重要作用。但随着业务的不断拓展和规模扩大，原有单机式财务信息系统应用模式无法应对总部对全国分支机构集中监管的需要，也无法实现公司现代化管理的需要，用友金融证券业集中财务管理解决方案应需而行，全面运行帮助申银万国证券股份有限公司实现集中化、高效的财务监管。

经过一段时间的发展，申银万国开始进行财务系统的集中化，启用用友 9X 网络财务管理软件，将各营业部的数据集中到总部，进行集中化管理，提高财务核算的速度和效率。

随着申银万国业务的发展，对财务管理的要求逐步提高，9X 虽然实现了财务核算的集中化，但已经无法满足申银万国日益提高的财务信息化管理的需求，为此，申银万国全面升级采用用友 NC 解决方案搭建财务管理模式和信息化系统。

（三）解决方案

在软件应用系统上，申银万国系统充分考虑信息系统整体性和集成性，采用一体化设计思路，彻底实现了数据的共享、交换和再应用。该系统的处理过程可以分为四个阶段：证券业务管理、财务核算、管理会计、决策支持。

1. 证券业务管理子系统。管理信息系统的基础和前提，它能够获得交易数据、行情数据、资金动态数据，动态反映证券交易的成本和潜在的盈亏以及资金占用情况，及时依据业务数据生成会计凭证，实现财务与业务一体化管理。

2. 总账子系统。财务核算与管理系统的核心模块，它完成从凭证到账簿的核算和管理，支持多币种核算、跨年度查询等，实时动态地反映集团公司全体成员的财务状况及经营成果。

3. 项目管理子系统。管理会计的重要组成部分，其以项目为中心进行核算管理，提供多种条件的统计和查询功能，可以满足各种成本费用中心和利润中心管理的要求。

4. 财务分析和报表子系统。提供分析报表和数据，为领导进行科学、及时、合理的决策提供有效支持。

5. 集成与接口。申银万国管理信息系统是在用友 NC 软件基础上结合证券行业及该企业管理特点做了部分专项开发的专用系统，该系统既充分利用了原有计算机资源，又易于满足系统将来的扩展。在系统中能够顺利完成证券交易系统数据向证券业务管理系统的传递，证券业务数据以凭证形式向财务系统的传递，实现所有系统间的无缝连接，组件化结构和灵活配置功能使申银万国获得真正量身定制的管理信息系统。

（四）网络硬件环境

在原有网络环境基础上，为使申银万国公司信息系统更好地发挥管理功能，新系统应用如下网络环境解决方案。

1. 技术架构。应用系统采用三层架构，将应用服务器与数据库服务器分离，其间通过高速以太网连接。主干为快速以太网，为大量数据传递、数据查询提供足够带宽；总公司与各管理总部、各营业所采用带宽的数字数据网专线，提供高性能、高保密性的点到点通信。

2. 服务器配置方案。总公司设置两台中心服务器，作为总部的中心数据服务器、应用服务器和 Web 服务器。中央服务器采用高可靠性集群并配置磁盘阵列，采用磁带机备份，充分保证数据的安全性及系统的稳定性。

3. 财务信息系统备份方案。采用双机热备方式，保证在系统崩溃时能够快速恢复。正常运行状态下，一台主机为活动状态，另一台主机为备份状态。当出现异常时，活动主机上的应用全部切换至备份主机。

4. 客户端配置。各管理总部、专业总部、分支营业部由若干客户机组成，完成相应分支机构的财务处理业务，客户机负责人机交互，完成数据的录入、查询等界面操作，通过 DDN 专线直接访问总公司服务器。

5. 网络计算方案。分布式网络计算方案，采用面向对象的大型关系数据库。

6. 平台方案。系统网络平台基于当前最先进的浏览器 / 服务器应用模式，将传统的运行在客户端的应用软件移植到服务器端。客户端无须任何安装和设置，应用完全集中在服务器端，极大地简化了实际应用，适用于局域网和 Internet 等各种网络环境。

（五）应用效果

1. 实现集中式集团管理

管理系统通过集中建账、统一基础科目设置、集中数据管理、远程实时查账等手段，全面支持了申银万国的集中式集团管理模式。作为面向大型、集团型证券公司整体化管理需要而建设的信息系统，申银万国管理信息系统从全局着眼，实现整个集团的全面集中式管理，同时以总部为中心，实现数据、报表的迅速传递，为决策者提供及时的财务业务信息，真正实现财务预算的监控，做到防患于未然。

2. 实现快速全面的项目管理

项目（如资金合同、部门、对外投资、在建工程等）作为成本费用中心或利润中心核算，核算量大且统计要求频繁，传统的核算方法耗费巨大的人力，且错误率高，用友金融为申银万国运用了项目管理子系统，采用统一设置项目大类，很好地解决了项目管理问题，实现了以项月为中心的核算管理，各种统计、查询、报表自动生成，以实现计划监管等管理功能。

3. 满足监管要求、支持多种证券业务管理需求

用友金融证券业务管理解决方案，按照财政部要求将自营业务和受托业务分别管理。其证券自营业务管理系统涵盖了目前证券公司自营业务的大多数业务，包括对自营证券、受托业务、自营 B 股、海外市场股票的核算和管理；能全面管理股票、债券、回购等业务，支持业务部门对业务数据的采集、统计和分析等。

二、金蝶网络财务软件应用案例分析

（一）企业概况

1. 企业简介

营口港是我国东北第二大港和我国沿海上枢纽港之一，承担东北三省内外贸物资的运输任务，现辖区有营口港区、鲅鱼圈港区、仙人岛港区和盘锦港区。为更好地为腹地经济发展服务，营口港将进一步加大建设步伐，完善港口功能，充

分发挥港口优势，大力发展综合物流和临港产业，扩大保税业务，繁荣临港开放型经济，为全面促进辽宁乃至东北老工业基地经济振兴贡献力量。

2. 行业背景

营口港务集团有限公司（简称营口港集团）下属几十家公司，主营业务是港口业务，其下属公司的经营范围涉及很多，如建筑安装、酒店、汽车运输、物流、房地产、船货代理、医院等多个行业。

港口的业务说简单，属于物流服务行业“搬箱子”作业，说复杂，一笔业务做下来，整个流程很长，甚至20多家生产作业公司在一笔业务里可能都要参与进来，甚至对于同一个客户而言，就需要有不同的作业公司来完成不同阶段的操作。怎样更好地服务于客户，提高工作效率？需要有集中的管理来统一服务。

港口虽然是稀缺资源，但在大市场的经济环境下，营口港也直接面对着来自大连、天津、青岛港的竞争，如何持续应对未来，增强营口港的竞争力？营口港管理员深刻地意识到借助信息化管理工具提升企业的管理水平。

（二）需求背景

1. 采用网络财务软件的动因

早在2000年，营口港所属的各个子公司使用了交通局统一的华正软件。随着营口港以每年30%以上速度快速发展，企业规模越来越大，迅速的发展对企业的管理提出了巨大的挑战，在企业管理中出现了难以克服的现象：

（1）集团各下属企业财务人员由于受到内部的控制、部门利益和业务能力局限等的影响，财务信息的准确性不高，对集团体制创新落实和集团发展十分不利。

（2）各个公司使用华正软件，在集团形成信息不对称、信息孤岛现象严重，很难为企业领导管理、决策提供最大限度的财务信息，很难及时了解变动情况。

（3）集团内部各下属企业之间的股权复杂、往来业务频繁、内部交易量大，集团合并处理后往往需要近15天的时间，对内对外的信息披露迟缓。

（4）集团港内银行最初使用的一套建行淘汰的软件，资金监管力度及效率性不足，已经不能满足日益发展的资金监管需要。

（5）集团预算还以手工方式为主，在主业经营为主的综合业务型集团，难于实现预算自上而下的贯彻执行和实时监控。

2. 管理需求

营口港具有多元化的产业结构特色，最本质的特征就是组成集团的单个企业之间是以资本为连接的纽带，特别是某一企业为核心的单项控股关系。由此决定了现代的集团管理必须以集团总部为中心，这种管理不仅局限于集团总部本身，还必须子公司、分公司或其他成员企业的管理和控制。反映在财务管理上，财务核算的及时性、正确性、灵活性等要求越来越高。经济越发展，会计越重要，同样，港口的跨越发展对财务信息化建设提出了需求。

3. 信息化目标

随着集团的业务的发展壮大、行业的竞争加剧，集团领导认识到企业信息化是整合利用企业内外部信息资源，提高企业生产、经营、决策水平，提升企业竞争优势和经济效益的有效手段。

集团领导确立了财务信息化项目的主要目标：通过强化财务核算控制，逐渐使集团财务管理从核算型会计向管理型会计的三个转型。

（1）从静态的事后核算向动态的、参与经营过程的财务管理方向转型；

（2）从战术性、事务性的管理向战略性、全局性的经营理财方向转型；

（3）从内部的、独立的职能管理向开放的、三流（物流、信息流、资金流）合一的集成管理方向转型。

（三）项目实施

1. 实施目标

项目组对所有单位的财务、资金、固定资产等管理现状，以及相关部门的业务情况进行详细了解，对有些重点岗位还进行了专题（项目管理、结算中心、预算管理等）交流。并与集团领导、中层领导、业务核心人员进行了交流沟通，制订了明确的实施目标。

实现集团财务核算的及时性、准确性、灵活性。实现实时动态的核算监控；实时的跨期间、跨单位的查询、汇总数据的获取；实现账表组合查询、多维查询；强化内部单位间的往来账管理。在核算主要分对象核算，并能按对象实现多角度、多方位的分析、统计。

加强财务信息的集团化、集中化管理功能，实现账务实时查询。一本账的管理，即实时的集团账务合并汇总查询，将基层单位账务合并为一本账，以及在一个账簿中分别列示查询。同时实现集团的合并报表的统一下发和汇总合并功能。

加强预算管理，集团对分公司统一布置预算表样，分公司上报预算、审批并反馈，集团预算表上报后的汇总表。基层公司每月预算执行情况的反馈统计表。公司对内部部门制定预算并下达，日常提供考核等机制。

完善在建工程项目管理过程，对于涉及合同、供应商、费用项目等不同信息，实现多维查询、统计，并对项目进展提供各类文档的管理和检索，反映项目执行情况的图表和数据查询。

改善资金管理，方便实现内部资金结算功能，实现资金集中管理，每日及时上报资金日报表。对下属单位资金统收统支及必要的审批程序，实现内部网上结算，方便与外部商业银行的接口，实现外部网上银行。

建立管理驾驶舱分析体系。根据企业关心的重点问题，指导营口港务集团设立相应的分析指标，从业务系统的基础数据库中抽取重要的数据，提供灵活的多维分析，生成图文并茂的分析报告。进一步提高从现金流量、资产负债、资金回收率等角度决策企业运营的科学化水平。

2. 实施策略

根据营口港务集团对企业管理信息化系统的实施目标，依据集团的组织机构，结合各下属公司的业务特点，金蝶公司制定了系统实施的整体策略如下：

自上而下，由集团牵头统一行动。围绕建立营口港务集团统一管理模式为核心，形成集团统一的会计核算办法、会计核算制度、会计科目、客商编码规则等，从而完善和提升集团控制、分析管理体系。

一个核心、两条主线。理顺“两条业务主线”（集团财务管理线、下属公司财务物流一体化线），进行营口港务集团财务管理信息化系统的实施。

突出重点、分步实施。首先以营口港务集团本部及总部下属十家二级单位和控股单位为重点，完成集团基础财务模块、合并报表，项目管理系统的实施，实现集团财务核算平台——财务数据集中；其次在集团财务系统顺利上线后，完成结算中心、固定资产、应收应付、现金管理、资金管理等功能的实施；完成管理驾驶舱和资金管理（融资管理）实施及完善，协助完成集团和下属公司的个性化需求。

3. 确定集团财务管理模式

营门港务集团财务管理的运作模式是：集团统一财务政策，下属公司集中核算；集团资金统一管理，统一通过港内银行进行结算；集团预算采用集团统一下发预算报表模板，下属公司编制并上报；集团统一进行报表合并。将各个业务系统办公自动化、人力资源、物资管理系统、港口业务系统等产生的财务信息，生成凭证，传递到金蝶 EAS 总账系统进行集中的财务核算。营口港务集团的财务管理模式正是金蝶 EAS 集团财务管理模式的典型代表，是大集中管理模式。

4. 集团合并报表的核算工作

集团合并报表向来是集团总部关心的最基本的核算工作，港务集团公司的合并报表以港务集团公司和子公司、控股公司单独编制的个别会计报表为基础，抵消企业集团内部交易对个别会计报表的影响，及时反映全集团合并后真实的经营成果。

5. 预算管理的实现

预算管理是集团实行目标化管理的基础，是各项管理工作的源头。营口港务集团根据自己的生产经营战略目标，科学合理地编制预算，并在业务活动中有效落实和严格控制，同时对预算执行情况进行跟踪，汇总，分析，从而改进过程，持续地提升企业的竞争力。

按照营口港务集团的要求，预算的应用分为集团应用与公司应用两部分。集团层面要统一布置预算表样，并对集团预算表上报后的汇总表分析，监控预算的执行情况。在分公司层面要按照月度上报预算、审批并反馈每月预算执行情况，公司对内部部门制定预算并下达，日常提供考核、预警等机制。

6. 资金管理控制

资金就像企业的血液，需要快速流动和循环运作，才能发挥出它真正的效益。作为营口港务集团也充分认识到，集团要通过资金的集中管理、统一结算、统一借贷，解决企业实际存在的资金分散、监管不力、资金利用效率低下、资金安全性低等问题。

金蝶 EAS 资金管理系统通过资金计划、统一结算控制、资金分析、融资管理、银企直联等方式，实现内部资金结算、统收统支、内部网上结算，并实现与商业银行接口，实现资金集中管理，特别是金蝶 EAS 工作流和多级审批在资金流动环节的应用，极大保障资金的安全性，降低了企业的经营风险。

（四）企业应用效果

1. 统一了企业基础资料，规范了基础管理工作。

2. 理顺、优化了业务流程。

3. 对业务统一管理、统一控制、统一调配，不管在财务上、资金上还是资产上，这样的统一促进了财务的集团化的趋势。

4. 通过网络财务的应用提升了财务的部署，打造了一批财务队伍，财务人员从繁重的日常工作中解脱到管理分析方面，提高了工作效率，跟进了理财制度。

5. 建立了财务信息网络化平台，促进财务和管理信息系统中其他系统的结合。

6. 能够实现资金的有效管理。从集团进行资金的计划项目统一、模板统一，然后下发到下属子公司，下属子公司按照这个计划进行编制，上报汇总，汇总之后，集团进行资金计划的执行和控制，有效地监控管理资金流。

第四章　筹资管理网络化分析

第一节　企业筹资管理网络化概述

一、企业筹资概述

筹资是企业财务管理的重要内容之一，是指企业根据自身的生产经营、对外投资及调整资金结构的需要，通过筹资渠道和筹资市场，采取各种筹资方式，筹集企业所需资金的活动。企业进行筹资的主要目的就是为了满足其正常生产经营活动的开展和持续发展的要求，同时满足企业的财务管理目标。不同企业进行筹资的目的不同，因此，企业需要根据自身经营特点、未来发展趋势、各种筹资成本的难易程度和风险来确定筹资渠道和筹资方式。

（一）筹资渠道

企业要进行筹资，必须通过一定的渠道，运用一定的筹资方式。就目前而言，企业所能利用的筹资渠道主要有以下几个。

1. 国家财政资金。国家财政资金在过去一段时间一直是我国国有企业获得资金的主要来源。目前的国有控股企业的资本基本上来源于国家财政拨款。此外，通过国家的一些特殊政策，如税款的减免或退回也可形成国有企业的资本。尽管随着经济体制改革的不断深入，国家财政资金所形成的企业资本的比例不断缩小，但是国家财政资金仍然是一些企业，如关系到国计民生、基础性行业的企业进行筹资的主要渠道。

2. 银行资金。银行的贷款一直是企业资金来源的重要渠道。我国银行主要包括政策性银行和商业性银行，商业银行根据偿还性原则和择优发放原则为各类企业提供商业性贷款；政策性银行为特定企业提供政策性贷款，其目的不是为了赢利，而是追求社会整体效益，服务于公共利益。这些银行为企业提供了主要的筹资渠道。

3. 非银行金融机构资金。非银行金融机构主要包括信托投资公司、租赁公司、证券公司和保险公司等。这些非银行金融机构主要通过证券承销和资金融通等手段为企业提供筹资渠道。目前在我国，非银行金融机构为企业提供的资金比较有限，但是具有非常广阔的前景。

4. 其他企业资金。一些企业出于某种目的，如为了控制原材料上游企业会进行股权投资。另外，企业在生产经营过程中，往往会有一部分暂时闲置资金，为了充分利用这部分闲置资金，企业之间也会出于经济利益进行相互投资。因此，对于资金短缺的企业而言，采用其他企业所提供的资金也是一种筹资渠道。

5. 居民个人资金。目前，游离于银行及非银行金融机构的居民个人资金数目非常庞大，企业可以通过发行股票及债券等方式，将这部分民间资金筹集起来，用于企业的生产经营活动。随着人民生活水平的不断提高，居民个人资金将更加庞大，因此，这种筹资渠道将越发重要。

6. 企业内部资金。企业内部资金主要有企业计提的各项公积金、折旧和未分配利润等。与其他筹资渠道所不同的是，这种筹资渠道的资金不用企业特地去筹集，而是由企业内部直接转移而来，并且这部分资金的成本较低。随着经济的发展，这种筹资渠道将日益受到企业重视。

（二）筹资方式

企业的筹资方式是指企业取得资金的某种具体形式。对不同的筹资渠道，企业可以采取不同的筹资方式，对同一筹资渠道，企业也可以采取不同的筹资方式。

目前，企业的筹资方式主要有以下几种。

1. 长期借款。长期借款就是指企业向银行、非银行金融机构及其他企业借入的，还款期限在一年以上的借款，是企业长期负债的主要来源之一。

企业利用长期借款筹资，速度较快，时间较短，可以快速地获得资金；企业的借款成本较低，利息可以在所得税前扣除，从而可减少企业实际负担成本；并且企业的借款弹性较大，在借款时，企业可以直接与银行等商定贷款合同的一些条款。因此，长期借款对企业具有较大的灵活性。

但长期借款的缺点是财务风险较大。如借款合同通常采取固定利率的形式，企业需要定期支付利息；限制的条件较多，这可能会影响到企业以后所进行的筹资和投资活动；筹资数额有限。

2. 融资租赁。融资租赁又称财务租赁，是区别于经营租赁的一种长期租赁方式。它是指由租赁公司按照承租企业的要求融资购买设备，并在契约或合同规定的较长期限内提供给承租企业使用的信用性业务。融资租赁资产所有权的有关风险和报酬实质上已全部转移到承租方。

3. 发行债券。债券是债务人为筹集债务资本而发行的，承诺在一定期限内向债权人还本付息的一种有价证券。在我国，股份有限公司和有限责任公司发行的债券为公司债券，非公司制企业发行的债券为企业债券。发行债券是企业筹集债务资本的一种主要方式。

4. 发行股票。股票是股份公司依照一定程序发行的，用以证明其持股人的股东身份和权益的一种书面凭据。股票分为普通股和优先股，普通股代表持股人在公司中拥有平等的权利和义务，享有公司的经营管理权；优先股代表持股人优先于普通股持股人取得公司股利和公司清算时的剩余财产。我国公司所发行的股票指的是普通股股票。《公司法》和《证券法》对公司的普通股股票的发行和股票的上市有严格的要求和法定的程序。

5. 吸收直接投资。吸收直接投资是指企业依照"共同投资、共同经营、共担风险、共享利润"的原则来吸收投资者资金投入的一种筹资方式，投资者可以现金、实物或土地使用权等方式进行投资。企业吸收直接投资的方式与公司发行股票相似，它主要是非公司制企业筹集资本的一种方式。

二、网络对企业筹资环境的影响

网络技术的广泛使用使企业内外部环境悄然发生了变化，并最终影响到了企业筹资活动的开展和进行。这种影响主要体现在以下几方面。

（一）金融市场环境

在现代的社会经济条件下，企业开展生产经营活动所需的资金除部分由企业所有者投入外，其余资金基本上都是通过金融市场筹集而来的。因此金融市场的完善程度直接关系到企业能否筹集到为开展生产经营活动所需的资金。而网络技术为金融市场的发展提供了技术支持和保障，促进了金融市场的全球化和自由化，同时为企业提供了良好的筹资环境。

1. 网络技术的产生和发展为企业筹集资金提供了极大的便利和信息支持，在网络条件下，资金提供方可以将资金供应方面的相关信息随时随地发布在网络上，而资金需求方同样可以利用网络技术方便地收集与愿意提供资金的供应方相关的信息，这为企业筹资决策提供了极大的便利和信息支持。

2. 网络技术的产生和发展大大提高了企业筹集资金的速度。由于网络技术具有便利性的特征，故筹资企业可以通过网络技术随时就资金提供的有关条件与资金提供方进行实时协商。一旦双方就有关资金的转移达成一致，筹资企业可以很快地获得资金，这极大地提高了企业筹集资金的速度。企业通过网络筹资还可以省去大量的中间环节，极大程度地提高筹资速度，降低企业的筹资成本；同时，筹资速度的大大提高也在一定程度上缓解了企业急需资金的压力，企业可以迅速地将所筹集的资金投入到企业的生产经营活动中去。

3. 网络技术的产生和发展为企业提供了更为广阔的资金筹集空间。网络技术的广泛应用，使得金融市场最终实现一体化。企业的筹资空间已不再局限于当前的金融环境。企业可以通过网络技术在全球范围内寻找资金提供者，并与资金提供者建立联系，这与受地域限制的传统金融环境是截然不同的，也是传统金融环境所不能比拟的。在这种条件下，企业筹资空间已不受地域限制，筹资范围得到极大地拓展，这对筹资企业来说无疑具有重大的意义。

（二）经济环境

网络技术的出现与社会经济的发展是密不可分的，两者之间存在着相互影响、相互促进的关系。网络技术对经济环境的影响主要体现在以下几方面。

1. 促使经济全球化。网络技术的快速发展，促使世界范围内各国、各地区的经济相互交织、相互影响、相互融合成统一整体，并且使得生产要素在全球范围内自由流动和优化配置。

2. 知识资本越来越受到重视。网络经济时代拓宽了资产的范围，使得资本结构得到了改变，物资资产在企业资产中的比重相对下降，知识资本的地位不断上升。知识资本作为独特的生产要素，其价值和作用日益凸显。

网络技术的快速发展对企业筹资的金融环境与经济环境产生了深远的影响，并在对企业筹资环境产生影响的同时也影响了企业的筹资方式和筹资的资金成本。

三、网络对企业筹资方式的影响

筹资方式是企业筹资决策的重要部分。外部的筹资环境和企业的筹资能力共同决定了企业的筹资方式，而网络技术是企业在进行筹资活动时必须考虑的一个重要因素，它直接影响了企业的筹资方式的选择和财务风险水平。

1. 网络技术的产生和发展影响企业筹资方式的侧重点。网络技术作为企业进行筹资活动的一种重要手段，并没有改变企业所能选择的筹资方式，没有对企业所能采取的筹资方式本身产生实质性的影响。网络技术对企业筹资方式所产生的影响主要体现在企业对各种传统筹资方式选择的侧重点上。网络技术为企业进行筹资活动提供了便利，这就使得企业在方式选择上更偏好于选择方便、快捷的筹资方式。

2. 网络技术的产生和发展影响企业筹资方式的具体选择。企业筹资方式的选择与金融市场的发展有着密切的关系，并直接依赖于金融市场的发展和完善程度。网络技术的产生和发展则为金融市场的高效运行提供了技术支持和保障。网络技术对金融市场的影响主要体现在以下几个方面：促进金融市场的证券化，降低了证券的经营成本；金融市场规模不断扩大，促进了国际资本的有效流动。企业的各种筹资方式由于受网络技术产生和发展的影响，也会随金融市场的不断完善和发展相应地产生一些变化。因此，在筹资方式的选择上，企业必须进行相应的策略调整。

四、网络对企业筹资成本的影响

资金成本是指企业筹集和使用资金所付出的代价。广义上讲，企业筹集和使用资金不论是短期的还是长期的，都要付出代价。狭义上讲，资金成本仅指筹集和使用长期资金的成本。资金成本包括资金筹集费用和资金占用费用两部分。资金筹集费用是指企业在资本筹集过程中为获取资本而支付的费用，如发行股票、债券支付的印刷费用，以及发行手续费用、广告宣传费用等，这些费用都是企业在筹资时一次性支付的，在资本使用过程中不再发生。资金占用费用是指企业占用资本所支付的费用，如向股东支付股利、向债权人支付利息等。

资金成本是一个重要的财务概念，是企业筹资决策的主要依据。对于一个投资项目而言，只要其投资报酬率高于筹资成本，该项目就是有利可图的，因此，企业在进行筹资活动时要充分考虑影响筹资成本的各个因素，从而以较低的资金成本筹集到企业进行投资活动所需的资金。企业的外部筹资环境是影响企业筹资成本的一个重要因素，它与资金成本的高低有着直接的联系。而网络技术的产生和发展正在通过影响企业外部筹资环境的方式来影响企业的筹资成本，这种影响主要体现在以下几方面。

1. 网络技术的产生和发展降低了资金筹集费用。网络技术的出现极大地方便了企业的筹资活动。一方面，企业通过网络技术与资金提供者进行在线磋商等方式节省了筹资活动的前期成本；另一方面，由于网上证券业务随着网络技术的产生得到了快速发展，企业通过网络技术筹集资金又可以节省大量的发行股票、债券等的印刷费用。因此，网络技术的产生和发展为企业节省了大量的筹资费用，降低了筹资费用在企业资金成本中的比重。

2. 网络技术的产生和发展对降低资金占用费用产生了积极的作用。在传统筹资环境下，企业选择资金供应方一般受到信息传输的限制，并局限于某个区域内，企业筹资范围较小，从而导致企业需要付出较高的资金成本。在网络环境下，企业通过网络技术可以收集到更多的资金提供方的信息，筹资范围已不再局限于某一地域内，企业甚至可以在全球范围内寻求资金提供者，与资金供应方建立联系，洽谈筹资事项等。因此，网络技术的产生和发展，一方面为企业在更大范围内寻求资金供应方提供了支持；另一方面，由于企业有了更多的比较和选择，这就使得企业有更多的机会以较低的资金成本获得所需资金。

第二节 权益资本管理

权益性资本是投资者投入的资本金，体现出资者权益，其资本的取得主要通过接受投资、发行股票或内部融资形成。本节主要讲述企业如何通过发行普通股和优先股来获取并管理权益资本。

一、普通股融资

（一）普通股股东的权利和义务

发行普通股股票筹集的资金称为普通股股本。普通股股本是股份公司的首要资金来源，是据此组织股份公司并筹措其他资金（包括优先股本）的基础，普通股股票持有者称为普通股股东。普通股股东的出资总额即为普通股股本。普通股股本体现普通股股东对公司的所有权。

普通股股东是股份公司真正的所有者，作为公司的所有者，自然而然地享受一定的权利，承担必要的义务。

1. 普通股的权利

普通股股东的各种权利是由有关法律和股份公司的章程来规定的。普通股股东权利可分为个人行使的权利和普通股股东整体行使的权利。普通股股东权利可能因公司章程的规定不同而有所差异，但许多规定都是相似的。普通股东的一般权利如下。

（1）对公司的管理权。普通股股东具有对公司的管理权。对大公司来说，普通股股东成千上万，不可能每个人都直接对公司进行管理。普通股股东的管理权主要体现在其在董事会选举中有选举权和被选举权，通过选出的董事会，代表所有股东对企业进行控制和管理。具体来说，普通股股东的管理权主要表现在以下方面。

① 投票权。普通股股东有权选举公司董事会成员，并对修改公司章程、改变

公司资金结构、批准出售公司某些资产、吸收或兼并其他公司等重大问题进行投票表决。

如果公司章程规定采用多数投票制，那么每个董事席位分别对应不同的选票，股东投票时一股一票。多数投票制即简单多数或大多数通过的投票选举制度，又称为直接投票制，是指股东们拥有和股份数量相等的选票，董事会的每个位置有自己的选举。这种投票制度有排斥小股东的倾向。

如果公司章程规定的是累计投票制，那么董事席位的选票是累计的，如果股东愿意，他们可以把所有选票都投给同一个候选人。在累计投票制下，首先确定每位股东可以投票的票数。通常是用待选举（出）的董事人数乘以股东拥有或控制的股份数。只要股东们愿意，他们可以将手中的选票用来选举一位或几位候选人。即股东在投票选举董事时，每一股份拥有与应选出董事人数相等的表决权，股东可以将全部表决权集中于一个或几个特定的候选人，按得票多少决定董事人选，这样有利于中小股东将自己推荐的人选选入董事会。

② 查账权。从原则上讲，普通股股东具有查账权。但由于保密的原因，这种权利常常受到限制。因此，并不是每个股东都可自由查账，但股东可以委托会计师事务所代表其审查公司有关的账目。

③ 阻止越权的权利。当公司的管理当局越权进行经营时，股东有权予以阻止。

（2）分享盈余的权利。分享盈余也是普通股股东的一项基本权利。盈余的分配方案由股东大会决定，每个会计年度由董事会根据企业的盈利数额和财务状况来决定分发股利的多少并经股东大会投票表决。企业的盈余首先用来发放优先股股利，然后才能用来发放普通股股利。

（3）出售或转让股份的权利。股东有权出售或转让股票，这也是普通股股东的一项基本权利。股东出售股票的原因可能有以下几种。

① 对公司的选择。有的股东由于与管理当局的意见不一致，又没有足够的力量对管理当局进行控制，便出售其股票而购买其他公司的股票。

② 对报酬的考虑。有的股东认为现有股票的报酬低于所期望的报酬，便出售现有的股票，寻求更有利的投资机会。

③ 对资金的需求。有的股东由于一些原因需要大量现金不得不出售其股票收回资金。

（4）优先认股权。当公司增发普通股股票时，原有股东有权按持有公司投票的比例，优先认购新股票。这主要是为了现有股东保持其在公司股份中原来所占的百分比，以保证他们的控制权。

（5）剩余财产的索取权。当公司解散、清算时，普通股股东对剩余财产有索取权。

2. 普通股股东的义务

享受权利，必须承担义务。权利和义务犹如一对孪生兄弟。普通股股东购买股票后，不得退股，依其所持股份为限，对公司的债务承担有限责任，甚至承担可能的损失以及法律责任等。作为股东，必须遵守公司章程以及承担章程规定的义务。普通股股东的义务主要包括以下几方面。

（1）不得退股的义务。普通股股东购买公司的股票之后，对于公司来说，即获得了一笔可以长期永久使用的资金。一般情况下，普通股股东不能在中途向公司要求退股和抽回资金。

（2）承担风险的义务。普通股股东对公司的亏损及债务承担相应责任。表现在：① 普通股股东的股利收益是不固定的，视公司的盈利状况及发展需要而定。② 公司破产、清算时，普通股股东的分配顺序排在最后，从而为债权人和优先股股东提供了一种担保，缓冲或减轻了他们可能遭受的损失。可见，普通股股东是公司风险的最终承担者。当然，就股份有限公司来说，普通股股东的这种责任是有限的，以其在公司的全部投资即所持股份为限。

（3）遵守公司章程及公司章程规定的其他义务。

（二）普通股的特征

1. 长期性

普通股是公司最基本的资金来源。只要公司不解散，不破产清理，作为公司股权资本的普通股一般不能退还给投资者。股东对这笔资金的所有权只能体现在公司按股本赋予股东的相应的权益上。如果股东要抽回股本，可在股票市场公开转让其股票，或在法律允许的范围内私下转让，但无权向公司索回投入的资金。

2. 责任上的有限性

公司对外的所有负债都应视为股东的负债。一旦公司破产倒闭，股东应承担偿还公司债务的责任。但其偿还只限于股东的出资额，对超过股本部分的债务，股东不负责偿还。

3. 收益上的剩余性

公司在经营过程中创造的收益应首先支付到期债务本息、各种税款、优先股股息以及提取各种公益金。在此之后，有多少剩余收益便支付给普通股股东多少报酬。剩余收益越多，报酬就越多，既不受股票面值的影响，也没有一个事先严格规定的封顶标准。若没有剩余收益，则不支付任何报酬。

4. 清偿上的附属性

股份有限公司宣布清偿时，要首先偿还除普通股股东以外的所有公司债权人的债务，如债务利息、政府税款、未支付的工资等。只有在债权人的债务分别清偿完毕，法律才允许公司将剩下的（如果有）固定资产和其他资产变卖以偿还普通股股东的股本。

（三）普通股融资评价

普通股融资是股份公司的一种主要的权益资本融资方式，是进行其他融资的基础。因此，从发行公司的立场来考察和评价普通股融资，可以归纳出如下的优点和缺点。

1. 普通股融资的优点

（1）发行普通股没有固定的支付负担。普通股没有到期日，投资者一旦购买便不得退股，其筹集的资金成为公司长期稳定的资本供给，公司不必像债券融资那样经常要考虑如何调集现金还本付息。股份公司支付股利的政策也有很大的灵活性，公司盈利较多时，可以向股东发放股利，公司没有盈利或盈利较少或因其他原因，可以不发放股利，不像公司债券有定期支付利息的义务。因此，普通股融资不存在不能偿付的风险。

（2）变现现存投资分散经营风险。公司的原有投资者在考虑公司长远发展和增大经营规模时，可能出于对经营风险的审慎，以及对其他项目发展的兴趣。因此，通过发行普通股，一方面，套现部分原有投资，以便作其他用途；另一方面，通过持股比例减少，相应减低了所承担的经营风险。

（3）收购融资。公司如有合适的对象进行收购或有重大资产如物业、大型设施需要购置，因所涉及金额巨大，公司一时无法调动现金，而又不愿提高公司负债比例，这时可以通过发行普通股，以此替代现金或负债来支付款项，达到一举两得的目的。

（4）增加公司的举债能力，提高公司的信誉。公司发行股票并成功上市，一方面公司能够筹集到公司发展所需要的资金；另一方面公司在市场上的形象和地位也会因此提高。发行较多的普通股，意味着有了更多的权益资金，为债权人提供了更大的保障，从而能提高公司的信用价值，有效地增强公司的举债能力。

（5）改善公司组织和财务上的结构。公司在普通股发行和上市的过程中，得到各专业中介机构，如承销商、会计师、律师等的协助和调查，从而会从这些专业人士那里得到许多具有建设性的意见和建议，因而可以对公司组织结构和财务管理的完善做出进一步调整，以便增加公司整体管理水平。

（6）激励职工士气，增强职工归宿感。公司在股票发行和上市的过程中，通过安排职工购买公司股份，令其成为公司股东，从而可以直接参与公司的重大决策，把自身利益与公司前途密切结合。这样的安排有助于提高公司职工的工作效率，挽留住重要的管理人员。

2. 普通股融资的缺点

（1）增加了公司对社会公众股东的责任。公司上市以后，实际上变成了一个公众公司。按照监管部门和证券市场的要求，其经营成果、财务状况、重大投资事项和人事变动等都要公开披露，接受公众股东的监督。不仅如此，公司的经营活动必须遵循法规，不得做出损害股东利益的行为。

（2）公司需承担相当高的融资成本。公司股票上市发行，需要聘请承销商、会计师、律师、评估师、出版商等一大批专业人士从事咨询、调查、评估、审核工作，因此整个发行工作需要投入大量人力、物力、财力。一般情况下，公司承担的发行费用估计占股票发行所得的 5% ~ 10%。

（3）被收购的风险增大。公司股票一经上市，其经营状况会受到社会的广泛重视，理所当然也会受到某些大公司的垂青。一旦公司经营出现问题或遇到财务问题，公司便会面临被他人收购的危险。

（4）公司治理上的困难。公司公开发行股票并上市后，公司的治理结构将发生很大变化。通过证券市场交易，公司的股东可能随时发生变化。因此，公司治理中的典型委托代理问题可能变得更为复杂。

（5）权益转让和股息分配。公司发行股票，意味着原投资者转让了部分公司权益，削弱了其对公司的绝对控制权，也降低了利益分享部分。而且由于社会公众股东的加入，会对公司派息造成压力。公司如不维持稳定及上升的股息率，会令市场对公司发展失去信心，从而危及公司的正常运作。

二、优先股融资

（一）优先股的含义及特征

优先股是介于普通股和债券之间的一种混合证券。其主要特征如下：

1. 作为一种股权资本，优先股的优先权主要表现在：优先股股东领取股息先于普通股股东；对公司剩余财产的索偿权先于普通股股东，但次于债权人。

2. 优先股股息一般在事先确定，这一点与债券相同。但公司对这种股息的支付却带有随意性，并非必须支付。即使不支付优先股股息，也不会像债券那样，使公司濒临破产的境地。优先股股息与普通股股息的相同之处在于这两者都是在税后支付，即股息支付不能获得税收利益。

从公司的最终所有者——普通股股东的立场来看，优先股是一种财务杠杆的工具，可视为一种负债。如同债务一样，优先股股利有一个固定的数额或比率。一般说来，优先股没有投票权（特别规定的除外）。有的优先股可以转化为普通股，甚至附有可购回条款。从债权人的立场来看，优先股又是构成权益资本的一部分，与普通股一样，优先股具有普通股的某些特征。优先股股利是以公司的税后利润来发放的，优先股股利不像债券利息能够抵免税负。优先股股利的支付也不是绝对必要的，若公司没有利润或利润不足或因其他原因，可以不支付股利，以后也不一定补偿。综上所述，优先股既可以看作权益资本，但在某种情况下，也可看作债务，它是一种兼有普通股和债券特点的融资工具。

（二）优先股的分类

按照不同的分类标准，可以将优先股作如下划分。

1. 累积优先股和非累积优先股

（1）累积优先股。累积优先股是指在任何年度内未支付的股利可以累积起来，由以后年度的利润一起支付的优先股股票。

（2）非累积优先股。非累积优先股是指按当年利润分配优先股股利，而不予以累积支付的优先股股票。若公司某年因故无法支付优先股股息，以后公司盈利时只需付清当年的优先股股息就可发放普通股股息。显然，非累积优先股不利于保护该类股票持有人的权益。从投资者的角度看，甚至不如收益债券。因此，在实际中很少发行此类优先股，一般只在公司改组的情况下才能发行。因此，累积优先股股票的发行更为广泛，而非累积优先股股票的发行则逐步减少。

2. 可转换优先股和不可转换优先股

（1）可转换优先股。是指股票持有者有权根据优先股发行时的规定，在将来某一时期内将优先股转换为普通股，如果普通股价格上升，优先股股东将行使这一权利，从中获利。如果普通股价格下跌，优先股股东将放弃这一权利，继续享受优先股的优惠。可转换优先股使其股东在企业不稳定时受到保护，在企业盈利时又可分享成功的益处。但这种优先股在出售时价格较高，公司可以筹集更多的资金，因而普通股股东并不遭受额外的损失。

（2）不可转换优先股。是指仅享受固定股息，不能转换为普通股的优先股。

3. 参与优先股和非参与优先股

（1）参与优先股。是指优先股股东除获取固定股利外，还有权与普通股股东一起参与剩余利润的分配。若与普通股股东共同等额分享，则为完全参与优先股：

若参与分享以一定额度为限，则为部分参与优先股。

（2）非参与优先股。是指优先股股东无权参与剩余利润的分配，只能获取固定的股利。大多数公司发行的优先股都是非参与优先股。

4. 可赎回优先股和不可赎回优先股

（1）可赎回优先股。虽然优先股同普通股一样没有规定到期日，但一般认为优先股不是公司的永久性资金来源，因此，在某些优先股发行合同中都附有赎回这种股票的条款。即在优先股发行若干年后，公司可按照事先规定的价格和方式赎回已发行的优先股。这种优先股与可转换优先股的权利恰好相反。可转换优先股的选择权在优先股股东，可赎回优先股的选择权在公司。优先股的可赎回性给予公司融资的机动性，因此，优先股的发行价格较低，而赎回价格一般高于票面价值或清偿价值。

（2）不可赎回优先股。是指在有关的合同条款中，没有赋予公司赎回优先股的权利的股票。公司如要收回这类优先股票，只能在证券市场上按市价收购，或者以其他证券调换优先股票。

5. 有表决权优先股和无表决权优先股

（1）有表决权优先股。有表决权优先股是指优先股股东有权参与公司的管理，能够参加公司股东大会并选举董事，这种优先股在实际中并不多见。其表决权根据发行时的规定也有所不同。

① 永久表决权优先股。是指优先股股东与普通股股东具有同等地位，能永久参加股东大会，选举董事人选。但有时公司章程中规定，优先股股东每股票数仅为普通股股东的一定百分比。

② 临时表决权优先股。是指在某些特定情况下，授予优先股股东的表决权。例如，如果发行公司连续 3 年不支付优先股股息，优先股股东可获得一股一票的表决权。在这种情况下，全部优先股股东就有权选举若干名董事。由于优先股股东选举出的董事占董事人数的比重很小，从实际看，这种表决权的作用是很小的。

③ 特别表决权优先股。是指在公司准备增加资产时，可能给予优先股股东一定的表决权，以保护他们的利益，特别是他们的各项优先权。

（2）无表决权优先股。无表决权优先股是指股东没有上述表决权的优先股股票。

优先股在本质上属于自有资金，但同时又兼有债券的某些性质。例如，就优先权利和固定股息来看，优先股类似于债券；就税后支付和法律属性（作为一项自有资金，同样为公司债务提供担保）来看，优先股又类似于普通股。因此，人们一般把优先股股票看作是一种混合性证券。

（三）优先股融资的利弊分析

1. 优先股融资的优点

（1）优先股融资保持了目前普通股股东的控制权。因为大多数优先股是非参与性的，没有投票权和表决权，不能参与公司管理（除非是一些特定事项或者满足一些特定条件）。

（2）优先股融资具有一定的灵活性。例如，没有固定的到期不必偿还本金，优先股股利的支付不构成公司的法定义务，在财务状况不佳时，公司可以暂停优先股股利的支付，不会因此导致偿债危机及公司的破产。

（3）优先股融资在法律上是一种自有资金的筹集，可以增加公司的权益基础并改善公司的资本结构，从而提高公司进一步负债融资的能力，同时，优先股融资不必像债券融资那样提供抵押资产，可以保存公司的借款能力。

2. 优先股融资的缺点

（1）优先股的融资成本较高。这主要是由于一方面优先股股利要用税后净利发放，不能像债券利息在税前列支；另一方面优先股的风险也比债券要高。

（2）过分采用优先股融资，会导致在公司中优先于普通股的求偿权过多，对普通股股东而言形成了一项较重的财务负担，从而使公司支付普通股股利的能力大大削弱，在公司税后净利不稳定时尤为如此，这将导致公司价值的下降。

第三节　债务资本管理

债务资本是指债权人为企业提供的短期和长期贷款，不包括应付账款、应付票据和其他应付款等商业信用负债。使用债务资本可以降低企业资本成本。从企业债务资本的投资方式主要有银行借款、发行债券、融资租赁、商业信用等，本节主要介绍长期借款、长期债券和融资租赁。

一、长期借款

（一）长期借款融资的概念

企业长期借款融资是指企业向银行和其他金融机构借入的期限较长的资金来源。长期贷款是一种负债契约。一般契约都规定借款人必须在指定日期支付利息和本金给贷款人。提供长期贷款的国际、国内金融机构一般多为一些商业银行、储蓄银行、人寿保险公司、各种财务机构和基金会等。它们从存户和投保人那里吸收了大量资金，为了获取利息收入，又以较长的期限，将其中的一部分资金贷放出去，以满足企业及资金需求者的不同需要。这种供求双方进行的长期资金借贷的交易，构成了长期资金市场。长期贷款的额度与条件是借款企业与贷款机构直接谈判的结果。

（二）长期借款融资的原因

企业长期借款大多可分期还本付息，这对于债权人和债务人都较为有利。因为对于债权人来讲，分期收回借款本息要比到贷款期限终止收回更安全，贷款的风险更小。而对于债务人来讲，由于分期偿还债务的期限和金额都已确定，则可以分期均匀地进行资金调度和现金流出，便于预先在财务上作合理的安排和调控。采用长期借款融资对企业的另一好处在于它可用项目投资创造的盈利分期偿还借款本息。所以，当企业需要数额大、期限长的资金，而又没有发行股票进行权益融资的条件和能力时，则可采用长期借款融资方法来筹集企业需要的资金。

一般地，企业采用长期借款方式进行融资，主要出于如下几个基本原因。

1. 扩大生产能力

企业为了扩大生产能力，亟须购买一定数量的设备和其他设施，或要对原设备进行更新改造等情况下，通常可采用长期借款融资方式，因为长期借款速度快、效益高、资金到位及时。如采用权益融资或发行债券融资往往要花费大量的时间。

2. 扩大经营能力

企业为了扩大经营能力，需要增加适量的持续使用的资金，如要长期增加企业的库存，扩大企业的现金流量和更广泛地使用商业信用手段等，但企业又不想盲目扩大其注册资本，这时大多会采用长期借款融资方式。

3. 证券市场的利率水平过高

有时企业虽然有能力发行证券进行融资（如发行债券），但由于当时证券市场的利率水平过高，融资成本过高而对企业不利。如企业有借款的渠道，则可采用借款方式融资，待证券市场情况对企业更有利时，再及时发行证券融资，取得资金后再归还借款。

4. 未来预期的资金供应日趋紧张

企业有时对未来资金需求情况虽不能十分精确地预测，但根据企业经营情况和资金市场情况，未来预期的资金供应将日趋紧张，而当前资本市场上的借款利率对企业又十分有利。这时企业可先取得长期借款，以备未来的需要。如将来资金确有多余，则可进行对外证券投资或进行适当调度，也可暂时融通给其他企业。

总之，长期借款融资适用于资金占有时间较长、资金需求量较大、作为企业长期资金来源调度使用。

（三）长期借款融资的特征

长期借款融资作为企业一项有效的融资手段，在使用时要注意其基本特征，才能对资金的筹集和运用进行合理的调控。长期借款融资主要有以下几项基本特征。

1. 定期偿还性

筹借款项不构成企业的权益资本，而是企业的负债资本。贷款机构在放出贷款时，均规定其贷款的最终到期日。由于长期借款期限较长，会影响贷款机构资金的流动性，故期限越长的贷款，回收风险也就越大。有时贷款机构规定的借款期限限时并不很长，如3～5年，有时只限于1年，待期满后再考察企业的经营状况和偿债能力，然后再根据情况确定是否同意续贷。贷款的定期偿还性，实际是贷款机构的一种保护性措施，使贷款机构更具有主动权。从目前来讲，一般金融机构很少有10年以上的贷款契约。故对企业融资者来讲，定期偿还性是企业财务管理人员在资金调控中应充分注意的问题。

2. 信用条件

按照国际惯例，银行借款往往附加一些信用条件，有信用额度、周转信用协议、补偿性余额。

（1）信用额度。信用额度是指借款企业与银行间正式或非正式协议规定的企业借款的最高限额。通常在信用额度内，企业可随时按需要向银行申请借款。

（2）周转信用协议。周转信用协议是指一种经常为大公司使用的正式信用额度，与一般信用额度不同，银行对周转信用额度负有法律义务，并因此向企业收取一定的承诺费用，一般按企业使用的信用额度的一定比率（2%左右）计算。

（3）补偿性余额。补偿性余额是指银行要求借款企业将借款的10%～20%的余额留存银行。银行通常都有这种要求，目的是降低银行贷款风险，提高贷款的有效利率，以便补偿银行的损失。

3. 编制还款计划

长期借款一般可采用分期还本付息方法，这有利于企业资金的调度。在贷款时，借贷双方可经过协商编制借款还本付息的时间表，称为还款计划。还款计划是企业财务预算的重要内容。在还款计划中，企业要说明各期还本付息款，资金的来源及做出必要现金流量的安排。还款计划必须切实可行，不能弄虚作假，欺骗贷款机构，一旦企业不能按还款计划执行还款业务，不但会因违约而可能被诉诸法律，而且也会使企业本身陷入财务困境。

4. 保护性条款

企业进行长期借款融资时，往往要与借款机构签署借款契约，契约中有许多条款对借款人均有制约作用，这是长期借款的重要特征之一。如企业违反借款契约中的有关条款，则贷款机构有权要求企业立即归还贷款，或要求企业在适当的时期内提前归还贷款。严格执行贷款条约及其约束性条款，是企业确保借款资金的重要条件。

（四）长期借款融资的成本

利息是形成企业长期借款成本的重要因素。通常，长期借款的利息率要高于短期借款的利息率，但信誉好或抵押品流动性强的借款企业，仍然可以争取到较低的长期借款利率，长期借款的利率通常分为固定利率和变动利率两种。

1. 固定利率

固定利率的确定，通常是借贷双方找出一家风险类似于借款企业的其他企业，再以这家可比企业发行的期限与长期借款期限相同的长期债券的利率作为参照物，来确定长期借款的利率。固定利率计息方式一般适用于资金市场利率波动不大，资金供应较为平稳的情况。如果资本市场供求变化大，利率波动大，银行等债权人便不愿发放固定利率的长期借款。

2. 变动利率

变动利率是指长期借款在借款期限内的利率不是固定不变的，而是在某些情况下需要做些调整。主要有以下三种情形。

（1）分期调整利率。分期调整利率是指借贷双方根据协商，在贷款协议中规定可分期调整的利率。一般在基准利率的基础上，根据资金市场的情况每半年或一年调整一次利率，借款企业未偿还的本金按调整后的利率计算利息。

（2）浮动利率。浮动利率是指借贷双方根据协商，在贷款协议中规定其利率可根据资金市场的变动情况而随时调整的利率，企业借入资金时一般应开出浮动利率期票，票据上载明借款期限和票面基本利率，但到期利率则要在票面基本利率的基础上，根据市场利率的变动加以调整计算。而其基本利率通常以市场上信誉较好的企业的商业票据利率为参考，或以市场上相同借款期的公认利率为准，再在此基础上规定一定的浮动百分比限度，作为票据定期计息的浮动利率。

（3）期货利率。期货利率是指借贷双方在贷款协议中规定到期的借款利率按期货业务的利率来计算。借款到期或在借款期内规定付息日时，应按当时期货币市场利率计算付息额，到期按面值还本。

二、长期债券

(一)长期债券融资的意义和特点

债券融资是企业作为债务人为了筹集资金，向债权人承诺在未来一定时期还本付息而发行的一种有价证券融资方式。企业发行的债券称为企业债券，如果是股份公司发行的债券称为公司债券。

企业随着经营规模的扩展，需要购置先进的技术装备或要购建厂房建筑物及追加流动资金，往往在一定时期内需要大量的资金投入，而且这种资金的占用期限一般均较长，所以发行债券融资是企业资金筹集经常使用的一种方法，其实质是企业向债券投资者获取资金的使用权，并支付一定的利息代价。因此，债券实际是一种借贷双方的书面凭证，是一种特殊的有价证券，它代表了企业作为债务人与投资者（即债权人）之间的各种权利和义务。债券投资者在企业收入的分配上具有优先权，在分配的程序上，债券持有者优先于股东，包括普通股和优先股股东，这使债券投资的投资风险要小于股票投资，因而债券的收益率一般也低于股票投资要求的收益率。另外，债券持有人作为企业的债权人在一般情况下，他们不能参与企业的经济管理，也不能分享企业的红利。

发行债券融资和长期借款融资都是企业长期负债融资的主要形式，都要按期还本付息。但两者在一些方面却有很大区别。债券融资的范围比借款大，债券的融资对象广泛，可向各类银行或金融机构融资，也可以向非银行的各单位、个人融资。借款却只能向银行或金融机构取得。债券可以流通和交易，债券持有者可凭债券向银行或金融机构申请抵押或办理贴现，也可以直接转让与他人。而长期借款一般均不能转让。从这点讲，债券融资比借款融资更具灵活性。

债券的这些特点会对企业选择债券融资的决策产生直接影响，企业财务人员必须充分注意债券融资的特殊性，有效地利用这项融资手段。

(二)长期债券融资的动因

企业之所以要采用发行债券的方式来融资，一般出于如下动因。

1.其他方式融资的不足

企业权益筹集的资本尚不能满足企业发展的资金需要，或者在短期内不能满足资金的紧急需要，必须要开辟新的融资渠道。但向银行借款却受到国家金融政策的制约，或受银行借款数额的限制等，使企业不能稳定地从银行等金融机构长期获取必要的资金来源。在这种情况下，如果企业经营状况良好，又有良好的发展前景，发行债券融资则不失为一种最合理的选择。

2. 不影响企业原有股东对企业的控制权

企业发行债券融资的另一目的可能是为了不影响企业原有股东对企业的控制权。因为债券投资者只能定期从企业获取固定的利息收益，但无权参与企业的经营管理，这样企业原有股东既筹集到资金，又不失去原来拥有对企业的控制权。

3. 抵税作用

债券融资具有抵税作用，因为债券利息费用可在企业税前成本中列支，而不是企业净利润的分配，使企业能相应地少缴所得税，从而在一定程度上降低了企业实际的融资成本。这一点与长期借款是相同的。

4. 充分利用财务杠杆作用

债券融资能充分利用财务杠杆作用，提高企业的获利能力，增加每股净收益。因为债券的利率一般是固定的，而且不参与利润分配。在债券的有效期限内，企业除了支付利息外，不会面临偿债的要求，因而可以把债券筹措的资金作较长期的投资安排以获取持久的投资收益。只要企业投资收益率大于其债券利率，债券持有者获取固定利率后，剩余的收益部分便归企业所有者拥有，这样便能增加企业权益资金的实际盈利能力。

5. 债券融资方法的相对灵活性

债券融资的灵活性与长期借款融资相比体现在不同的方面，如企业对于债券发行的面值、发行的价格、利率、偿还期和偿还方式等均可以根据企业当时市场的实际情况自行研究决定，这可能对企业是十分有利的。如在当时市场利率较高的情况下，企业可发行期限较短的债券，以供企业短期的资金急需。等到市场利率下跌后按期回收，再发行一种较低利率的长期债券来取而代之。相反，当时市场利率较低，对企业融资有利时，则可发行期限较长的债券，以保证企业在以后市场利率上升时不受影响，并确保企业资金的长期供应。

（三）债券的基本要素

债券的基本要素是指发行的债券上必须载明的基本内容，这是明确债权人和债务人权利义务的主要约定。

1. 面值

债券的面值是指债券的票面价值，也是企业对债券持有人在债券到期后应偿还的本金数额，也是企业向债券持有人按期支付利息的计算依据。债券面值包括币种和票面金额两个基本内容。币种是指以何种货币作为债券价值的计算标准。票面金额是指票面所标明金额的大小。债券的面值与债券实际的发行价格并非一致，企业可以在特定情况下溢价或折价发行企业的债券。从吸引投资者和便于流通的角度看，企业债券的面值不易过大。因为面值太大的债券，会使一般大众投资者的能力所不及，从而影响了其销售和流通，会使企业难以达到融资目的。

2. 利率

债券的利率是指债券利息与债券面值的比率，也是债券发行企业承诺以后一定时期支付给债券持有者资金使用报酬的计算标准。债券利率与发行时的市场利率可能是不一致的，故称为“名义利率”。债券利率的确定主要由银行利率、发行者的资信情况、偿还期限和利息计算方法及当时资金市场上资金供求情况等因素决定。债券利率一经确定，一般在发行期内是不变的，并大多用年利率表示。当企业债券的名义利率大于发行当时的市场利率时，这种债券则可溢价发行，即按大于债券面值的金额发行：相反，当债券“名义利率”小于发行当时市场利率时，这种债券可折价发行。

3. 付息期

债券的付息期是指企业发行债券的利息是如何支付的。它可以是到期一次支付，或 1 年、半年或 3 个月支付一次。由于债券面值和利率是固定不变的，所以不论每年付息次数多少，全年或整个债券期限内的付息额是不变的。付息次数越多，每次付息额越小。

债券付息期的不同，在考虑货币时间价值和通货膨胀的因素下，对债券投资者的实际收益有很大影响。企业在确定债券利息支付期时，必须做仔细地测算与研究。

4. 偿还期

债券偿还期是指企业债券上载明的偿还债券本金的期限，即债券发行日至到期日之间的时期。融资者在确定债券偿还期时，首先要考虑债券资金的周转期长短，如企业长期占用此项资金的，则偿还期也要延长。同时，要充分考虑市场利率的变动趋势。如果市场利率呈上升趋势，宜采用长期债券。如市场利率呈下降趋势，宜采用较短期的债券，这样才能使企业不受损失。另外，偿还期的确定还要考虑债券流通市场的发达程度。如流通市场发达，债券变现能力强，则可延长债券偿还期。因为投资人如需要资金，便可随时到流动市场上转让债券获取资金。相反，如果债券流通市场不发达的，则发行较短期的债券为好，当然还应考虑投资人的意向、其他同类债券期限和通货膨胀补贴等问题来制定企业债券的偿还期。但在一定偿还期下，企业对偿还方式可事先研究确定，如可以到期一次偿还、期内分次偿还和提前偿还等，也可用旧债券换取新债券等，当然也可以采用到期转换普通股的可转换债券等。

（四）企业债券的发行

1. 企业债券发行的基本条件

（1）企业债券的发行，必须经公司董事会提议，并经股东大会决议通过，如企业有优先股或利益相关的债权人，在一定情况下也要征得这些债权人的同意。

（2）提供由注册会计师事务所提供的审计报告或财务报告鉴证书；由具有资质的资产评估机构对企业的经营状况、财务成果、经济效益和企业发展前景等进行审核评估，评定债券资信等级并出具资信评估证明书。

（3）向政府机构提出发行债券的正式申请，并经获得批准。

（4）如企业发行的是有担保债券，必须要提供有关财产担保的证明。如企业用自己的特定财产物资作担保的要注明，一般发行债券总面值不得超过企业净资产的总额。企业也可请信誉卓著的大公司或大的金融财团提供担保。

（5）企业在发行债券融资时，必须对当时资本市场及平均利率水平等做出充分地研究分析，并有效地预测其未来的发展情况。对企业债券的发行成本、市场购买情况、债券的印刷、纳税和流通性等情况做出全面地分析和决策，只有这样才能确保债券发行的成功。

以上只简要介绍了企业债券发行的基本条件。在企业债券发行实践中，国家政府部门对企业债券的发行都有详细的规定，如规定提供有关决议及证明材料；提供债券的可行性报告和发行章程；详细说明发行企业的名称、地址、法人代表、企业近 3 年的财务状况和发展前景、债券发行额度、发行范围、融资用途和预期效益、债券种类和性质、发行总额和发行价格、债券利率和还本付息方式及时期、债券发行起止日、购买者权利和义务等。

国家规定，企业申请发行企业债券应符合下列条件：第一，所筹资金用途符合国家产业政策和行业发展规划；第二，净资产规模达到规定的要求；第三，经济效益良好，近三个会计年度连续盈利；第四，现金流状况良好，具有较强的到期偿债能力；第五，近三年没有违法和重大违规行为；第六，前一次发行的企业债券已足额筹集；第七，已经发行的企业债券没有延迟支付本息的情形；第八，企业发行债券余额不得超过其净资产的 40%。用于固定资产投资项目的，累计发行额不得超过该项目总投资的 20%；第九，符合国家发改委根据国家产业政策、行业发展规划和宏观调控需要确定的企业债券重点支持行业、最低净资产规模以及发债规模的上、下限；第十，符合相关法律法规的规定。

2. 债券发行的方式

企业具备上述债券发行基本条件后，便可采用一定的发行方式向社会公众发行。发行时一般可采用自营发行和委托代理发行两种基本方式。

（1）自营发行。也称直接发行，是指发行债券的企业自行直接向特定的债券购买者发售，而不依靠证券发行的中介机构来代为销售。采用这种方法发行债券的成本较低，因为无需向证券代销机构缴纳手续费，并且手续简便，便于控制，资金收取快。但这样做的最大缺点是发行企业要花费大量的人力、物力和财力。有时发行费用也并不低。由于企业并非专业的证券发售机构，对证券发售的规程和业务不十分熟悉，可能会造成发行周期过长等问题。另外，企业自营发行的风险较大，发行的范围也不够广泛，很可能不能按时筹集到企业亟须的资金。所以，自营发行债券的方式一般只适用于企业内部融资，以及向与本企业关系密切并对本企业资信情况较为了解的机构投资者的融资。

（2）委托代理发行。也称间接发行，指债券发行企业委托证券发行机构向社会公众发行债券的方式。被委托债券发行的专业机构是介于融资者与投资者之间的第三者，它往往要与债券发行企业签订委托债券发行的信托契约。契约的主要内容包括对债券发行企业的各种限制条款及保护投资者利益的规定等。

委托代理发行债券主要有代理发行、包销发行及承销发行三种形式。但这几种债券发行方法并非固定不变的，有时也会相应变通，企业理财人员应根据具体情况做出合理的选择。既要确保融资成功，又要努力降低融资成本。

3. 债券发行价格

债券的发行价格是指债券原始投资者购入债券时应支付的市场价格。它与债券的面值可能是一致的，也可以是不一致的。因为，债券的市价受到市场利率的影响。

公司债券发行价格的高低，主要取决于下述四项因素。

（1）债券面额。债券的票面金额是决定债券发行价格的最基本因素。债券发行价格的高低，从根本上取决于债券面额的大小。一般而言，债券面额越大，发行价格越高。但是，如果不考虑利息因素，债券面额是债券到期价值，即债券的未来价值，而不是债券的现在价值，即发行价格。

（2）票面利率。债券的票面利率是债券的名义利率，通常在发行债券之前即已确定，并注明于债券票面上。一般而言，债券的票面利率越高，发行价格也越高；反之，就越低。

（3）市场利率。债券发行时的市场利率是衡量债券票面利率高低的参照系，两者往往不一致，因此共同影响债券的发行价格。一般来说，债券的市场利率越高，债券的发行价格越低；反之，则越高。

（4）债券期限。同银行借款一样，债券的期限越长，债权人的风险越大，要求的利息收益则越高，债券的发行价格就可能较低；反之，可能较高。

三、融资租赁

（一）租赁的含义与分类

1. 租赁的含义

租赁是出租人以收取租金为条件，在契约或合同规定的期限内，将资产租给承租人使用的一种经济行为。它涉及四个基本要素：出租人、承租人、租金、租赁资产。

2. 租赁的含义分类

按租赁业务的性质，可将租赁分为经营租赁和融资租赁两种。

（1）经营租赁。经营租赁是出租人向承租人提供租赁设备，并提供设备维修和人员培训等服务性业务的租赁形式。从租赁期限看，它大多属于短期租赁；从承租人的目的看，承租人不在于通过租赁而融资，而在于通过租入设备，取得短期内的使用权和享受出租人提供的专门技术服务。因此，它又称为营业租赁或服务租赁，不属于借贷关系的范畴。

（2）融资租赁。融资租赁的主要目的在于融资。它是为了获得租赁资产的所有权，是企业筹集资金的一种方式。融资租赁属于长期租赁，签订合同后不可撤销，因此，融资租赁实质上增加了企业的长期债务，具有财务杠杆的特性：① 融资租赁协议是契约性的必须履行的义务，这同借款负债形式是相同的；② 融资租赁协议与借款合同的基本内容也是大体一致的，如租期和借款期、租金额与本利总和等；③ 无论是无力偿还借款还是无力支付租金都会使企业的财务信誉受到严重损害。

（二）融资租赁的原因

1. 企业不必支付全部资金就能引进或购买所需的先进技术和设备，解决了企业急需发展而资金不足的矛盾。从融资的角度来讲，租赁意味着可筹集到 100% 的资金。企业向银行借款购买设备，银行往往要求企业有一定比例的铺底资金。而采用租赁方式获得设备的使用权，则不需在期初支付任何款项，等于企业向出租设备的公司取得了 100% 的长期借款。

2. 企业租赁设备只取得一段时间的使用权，其所有权仍属出租公司，承租企业便可能把设备陈旧老化的风险转嫁给出租公司，减少损失。企业若用自有资金或负债购置，由于所有权归企业，当该项设备出现陈旧老化时，这种损失将由企业全部承担。有些特种设备，一方面价格高昂，另一方面陈旧老化的风险也相当大。如何既取得这些设备的使用权，又不至于对企业的现金流动造成巨大压力，并尽量减少设备陈旧老化的风险，唯一的方法便是采用租赁设备的方式。当然，出租公司作为营利性企业，也不愿独自承担这种风险。最普遍的做法是：在计算租金时把设备陈旧老化的因素适当地考虑进去。但无论如何，企业在租赁设备时，毕竟有了转嫁这种所有权风险的可能性。

3. 融资性租赁具有分期付款的特点，企业在获得设备使用权的同时，不必支付过多的现金，这样便可以保持企业较高的偿付能力，维护财务信誉。货币资金的多少标志着企业直接偿付能力的强弱，而偿付能力的强弱又在一定程度上反映了企业财务状况的优劣。企业直接购买设备需要支付大的货币资金，从而减少流动资产，降低偿付能力。在企业流动资金紧张的情况下，支付大货币资金对企业的影响将会更大，而以租赁代替购买，只需定期支付租金，不需在期初支付大笔货币资金，对企业现金流动造成的压力将大大缩小。

4. 采用国际租赁的方式，还可以直接利用外资引进技术设备享受减免进口关税和增值税的优惠。

（三）融资租赁的形式

1. 直接租赁

直接租赁又称自营租赁，是融资性租赁业务中比较普遍的一种形式。租赁公司根据承租人的申请，以自有或筹措的资金向国内外厂商购进用户所需设备，租给承租人使用。租期一般定在 3 年以上。租赁期间，产权属于出租人。租赁期满，承租人按设备残值向出租人支付产权转让费取得设备所有权。承租人用租入设备所提取的折旧和新增利润等支付租金。租赁设备的维修、保养及保险由承租人负担。租赁期内有关各方不得中途解约。

2. 回租租赁

回租租赁是在企业急需筹措资金用于新的设备投资时，可以先把自己拥有的设备按现值（净值）卖给租赁公司（需要签订销售或购买合同），再作为承租人向租赁公司租回原设备继续使用，并按期向租赁公司交付租金。回租租赁实际上是一种紧急融资的方式。作为租赁物的设备就是企业的在用设备，未作任何转移，其销售只是形式。承租人既保持了原有设备的使用权，又能使这些设备所占用的资金转化为增加其他设备的投资的资金需要，使企业固定资产流动化，增强企业资金营运的灵活性。

3. 杠杆租赁

杠杆租赁是由融资租赁派生的一种特殊租赁形式。这种方式往往是当出租人不能单独承担资金密集项目，如飞机、船舶等的巨额投资时，以待购设备作为贷款的抵押，以转让收取租金的权利作为贷款的额外保证，从银行、保险公司、信用公司等金融机构获得购买设备的60% ~ 80%的借款，由出租人自行解决20% ~ 40%。这种业务一般涉及多个当事人和若干个协议，情况复杂，手续繁琐。出租人购进设备后，租给承租人使用，以租金偿还借款。在国外，这种租赁形式还可享有全部的加速折旧或投资减税的优惠。不仅可以扩大出租人的投资能力，而且可以取得较高的投资报酬，因此称为杠杆租赁。有时，出租人会把这些优惠通过降低租金间接转移给承租人，因而杠杆租赁的租赁费用往往低于其他租赁形式。

（四）融资租赁的条件

国家有关部门规定了租赁项目必须具备的一些特定的条件。企业运用融资租赁方式筹集所需资金时，应当考虑这些租赁项目条件。综合而言，融资租赁项目主要是为企业更新设备、增添固定资产服务的。因此，租赁项目一般都是固定资产投资项目，包括基本建设（新建）与技术改造项目（扩建、更新设备）。

租赁项目通常应具备的条件如下：（1）具有独立的法人资格，实行独立核算，并持有国家工商行政管理机关签发的营业执照。（2）有经批准的项目投资计划文件。（3）有较高的投资效益。（4）有可靠的交纳租金的来源。（5）有一定比例的自有资金。一般来说，新建项目企业的自有资金不低于项目总投资的50%，技术改造项目企业的自有资金不低于项目总投资的30%。（6）有必要的经济担保。承租企业提供经济担保一般采取租金担保函的形式，即担保人必须是具有法律上认可的有债务担保资格的经济实体，也可以采取有价证券和动产、不动产作抵押品的担保形式。

（五）融资租赁的程序

1. 租赁前的准备工作

企业在选择融资租赁时，首先应做好以下几方面工作。

（1）决定企业投资的方式和规模，明确所需要的技术设备。

（2）根据企业现有资金状况，决定是购买还是租赁。如果企业资金相对不足，选择租赁方式对企业较为有利。

（3）决定采用租赁方式以后，企业要确定是选用国产设备，还是引进国外设备。

（4）企业根据自己的需要选择某一有经营租赁业务资格的、经有关部门正式批准的租赁公司，委托其办理有关租赁业务。此外，企业还应做好项目的可行性分析和论证。

2. 租赁申请与签订协议

企业确定用租赁方式融资以后，就与初步选定的租赁公司联系，了解和掌握该租赁公司的经营范围、经营能力、融资条件、租赁费用、资信状况等情况。如果认为该公司的条件合适，可向该公司提出办理租赁业务的申请，按有关要求填写租赁申请书或租赁委托书，并向租赁公司提供相应文件或资料。此外，企业还要接受租赁公司对财务状况和经营情况的审查。若无异议，便可正式签约，租赁协议正式生效。

3. 租赁谈判与签订合同

在企业和租赁公司正式达成租赁协议后，便进入对外谈判阶段。为使所选择的设备符合承租企业的要求，在买卖合同的洽谈中，企业需与租赁公司紧密合作。一般说来，谈判内容主要包括技术谈判和商务谈判。

在技术谈判与商务谈判的基础上，一般需要签订两个合同：一是购货合同，另一是租赁合同。购货合同是租赁双方根据技术谈判和商务谈判的结果，经租赁企业确认后，与供货商签订的购买技术设备的合同，同时，租赁公司与承租企业签订租赁合同。由于租赁是一种使用权与所有权分离的物资融通形式，因此，租赁合同至少应包括以下要点。

（1）租赁费率的确定。一般说来，租赁费率是根据租赁公司的实际融资成本及手续费来确定的，也可以按平均利率标准来确定租赁费率。

（2）租赁期限的确定。租赁期限即租期，是指承租企业对租赁设备拥有使用权的时间。租期一般按日计算，从起租日开始到租赁合同规定的终止日，称为租赁期限。融资租赁期限一般都在2年以上，有的可达10年以上。在租赁期内，承租企业一律不能中途解除合同。

（3）租金支付方式的确定。租金是根据每个租赁项目的成本、租赁期限、结算货币的种类和租金支付方式等计算出来的。租金的支付方式是指在租期内，承租企业按多长的时间间隔（如月、季、年等）支付租金，以及采用先付方式还是后付方式。一般说来，投产期较长的项目，其租金支付的时间间隔可稍长一些；而投产期较短、见效快的项目，其时间间隔也可以稍短些。

（4）租赁期满以后，设备所有权的处理问题。租赁期满以后，对于设备所有权的处理，一般有三种方式：一是以双方议定的金额留购，即把设备所有权转移给承租企业；二是将设备的使用权退还给租赁公司；三是双方重新议定续租，即设备的使用权仍归承租企业。就融资租赁而言，一般都是在租赁期满时，在承租人向出租人付讫全部租金的条件下，设备的所有权自动转移给承租人，即由承租人留购。

此外，还要对承租设备的保养、维修问题，租赁设备的质量保证问题以及租金的支付保证等问题加以确定。

4. 设备使用与租金支付

在购货合同和租赁合同签订的基础上，租赁公司便开始筹集用于购买租赁设备所需的资金，并向供货厂商支付订金。然后供应设备的厂商向承租企业发货，并由租赁公司付款，安排运输。设备到货后组织安装，有时合同规定需要由供货厂商派工程技术人员到厂调试，由承租企业验收。

从起租日开始，承租企业就应按租赁合同的有关规定，向租赁公司定期支付租金。但是，由于签订租赁合同时，有些费用无法预先确定，合同中的租金是按估算的成本算出来的，当实际成本与估算成本有出入时，其租金应作相应的调整。这样，租赁公司将租金变动情况连同成本计算书一起通知承租企业，承租企业按租赁条件变更通知书的规定交付租金。

在整个租赁期内，承租企业可以根据自己的需要随时使用设备，但承租企业要负责租赁设备的保管、维修、保养等方面的费用。租赁期满以后，只要承租企业支付租赁合同规定的留购价款，就可以获得租赁设备的所有权。租赁合同结束，租赁业务也就终结。

第四节　企业资本结构分析

资本结构是企业筹资决策的核心。在筹资管理过程中，采用适当的方法以确定最佳资本结构，是筹资管理的主要任务之一。

一、资本结构的含义

资本结构是指企业各种资本的构成及其比例关系。资本结构是企业筹资决策的核心问题，实践中有众多的资本结构可供企业选择。企业应综合考虑有关影响因素，运用适当的方法确定最佳的资本结构，并在以后追加筹资中继续保持最佳结构。如企业现有资本结构不合理，则应通过筹资活动进行调整，使其趋于合理化。

在实务中，资本结构有广义和狭义之分。狭义的资本结构是指长期资本结构，广义的资本结构是指全部资本（包括长期资本和短期资本）的结构。企业的资本结构是由企业采用的各种筹资方式筹集资本而形成的，各种筹资方式的不同组合类型决定着企业资本结构及其变化。企业筹资方式虽然很多，但总的来看分为负债资本和权益资本两类。因此，资本结构问题总的来说是负债资本的比率问题，即负债在企业全部资本中所占的比例。

二、资本结构的影响因素及最佳资本结构

（一）影响资本结构的因素

资本结构除受资本成本、财务风险等因素影响外，还要受到其他因素的影响，主要有以下几方面。

1. 企业因素

（1）股东和经理的态度。股东和经理的态度对资本结构特征的形成有重要影响，因为他们是企业决策的拟订者和最终确定者。

（2）综合财务状况。企业财务状况主要表现在短期流动性（偿债能力）、长期安全和营利性（获利能力）等方面。一个有着较强的短期偿债能力和获利能力的企业，较多地举债融资既有必要（充分利用财务杠杆效应），又有可能（对债券投资者或信贷机构有吸引力）。

（3）企业成长性。成长性好的企业，在固定成本既定的情况下，其主营业务收入和营业利润会随销售的增长而更为快速地增长。因此，一般来说，企业成长性越强，预期利长越快，就越可以更多地举债融资。

2. 环境因素

（1）债权人的态度。企业的债权人主要有两类：一是债券投资者；二是以银行为代表的信贷机构。一般而言，债权人不希望公司的负债比例太高。因为，过高的负债意味着企业的经营风险将更多地由股东转嫁给债权人承担。银行等金融机构必须考虑贷款的安全性、流动性与收益性。

（2）信用评估机构的意见。信用评估机构的意见对企业的对外筹资能力起着举足轻重的作用。实践中，公司信用评级机构或债券评级机构可能会因企业负债太多而降低企业或企业债券的信用等级。这会对债权人的债券投资决策或信贷决策产生重要影响。

（3）税收因素。债务利息从税前支付，从而具备节税功能，税率变动对企业资本结构变动具有某种导向作用。企业利用负债所能获得的节税利益与所得税税率的高低成正比。所以，在其他因素既定的条件下，所得税税率越高，企业就越倾向于高负债。

（4）利率水平。利率水平也是影响企业资本结构安排的一个重要因素。利率水平偏高，会增加负债企业的固定财务费用负担，故企业只能将负债比例调低一些。此外，利率对企业资本结构安排的影响，还表现在预期利率变动趋势对企业筹资方式选择的影响方面。预期利率趋于上涨时，企业在当前会较多地利用长期

负债筹资方式；预期利率趋于下跌时，企业则会谨慎地利用长期负债等筹资方式。

（5）行业差别。同行业所处的经济环境、资产构成及运营效率、行业经营风险等都不尽相同。因此上述各种因素的变动直接导致行业资本结构的变动，从而体现其行业特征。

（二）资本结构对企业经营的影响

一个企业的债务资本是企业外部债权人对企业的投资，企业使用债权人的投资进行经营就是举债经营。通过举债经营，为企业和股东创造更大的经济利益，被认为是最精明的举动。因为在经济处于上升阶段和通货膨胀比较严重的情况下，举债经营无论对企业还是对股东都是有益处的。原因如下：

1. 举债可以降低资本成本。债务资本的利息一般低于企业权益资本的股息率或分红率；并且，债务的利息在税前支付，企业可以减少所得税，因而债务资本成本总是低于权益资本成本。

2. 举债可以获得杠杆利益。由于债务利息一般是相对固定的，随着息税前利润的增加，单位利润所负担的固定利息就会减少，企业所有者所分得的税后利润就会随之增加。

3. 举债可以增加权益资本收益。除了杠杆利益的原因之外，还由于在经济上升阶段，企业经营比较顺利，获利水平往往较高。特别是投资收益率大于债务资本利息率时，企业举债越多，其权益资本的收益率就会提高，从而给股东带来超额利润。

4. 举债可以减少货币贬值的损失。在通货膨胀日益加重的情况利用举债扩大再生产，比利用权益资本更为有利，可以减少通货膨胀造成的贬值损失。

但是，举债经营并非完美无缺，也存在一些缺陷：资本来源不稳定；资本成本可能升高；财务杠杆风险出现；现金流量需求的增加。

（三）最佳资本结构

所谓最佳资本结构是指企业在一定时期内，使加权平均资本成本最低、公司价值最大时的资本结构。最佳资本结构的判断标准有三个：（1）有利于最大限度地增加所有者财富，能使企业价值最大化。（2）企业加权平均资本成本最低。（3）资产保持适当地流动，并使资本结构具有弹性。其中，加权资本成本最低是其主要标准。

从前面的分析中可以看出，负债筹资具有节税、降低资本成本、使权益资本利润率不断提高等杠杆作用和功能，因此，对外负债是企业采用的主要筹资方式。但是，随着负债筹资比例的不断扩大，负债利率趋于上升，破产风险加大。因此，如何选择最佳的负债点（即最佳资本结构），使得负债筹资的优点得以充分发挥，同时又避免其不足，是筹资管理的关键。财务管理上将最佳负债点的选择称为资本结构决策。

至少从理论上讲，最优资本结构是存在的，但由于企业内部条件和外部环境经常发生变化，因此，企业的最佳资本结构实际上是动态的，寻找真正的最优资本结构实际上是很困难的。下面探讨的有关确定资本结构的方法，可以有效地帮助财务管理人员确定合理的资本结构。但这些方法并不能当作绝对的判别标准，在应用这些方法时，还应结合其他因素，以使资本结构趋于最优。

（四）资本结构决策的方法

资本结构的决策方法基本上包括三种：比较资本成本分析法、每股收益无差异点分析法以及公司价值分析法。

1. 比较资本成本分析法

比较资本成本分析法是通过计算不同资本结构的加权平均资本成本，并以此为标准，选择其中加权平均资本成本最低的资本结构。

其决策过程包括：

（1）确定各方案的资本结构。

（2）确定各结构的加权资本成本。

（3）进行比较，选择加权资本成本最低的结构为最优结构。

2. 每股收益无差异点分析法

每股收益无差异点分析法又称 EBIT-EPS 分析法。该种方法判断资本结构是否合理，是通过分析每股收益的变化来衡量。该方法假定，能提高每股收益的资本结构是合理的，反之则不够合理。但每股收益的高低不仅受资本结构的影响，还受到销售水平的影响。处理以上三者的关系，可运用融资的每股收益分析方法，它是利用每股收益的无差别点进行的。

每股收益无差别点，是指每股收益不受融资方式影响（追加权益筹资的每股收益 = 追加负债筹资的每股收益）的销售（或息税前利润）水平。

无差别点有三种表达方式：第一种用无差别点的息税前利润（EBIT）来表达；第二种用无差别点的销售收入来表达；第三种用无差别点的销售量来表达。

根据每股收益无差别点，可以分析判断在什么样的销售水平下适于采用何种资本结构。那么，究竟息税前利润（EBIT）为多少时，采用哪种增资方法更为有利呢？可以通过无差异点法进行分析，公式如下：

$$\frac{(\overline{\mathrm{EBIT}}-I_1)(1-T)-D_1}{N_1}=\frac{(\overline{\mathrm{EBIT}}-I_2)(1-T)-D_2}{N_2}$$

其中，$\overline{\mathrm{EBIT}}$为息税前利润无差异点，即每股利润无差异点；I_1，I_2为两种筹资方式下的年利息；D_1，D_2为两种筹资方式下的年优先股股利；N_1，N_2为两种筹资方式下的普通股股数；T为所得税税率。

无差异点分析确定最佳资本结构，以税后资本利润率（或每股净收益）最大为分析起点。它直接将资本结构与企业财务目标、企业市场价值等相关因素结合起来，是企业在追加筹资时经常采用的一种决策方法。

3. 公司价值分析法

公司价值分析法也称比较公司价值法，是通过计算和比较各种资金结构下公司的市场总价值来确定最佳资本结构的方法。最佳资本结构亦即公司市场价值最大的资本结构。

比较公司价值法根据资本结构的理论进行最优资本结构决策时，应综合考虑资本成本和财务风险对企业价值的影响，通过比较不同资本结构下的公司价值，选择公司价值最大时的资本结构。由于该方法全面考虑了资本成本和财务风险对公司价值的影响，以公司价值最大化作为确定最优资本结构的目标，因此符合现代公司财务管理的基本目标。

一般地，比较公司价值法的基本原理包括以下几个步骤。

（1）测算公司价值。根据资本结构理论的有关假设，公司价值实际上是未来现金流量的现值。相应地，债券和股票的价值都应按其未来现金流量进行折现。

（2）测算公司资本成本率。根据前述假定，在公司的总资本只包括长期债券和普通股的情况下，公司的综合资本成本就是长期债券资本成本和普通股资本成本的加权平均数。

（3）公司最佳资本结构的测算与判断。分别测算不同资本结构下的公司价值和综合资本成本，选择公司价值最大、综合资本成本最低的资本结构作为企业最优的资本结构。

从公司价值的内容来看，它不仅包括了公司股票的价值，还包括公司长期债务的价值；二是从公司净收益的归属来看，它属于公司的所有者即属于股东，因此，在测算公司价值时，可用下式 = 计算：

$$V=B+S$$

其中，V为公司的总价值，即公司总的折现价值；B为公司长期债务的折现价值；S为公司权益价值的折现价值。

为简化测算起见，设长期债务（含长期借款和长期债券）的现值等于其面值（或本金）；权益（股票）的现值按公司未来净收益的折现现值测算，则测算公式就是下式：

$$S=\frac{(\text{EBIT}-I)(1-T)}{Ks}$$

其中，S 为公司权益价值的折现价值；EBIT 为公司未来的年总税前利润；I 为公司长期债务年利息；T 为公司所得税率；Ks 为公司权益资本成本率。

第五章　投资与资本运营

第一节　企业内部与外部投资

一、企业投资概述

（一）企业投资的概念及其意义

投资是企业财务活动的重要内容之一，通常是指企业将一定的经济资源投入到一定的对象上，期望在未来取得收益的经济行为。在市场经济条件下，企业能否把筹集到的资金投放到收益高、回收快、风险小的项目上去，对企业的生存和发展具有十分重要的意义。

1. 企业投资是实现财务管理目标的基本前提。企业的财务管理目标是不断提高企业价值，增加股东财富，为此企业就要采取各种措施增加利润，降低风险。其中一项重要措施就是进行投资，在投资中获得收益。

2. 投资是企业维持和扩大再生产活动的必要手段。在社会经济快速发展的今天，要维持企业的再生产活动，扩大再生产经营规模，就必须不断更新生产所需的机器设备，增加人力、物力，对产品和生产工艺进行改革，同时不断提高企业员工的专业技术水平和文化素质等。企业只有通过一系列的投资活动，才能维持和扩大再生产活动。

3. 投资是企业降低经营风险的重要方法。企业把所筹集的资金投放到生产经营急需的关键环节或薄弱环节中，可以使各种生产经营能力配套、平衡，形成更大的综合生产能力。企业如把资金投入到多个非相关行业，并实行多元化经营，则能较好地降低企业经营风险，增强企业的营利能力。

（二）企业投资的分类

为了加强投资管理，提高投资效益，必须分清投资的性质，对投资进行科学的分类。常用的分类方法有如下几种。

1. 直接投资和间接投资。直接投资是指把资金投放于生产经营性资产中，以便获取利润的投资。在非金融性企业中，直接投资所占比重很大。间接投资又称证券投资，是指把资金投放于证券等金融资产，以便取得股利或利息收入的投资。随着我国金融市场的完善和多渠道筹资的形成，间接投资将越来越广泛。

2. 对内投资和对外投资。对内投资又称内部投资，是指把资金投在企业内部，用以购置各种生产经营用资产的投资。对外投资是指企业以现金、实物、无形资产等方式或者以购买股票、债券等有价证券方式对其他单位进行的投资。对内投资都是直接投资，对外投资主要是间接投资，也可以是直接投资。随着企业横向经济联合的开展，对外投资将变得越来越重要。

（三）影响投资的因素

1. 筹资能力

投资是筹资的目的和归宿，筹资同时对投资起着约束作用。筹资的规模和时间不仅取决于投资的需求，还受许多因素的影响和制约，如金融市场行情的波动、投资者心理预期的变化等。面对好的机会，企业如不能及时筹集到资金，就有可能错失投资时机，因此企业需要维持较强的筹资能力，以把握投资机会。

2. 投资动机

企业进行投资的根本动机就是追求投资收益最大化。在筹资能力有保障的前提下，投资收益的高低是决定投资方案是否被采纳的关键因素。投资者要充分收集和积累各种信息资源，善于进行深入细致的市场分析，并在金融市场中寻找投资机会。投资者既不能因优柔寡断错失机会，也不能盲目地进行投资。

3. 投资风险

投资风险就是指由于环境的不确定性而导致在投资活动上遭受经济损失的可能性，或不能获得预期投资收益的可能性。因此企业要有风险意识，要分析各种风险产生的可能性及对投资收益产生的影响，同时要建立风险预警和防范机制，预防风险的发生。风险一旦发生，应及时将其可能产生的损失控制在最小范围内。

4. 投资成本

企业进行投资时，首先要进行分析的就是投资成本。投资成本包括从分析、决策投资开始到收回全部投资的整个过程中所发生的全部支出。投资成本的高低直接决定了企业在投资活动中所能获得的收益高低，因此，企业进行投资活动分析时必须首先考虑投资成本，如果投资成本高于投资收益，那这种投资就毫无意义了。

5. 投资管理和经营控制能力

与对内投资管理相比，对外投资管理涉及因素多，关系复杂，管理难度大，因此，企业在进行对外投资前必须考虑企业自身的投资管理和经营控制能力。如果企业所进行的投资规模与范围超出了企业的管理能力，则这种投资不仅不能给企业带来收益，而且有可能使企业自身陷入困境，甚至有可能导致破产。

6. 投资环境

投资环境就是企业内、外各种影响企业投资活动的因素总和。企业的投资活动都是在这样一个环境下展开的。由于现代市场经济下的投资环境具有构成复杂、变化快等特点，所以企业在进行投资活动时必须对投资环境进行分析与把握。

二、网络对企业投资环境的影响

网络技术的产生和发展会对企业的内、外部环境造成不同程度的影响，进而影响到企业的投资活动。企业要充分把握这种环境下的投资活动的特征，这对于企业取得良好的投资效果是非常有必要的。

1. 网络技术的产生和发展对社会文化差异产生的影响。网络将“你”“我”彼此 联系在了一起，使得边界概念日趋模糊；信息通过网络技术在全球范围内传输，使得投资者可以轻而易举地获得投资信息，投资者的投资范围也就扩大到了全球范围。企业在进行跨区域，特别是跨国投资时所面临的最大问题是不同文化的价值观、思维方式和行为准则之间存在着明显差异。如在跨国投资的企业中，不同国籍、不同文化背景的人员在一起工作，管理原则与方法却各不相同，美国鼓励员工积极参与，以个人主义为核心；而日本则强调共同合作、团结共进等。因此，在母国文化中行之有效的管理原则与方法，在异国文化中却不一定能达到预期的效果。但是网络技术的产生，在促使全球一体化进程的同时，也增加了各国各民族之间的相互联系与相互了解，加强了不同文化的交融和相互认同。通过网络可以方便快速地了解不同民族和国家的文化与风俗，了解他们的思维方式和价值观，这就为企业进行跨国投资活动提供了方便。因此，企业在进行跨国投资活动时，首要条件是对不同国家、不同地区的文化差异进行一个全面的了解和掌握，同时要“入乡随俗”，这也是企业进行跨国投资活动能否成功的一个关键因素。

2. 网络技术的产生和发展对管理差异产生的影响。网络技术的产生和发展促使跨国投资迅猛发展，与此同时带来了一系列跨国投资活动中的投资管理差异问题。如中国的管理重视人情，讲究关系；而西方的管理则是以“法”为中心，在管理上表现为规范管理、制度管理和条例管理，从而实现了管理的有序化和有效化。

当中国的人情化管理遇到刻板的法制化管理，就会发生冲突。因此，在进行跨国投资活动时必须要改变管理方式。在具体管理细节上，将网络技术运用于企业管理中使远程进行实时监控成为可能，这也解决了跨地区、跨国投资导致的监控难的问题。同时应针对不同国家、不同地区采取不同的管理方式，只有这样才能保证企业的跨地区、跨国项目的投资管理质量，同时减少为管理投资项目而付出的管理成本。

3. 网络技术的产生和发展对企业选择投资机会产生的影响。企业在进行投资活动时，首先要选择投资机会。投资机会的选择有赖于企业对自身及外部环境的了解和认识，有赖于企业对商业机会的把握。商业机会与企业外部环境的变化息息相关，在变化之中又孕育着商业机会。网络技术的出现提高了企业在选择投资机会时收集信息的速度，并使企业能及时对信息进行分析，从而提高了其选择投资机会的效率和效益。

三、网络对企业投资方式的影响

企业的投资活动都要通过一定的投资方式进行。一般来说，投资方式主要分为对内投资和对外投资。对内投资主要包括固定资产投资、流动资产投资等；对外投资则主要包括股权投资、金融资产投资等。企业所能选择的投资方式一般要受多种因素的影响，而网络技术的出现是影响企业投资方式的一个重要原因。

（一）网络技术的产生和发展对投资方式的影响

1. 以组建虚拟企业形式进行产权投资

在传统的经济环境下，企业一般采取纵向一体化的方式来保证企业与其供应商及分销商之间的稳定关系。这种纵向一体化是指企业通过采取投资控股或兼并等方式来实现对提供原材料、半成品或零部件的企业及分销商的控制，也即以产权为纽带来实现核心企业与其供应商和分销商之间的稳定关系。进入网络经济时代之后，企业的经营环境发生了显著的变化，这种变化突出表现在企业所面对的是一个变化迅速的买方市场，在这一环境下，企业对未来的预测显得越来越难把握，相应地，企业要保持在市场竞争中的主动地位，就必须具有对市场中出现的各种机会做出快速反应的能力，而以往的纵向一体化模式显然难以实现这一要求。因为在以产权为纽带的纵向一体化模式下，企业与其供应商与分销商之间是一种非常稳固的关系，这种稳固关系是为把握以往的某种市场机会而建立的。当以往的市场机会已经不存在，或者企业需要把握更好的新的市场机会时，企业将更多地选择以组建虚拟企业的形式进行产权投资，通过与供应商及分销商之间建立伙伴关系而结成利益共同体，形成一个策略联盟；在相应的市场机会消失时，这种伙伴关系的解除不管是从时间上还是从成本上都比纵向一体化的影响要小得多，同时，网络技术的快速发展又为企业在寻找合作伙伴上提供了更加广阔的空间。

2. 无形资产投资比重加大

这是由网络经济的自身特点所决定的。在企业的资产结构中，以知识为基础的专利权、商标使用权、人力资本及产品创新等无形资产的比重将会大大提高，无形资产将成为促使企业快速发展的一个重要动力，成为企业生产和再生产过程中不可或缺的重要因素。因此，网络技术的产生和发展促使企业不断完善资本结构，充分利用知识资本为企业创造价值，挖掘知识资本潜在的收益能力。

3. 金融投资中的证券投资比重提高

网络环境下证券市场交易的便捷性和资产证券化趋势的凸显将使企业在考虑投资方式时，对金融资产投资予以更多的关注，企业在股票、债券等方面的投资在其全部投资中的比重将有更大的提高，这主要是由于以下几个原因。

（1）网络技术具有成本优势。在传统证券业务模式下，在作为交易中介的证券商经营证券业务的过程中必然会产生许多交易费用，这些交易费用在网上证券业务模式下都将大大下降。

（2）网络技术的便利性和快捷性。网络技术的这些特点使得企业在进行证券投资时，无论处于何时何地，只要通过网络技术就可以非常便利、快捷地获得相关信息以进行证券的买卖。这也是网上证券业务迅猛发展的重要原因之一。

（3）网络技术能使企业快速获得证券投资的相关资讯。企业要进行证券投资，前提是要掌握充分的投资决策的相关信息。网上证券业务的开展可以使企业通过网络技术获得及时更新的及经过深入分析和研究的证券投资的相关信息，这些信息的获取可以在极大程度上支持企业的投资决策。

四、网络对企业投资决策的影响

投资决策是企业所有决策中最为关键、最为重要的决策，因此我们常说投资决策失误是企业最大的失误。一个重要的投资决策失误往往会使一个企业陷入困境，甚至破产。因此，财务管理的一项极为重要的职能就是为企业当好参谋，把好投资决策关。

（一）网络技术的产生和发展对投资决策方法的影响

对于企业投资决策而言，其可以采纳的投资决策方法很多，一般可以分为定性决策方法和定量决策方法。定性决策方法主要是指依靠企业管理人员的主观判断和历史经验而进行的投资决策；定量决策方法是指应用数学模型和公式来解决一些决策问题，即运用数学工具，建立反映各种因素及其关系的数学模型，并通过对这种数学模型的计算和求解选择出最佳的决策方案。

从定性及定量决策方法的发展与运用方面来看，定量决策方法有迅速增长的趋势，对决策问题进行定量分析，可以提高决策的时效性和准确性。随着企业投资活动的增长及其所考虑因素的不断增加，企业在进行投资决策时所需要考虑的变量也将随之增长。在这种环境下，定性决策方法所能体现的作用越来越小，定量决策方法则越显重要。

在网络环境下，随着影响企业投资决策因素的增加，且各种因素之间也存在着相互影响和相互作用的关系，因此，对与网络环境关系较为密切的决策问题而言，定性决策方法适用的范围进一步缩小。而定量决策方法具有科学性和准确性的特征，且不受人为因素的影响，网络技术的产生正好符合了定量决策方法的这种要求，并为定量决策方法提高决策的准确性提供了技术条件，因此，定量决策方法在网络环境下将有更为广阔的运用空间。

（二）网络技术的产生和发展对相关投资决策信息的影响

企业要进行科学合理的投资决策，前提是要获取充分的投资决策的相关信息。在传统条件下，企业要收集支持投资决策的信息比较困难，并且要花费大量的前期成本。网络技术的产生则为企业及时收集各种决策相关的信息提供了一种科学而先进的工具，使得企业可以较低的成本方便、快速地获得为决策提供依据的相关信息。因此，网络技术的产生和发展将促进企业投资决策的科学化，为企业投资决策质量的提高提供信息保障。

（三）网络技术的产生和发展对相关投资决策者的影响

网络经济环境下的投资活动往往不会仅仅局限于某个单一领域，而是会涉及多个不同的领域。因此，在企业进行投资活动时，相关决策人员必须具备较高的知识水平和文化素质，并要善于把握企业所进行投资活动的本质，进行科学合理的投资决策。在个人知识水平无法达到特定投资决策的要求时，组织决策团队解决特定的投资项目将成为必然。在网络经济环境下，相关项目的投资决策人员必须对网络经济模式有较好的了解，必须在具备多学科知识的同时具有团队精神，所有这些都是网络经济环境下对相关投资决策者的能力提出的要求。

第二节　“互联网 +”下的流动资产与债务管理

在市场经济条件下，资本是企业的血液，企业要生存、发展，就必须要筹集、拥有和支配一定数量的资本，其中非常重要的一项就是营运资本。从本质上讲，营运资本包括流动资产和流动负债的各个项目，是对企业短期性财务活动的概括；从数量上讲，营运资本就是从企业流动资产中减去流动负债后的差额。营运资本管理就是对企业流动资产及流动负债的管理。

一、营运资本的概念

营运资本有两个主要概念——净营运资本和总营运资本。

净营运资本是流动资产与流动负债的差额。它与流动比率、速动比率、现金比率等结合可用来衡量公司资产的流动性程度。流动资产是指可以在一年或超过一年的一个营业周期内变现或使用的资产，主要包括现金、银行存款、有价证券、应收账款、存货等。如果流动资产等于流动负债，则占用在流动资产上的资金全部是由流动负债融资形成的；如果流动资产大于流动负债，则与此相对应的“净流动资产”要以长期负债或股东权益的一定份额为其资金来源。

总营运资本是指公司投放在流动资产上的资金，具体包括现金、有价证券、应收账款、存货、预付费用等占用的资金。

营运资本管理一般是指公司的流动资产管理和为维持流动资产而进行的短期融资活动管理。

二、营运资本管理的重要性和必要性

有效的营运资本管理，要求企业以一定量的净营运资本为基础，正常地从事生产经营活动。净营运资本常被用来衡量一个企业偿债能力的大小，这是因为企业经营所面临的市场环境变化的不可测性导致企业现金流量预测上的不准确性及时间上的不同步性，使得净营运资本成为企业生产经营活动不可缺少的组成部分。一般认为，在企业经营活动过程中，企业原材料采购和产品销售都是广泛地以商业信用形式为前提。企业对偿付流动负债所形成的现金流出较易于预测，即企业事先容易知道债务何时发生、何时到期、何时偿还，但对流动资产转化为现金流入的预测，由于各种不确定性因素的影响，则通常比较困难。而现金流入量和流出量之间的匹配程度，则制约着企业应保持的净营运资本的水平。因此，企业的现金流入与流出越具有不确定性，该企业也越应保持较多的净营运资本，以备偿付到期债务。由此可见，企业现金流入与流出的难于预测性与非同步性，使得企业保持一个适量的净营运资本水平成为必要。

营运资本对企业的重要性体现在以下几个方面。

1. 通常，企业的流动资产及负债在总资产中占的比例很大，而且具有易变性。在企业采购、生产、销售的过程中，通过流动负债筹集的短期资金用于购买原材料，变成在制品、产成品等存货，形成应收账款，直到货款的收回，每一个循环中营运资本在现金和实物之间不断转换，而且数量很大，这就构成了管理人员大量的日常管理工作。可以说，企业财务管理人员的大部分活动是围绕着营运资本的管理进行的。

2. 随着经营规模的销售的扩大，应收账款、存货和应付账款也同步增加，这就需要筹集资金来应付。企业通过长期资金与短期资金的有机匹配、流动资产与流动负债的期限匹配，以及做好因销售扩大而形成的自发性短期融资，可大大提高营运资本的效率。

3. 营运资本中的非现金资产，如应收账款和存货具有一定的变现能力，但同时又占用了企业的大量资金。而占用在应收账款和存货上的资金是不产生效益的资金，因此应收账款和存货的维持水平反映了企业流动资产运用及管理的效率。管理人员必须在尽可能地使企业保持较低的存货与应收账款水平，与满足企业临时性资金需求之间进行权衡，这需要企业管理人员懂得营运资本管理的方法与技术，从而提高营运资本的管理效率。

三、营运资本管理决策的内容

营运资本管理主要是对公司的流动资产与流动负债的管理，其主要内容有以下几个方面。

1. 公司营运资本管理的综合策略的制定。营运资本的综合管理策略是指公司的流动资产与流动负债的匹配策略。也就是说在满足公司经营需要的流动资产占用率的基础上，其流动负债筹资的匹配情况，导致公司几种不同的营运资本管理策略，同时也体现公司管理者的风险与收益的态度。

2. 现金管理。现金管理体现在公司资产的流动性上，从公司的角度来说，现金是不产生收益的资产，因此公司从价值最大化的角度分析，应尽量减少现金的持有量，但公司由于经营的需要，又不可能不置存现金，那么就涉及在满足公司生产经营需要的条件下，如何降低公司的现金持有量。这就是现金管理的主要内容。

3. 应收账款管理。应收账款是公司赊销的结果，赊销就涉及公司的信用政策的制定，应收账款的管理一方面要确定公司的信用标准和信用政策；另一方面制定收款政策，加速应收账款的收回。

4. 存货管理。存货在公司流动资产中所占的比例最大，它涉及公司的供、产、销全过程，财务管理要确定用于存货的短期资金是多少，如何筹集这部分资金并使存货占用的资金成本最小。

四、营运资本管理

（一）网络流动资产管理

1. 流动资产概述

（1）流动资产的概念及其特点

流动资产是指可以在一年内或者超过一年的一个营业周期内变现或者耗用的资产。

有些企业的产品周期会很长，会超过一年以上，则这些企业在生产制造这类产品时投入的原材料等物资变现的时间就会超过一年，但仍可以将其列入流动资产。流动资产一般包括现金、短期投资、应收账款和存货等。拥有一定数量的流动资产是企业进行生产经营活动必不可少的物质条件。流动资产与其他资产相比，具有以下一些特点。

① 周转快，变现能力强。流动资产可以在较短时间内耗用或变现。一般情况下，它在一个生产经营周期就可以周转一次，即从货币形态重新回到货币形态。流动资产中的货币资金具有完全的变现能力，其他流动资产在正常情况下的变现能力也比较强。流动资产之所以具有较快的周转速度和较强的变现能力，主要是因为垫付在流动资产上的价值只要经过一次性转移，就可以转换为货币形态，并得到价值补偿。

② 形态多样，经常变动。流动资产在企业生产经营过程中，一般从货币形态开始，依次经过采购、生产、销售等过程，在这些过程中它具体表现为原材料、在产品、产成品、应收账款等形态。随着生产经营的顺利进行，不同形态的流动资产要依一定的顺序依次转化。企业中不同形态的流动资产一般都是并存的，在数量上有相对稳定的比例，只有这样才能保证企业资金的正常运转及生产经营的正常进行。

③ 数量不稳定，有较强的波动性。流动资产的数量随着企业内、外条件的变化而变化，时高时低，波动很大。从生产经营业务量在全年的分布来看，在整个

年度中经营业务完全均衡的企业并不多见，在绝大多数的情况下，企业的经营业务量或多或少具有季节性的特征。

（2）流动资产的分类

按资产的占用形态，流动资产分为现金、短期投资、应收和预付款项及存货。

① 现金。指企业占用的各种货币形态上的资产，包括库存现金、银行存款及其他货币资金。它是企业流动资产中流动性最强的资产，可直接支用，也可以立即投入流通。拥有大量现金的企业具有较强的偿债能力。

② 短期投资。指企业持有的能随时变现的有价证券，或时间不超过一年的其他对外短期投资。

③ 应收和预付款项。指在企业生产经营过程中所形成的应收而未收的或预先支付的款项。它属于企业债权性资产，包括应收票据、应收账款、其他应收款、预付货款等。

④ 存货。指企业在生产经营过程中为了销售或耗用而储存的各种资产，包括产成品、半成品、在制品、原材料、低值易耗品、燃料及包装物等。存货在流动资产中所占的比重较大。

（二）流动资产的结构性管理

1. 流动资产的营利性与风险性分析

流动资产结构性管理的目的，在于确定一个既能维持企业的正常生产经营活动，又能在减少或不增加风险的前提下，给企业带来尽可能多的利润的流动资金水平。一般而言，流动资产的盈利能力低于固定资产的盈利能力。这是因为：首先，制造性企业中的厂房、设备等固定资产作为劳动资料（生产手段），通过人作用于原材料、辅助材料、燃料等劳动对象，可以给企业生产在产品、产成品，通过产品的销售或转化为现金、有价证券，转化为应收账款，收回的价值大于生产与销售中的资金耗费，就会给企业带来利润。因而固定资产可视为再生产过程中的营利性资产，与此相联系，流动资产也是企业生产经营中必不可少的。但除有价证券外，现金、应收账款、存货等流动资产只是为企业再生产活动的正常进行提供必要的条件，它们本身并不具有直接的营利性；其次，依据"盈利与风险对应原则"，一项资产的风险越小，其预期收益也就越低。由于流动资产比固定资产更易于变现，其潜亏的可能性（风险性）小于固定资产，其收益率自然也低于固定资产。因此，要对流动资产进行结构性管理，企业财务经理必须在营利性与风险性之间进行全面的权衡并做出合理的选择。即在企业总资产一定的情况下，如何确定长期资产与流动资产的比例问题。

2. 流动资产结构策略的分析

企业在生产和销售计划确定的情况下，可以做出现金预算计划，尽量将流动资产和流动负债在期限上衔接起来，以便保持最低的流动资产水平。这是营运资本管理所要达到的目标。但企业的经营活动往往带有许多不确定性，企业为预防不测情况的发生，流动资产必须要有一定的安全充裕量。这样，安全充裕量的大小就形成了营运资本管理的三种策略。

从图 5-1 可以看出，流动资产与销售水平之间呈非线性关系，表现为三条不同的曲线。这是因为，在流动资产的持有中存在着规模经济因素，即随着销售水平的增加，流动资产将以递减的速度增加，特别是现金和存货。即随着销售的增加这些方面的资金因时间、数量上的不一致而可以相互调剂使用，由此使占用于流动资产上的资金的增加速度小于销售的增加速度。

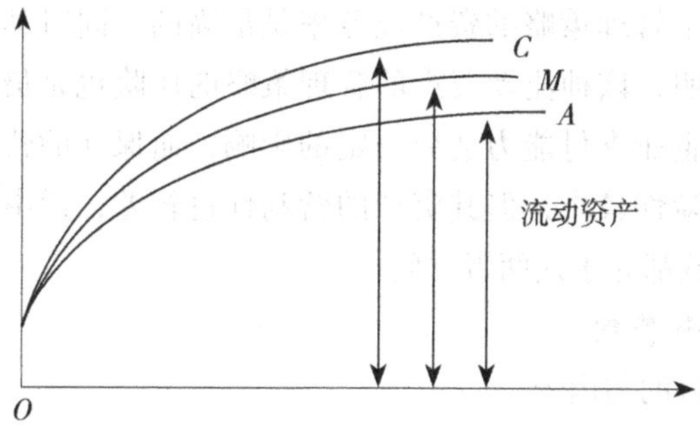

图 5-1　营运资本投资政策

（1）流动资产管理的保守策略。这种策略不但要求企业流动资产总量要足够充裕，占总资产的比重大，而且还要求流动资产中的现金和有价证券也要保持足够的数量。这种策略的基本目的是使企业资产的流动能力保持在一个较高的水平，使之能足以应付可能出现的各种意外情况。

保守性流动资产管理策略虽然具有降低企业风险的优点，但也有获取低收益率的缺点。在企业总资产一定的情况下，投放在流动资产上的资金量加大，必然导致投放在获利能力较强的长期资产上的资金减少，所以企业采用保守的流动资产策略在降低风险的同时，对企业资产收益的要求也相应下降。所以保守的流动资产管理策略是一种低风险、低收益的管理策略。一般而言，企业在外部环境极不确定、为规避风险的情况下采取这种管理策略。

（2）流动资产管理的激进性策略。这种策略不但要求企业最大限度地削减流动资产，使其占总资产的比例尽可能的低，而且还力图尽量缩减流动资产中的现金和有价证券。使其占流动资产的比例尽可能小。企业采用这种激进的流动资产管理策略，虽然可以增加企业的收益，但也相应地提高了企业的风险。所以激进性流动资产管理策略是一种高风险、高收益的策略。一般来说，它只适合企业外部环境相当确定的场合。

（3）适中的流动资产管理策略。这种策略要求企业流动资产的占用量介于前两者之间，由此所形成的风险和收益也介于前两者之间。一般来说，企业流动资产的数量按其功能分成两大部分：① 正常需要量。它是为满足正常生产经营需要而占用的流动资产。② 保险储备量。它是为预防应付意外情况的发生在正常生产经济需要量以外而储备的流动资产。适中的流动资产管理策略就是在保证企业正常情况下流动资产的需要量，留有一定的保险储备，并在流动资产中各项目之间确定一定的比例构成。

激进的营运资本管理策略的资产收益率是最高的，同时其资产的流动比率则是最低的。由此说明，该种流动资产的管理策略的风险也是最大的，一旦企业遇到意外情况，将对企业支付能力造成一定的影响，而保守的营运资本投资策略正好与之相反，其风险性较小，但其资产的营利性也较差，适中的营运资本投资策略则无论风险与收益都介于这两者之间。

（三）网络现金管理

1. 现金管理的目的与内容

现金是公司流动性最强的资产。现金有狭义和广义之分，狭义的现金就是指库存现金，广义的现金则还包括各种现金等价物，如有价证券、银行存款和在途资金。如果公司缺乏足够的现金，就可能发生资金周转困难，甚至宣告破产。然而，如果持有的现金过量，则公司也将受到损失，因为现金是一种无法产生收益或产生极少收益的资产。公司持有现金就是为了应付经营过程中正常支出和某些预测不到的突然支出。因此，现金管理的目的就是在不影响公司经营的情况下，将公司的现金持有量降到最低，并充分利用暂时闲置的现金获取最大的收益，在现金流动性与收益性之间做出合理的选择。

（1）公司持有现金的动机

公司持有现金的主要动机在于以下几个方面。

① 交易动机。在企业的日常经营活动中，为了正常的生产销售周转必须保持一定的现金余额。由于销售产品所得收入往往不能马上变为现金，而采购原材料、支付工资等则又需要支付现金，为了进一步的生产交易，企业必须持有一定的现

金余额。虽然在企业的生产经营过程中，现金收入和现金支出的可能同时存在，但是由于任何企业都无法保证其现金收入与现金支出在任何时点上完全同步，所以企业需要保留一部分现金以应付支付动机的需要。在企业安排现金收支中，应尽量做到收支同步，以减少交易所需的现金。

② 预防动机。预防动机是指企业持有现金，以应付意外事件对现金的需求。企业预计的现金需求量一般是指正常情况下的需求量，但有许多意外事件如企业遭受自然灾害、生产事故等都会影响企业现金的收入和支出，打破企业的现金收支计划，使现金收支出现不平衡。因此，企业现金收支预测的可靠程度越高，现金流量的不确定性越小。企业临时借款能力越强，预防性现金的需要量就越小；反之，就应增加预防用现金数量。

③ 投机动机。投机动机是指企业持有现金，以便能够抓住回报率较高的投资机会，获得投资收益。在企业的外部环境中，机会与威胁几乎可以说是无所不在的，如果企业经营者对证券市场上证券价格的波动规律有所掌握，能够较准确地判断其价格走势，就可以在低价位时买进股票或债券，在高位时将其卖出，从中获利。但是如果判断失误则有可能造成企业损失。事实上，当企业因为投机动机而持有较多数量的现金时，这种情况对于大多数企业来说并不划算，所以除非一些特殊的情况，企业应减少出于这一目的而持有的现金。

公司在确定现金余额时，一般应综合考虑各方面的持有动机。但需要注意的是，由于各种动机所需的现金可以调剂使用，公司持有现金总额并不等于各种动机所需现金余额的相加，前者通常小于后者。另外，上述各种动机所需保持的现金，并不要求必须是货币形态，也可以是能够随时变现的有价证券以及能够随时融入现金的其他各种存在形式，如可随时借入的银行信贷资金等。

（2）现金管理的目的

现金是公司流动资产的最重要内容之一，如果持有过量的现金，可以提高公司的支付能力，降低财务风险，但同时由于机会成本的原因，公司的收益也会降低；如果公司现金量少，则会影响公司日常的交易活动。因此，公司现金管理的目的就是在保证生产经营所需的同时，尽可能减少现金的持有量，而将闲置的现金用于投资以获取一定的投资收益，也就是追求现金的安全性和效益性。

现金管理的安全性主要有以下含义：① 法律上的安全性。国家有关部门及银行都对现金的使用做出了许多规定，公司必须遵守这些规定，一旦违反，必然会受到处罚。② 数量上的安全性。现金作为支付手段极易出现各种各样的差错，因此保证现金的安全完整、避免现金短缺是非常必要的。③ 生产经营上的安全性。

公司生产经营活动要求以不断购买存货和发生诸多费用为保障。为保证生产经营循环的不断顺畅进行，公司必须加强现金管理，以便通过现金储备加快现金收入来保证支付。④ 财务上的安全性。是指保证到期债务及时支付，财务风险一旦成为现实，轻则影响公司的后续融资能力，重则危及公司的声誉和生存。

现金管理的效益性要求做到以下两个方面：一是通过现金管理的有效实施，降低持有现金的相关成本；二是通过现金管理的有效实施，增加与现金有关的收入。

当现金管理的安全性与效益性发生偏离甚至相悖时，现金管理就是要在降低公司风险和增加收益之间寻找一个平衡点，追求两者之间的合理均衡。

（3）现金管理的内容

公司在经营过程中，要经常处理现金收付业务。如果现金流入量与流出量能够同时发生并准确预测，那么公司就不需要持有现金余额。然而，这只是一种理想状态。由于市场的不确定性导致公司的现金流入与流出不可能同步，也不可能准确预测，因此，公司必须研究制定良好的现金管理策略才能尽量减少现金余额，以维持公司的获利能力和流动性。从盈利的角度考虑，公司应尽量减少现金持有量；但从安全性考虑，公司应保持足够的现金持有量，防止现金短缺而造成的损失。现金管理就是要寻求营利性与流动性的最佳状态。其管理内容主要包括以下三个方面。

① 编制现金预算，规划未来的现金流入与流出量。

② 确定适当的现金持有量。当公司实际的现金余额与最佳的现金余额不一致时，采用短期融资策略或采用归还借款和投资于有价证券等策略达到理想状态。

③ 探讨加速现金流入与减缓现金流出的方法，尽量提高现金管理效率。

2. 最佳现金持有量的确定

公司持有过多的现金，虽然能够保证拥有较高的流动性，但由于现金这种资产的盈利性差，持有量过多，会导致公司资金利用效率的下降。另一方面，如果公司持有现金过少，则可能出现现金短缺而无法满足公司的正常生产经营活动。公司试图寻找一个既能保证经营对现金的需要，同时又能使现金持有成本最低的现金持有量。这就是理论上的最佳现金持有量。一般来说，影响最佳现金持有量的因素主要有三部分，即现金的机会成本、现金管理成本和现金短缺成本。现介绍几种最常用的确定最佳现金持有量的计算方法。

（1）现金周转模型

现金周转期是指从现金投入生产开始到最终重新转化为现金所花费的时间。它大致经历下列三个进程。

① 存货周转期，即将现金转化为原材料进而转化为产成品并最终出售所需要的时间。

② 应收账款周转期，即产品销售收回现金所花费的时间。

③ 应付账款周转期，即从收到赊购材料再到支付现金之间所需要的时间。

现金周转期 = 存货周转期 + 应收账款周转期 − 应付账款周转期

现金转换周期确定后，企业便可确定最佳现金持有量。其计算公式为：

最佳现金持有量 =（企业年现金需求总额 /360）× 现金周转期

（2）存货模型

确定最佳现金持有量的存货模式来源于存货的经济批量模型。这一模型由美国经济学家鲍莫于 1952 年提出。他认为公司现金持有量与存货的持有量有相似之处，存货经济订货批量模型可用于确定目标现金持有量，并以此为出发点，建立了鲍莫模型。

① 假设条件。运用存货模型确定最佳现金持有量时是以下列假设为前提的：公司所需要的现金可通过证券变现取得，且证券变现的不确定性很小；公司预算期内现金流入量稳定并且可以比较准确地预测其数量；现金的支出过程比较稳定，波动较小，而且每当现金余额降至零时，均可通过部分证券变现得以补偿，即没有短缺成本；证券的利率或收益率以及每次固定性交易费用可以获悉；不考虑管理费用。

如果这些条件基本得到满足，公司便可以利用存货模型来确定现金的最佳持有量。

② 模型的建立和应用。存货模型下的现金流动模式如图 5–2 所示。

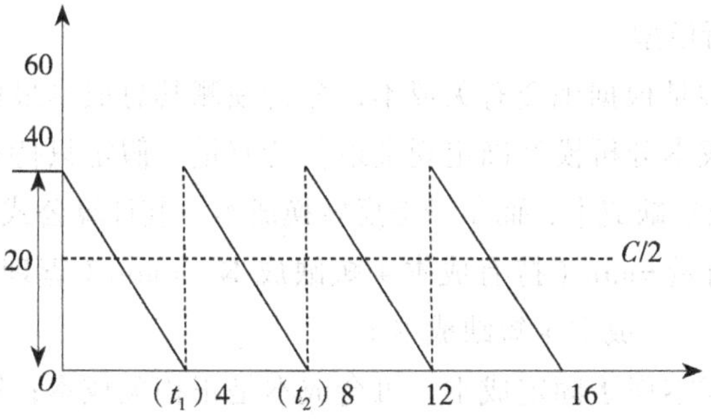

图 5–2　目标现金余额的存货模型

在图 5–2 中，假定企业的现金支出需要在某一期间内是稳定的。企业原有 C 元资金，当此笔现金在 t_1 时用掉之后，出售 C 元有价证券补充现金；随后当这笔

现金到 t_2 时又使用完了，再出售 C 元证券补充现金。如此不断重复。

与存货模型类似，企业现金的持有成本主要包括两个方面。

① 现金持有成本。即企业持有现金所放弃的报酬，它是持有现金的机会成本。一般来说，这种成本通常以有价证券的利息率来计算，它与现金的余额成正比例变化。

持有成本 $=C/2\times r$

其中，C 为现金余额初值，即每次出售证券或贷款筹集的现金；$C/2$ 为平均现金持有量；r 为持有现金的机会成本，等于证券变现后所放弃的证券收益率或贷款的资本成本。

② 现金的转换成本。即现金与有价证券转换的固定成本，如经纪人费用、税金及其他管理费用。这种成本只与交易的次数有关，而与持有现金的金额无关。现金转换成本为：

现金转换成本 $=(T/C)\times b$

其中，T 为一定时期所需的现金总额；b 为每次变现的交易成本。

存货模型的着眼点也就是现金持有的有关总成本最低，在这些成本中，固定费用因其相对稳定，同现金持有量的多少关系不大，因此在存货模型中将其视为与决策无关的成本而不予考虑。同时，由于现金是否会发生短缺、短缺多少、概率多大以及各种短缺情形发生时可能的损失如何，都存在很大的不确定性和无法计量性。因此在利用存货模型计算现金最佳持有量时，对短缺成本也不予考虑。在存货模型中，只对机会成本和转换成本予以考虑，能够使现金管理的机会成本与转换成本之和保持最低的现金持有量，即为最佳现金持有量。

（3）成本分析模型

成本分析模型是根据现金有关成本，分析预测其总成本最低时现金持有量的一种方法。运用成本分析模型确定现金最佳持有量，假定只持有一定量的现金而产生的持有成本及短缺成本，而不予考虑转换成本。其计算公式为：

最佳现金持有量 =min（持有成本 + 短缺成本）=min（管理成本 + 机会成本 + 短缺成本）

其中，管理成本属于固定成本；机会成本是正相关成本；短缺成本是负相关成本。

从图 5-3 可以看出，由于各项成本同现金持有量的变动关系不同，使得总成本曲线呈抛物线型，抛物线的最低点即为成本最低点，该点所对应的现金持有量便是最佳现金持有量，此时总成本最低。

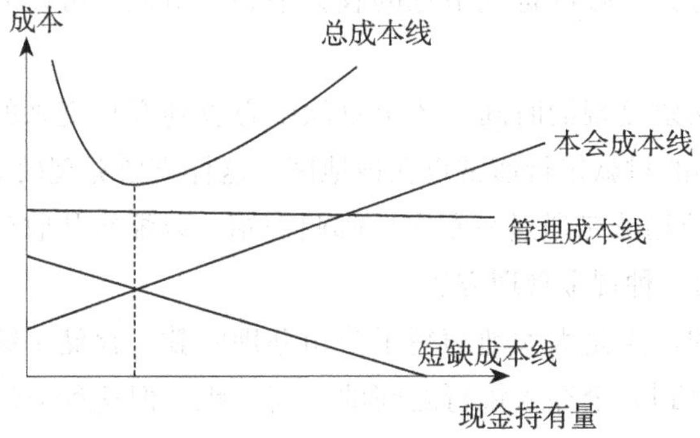

图 5-3　最佳现金持有量

成本分析模型正是运用上述原理确定现金最佳持有量的。在实际工作中运用该模型确定最佳现金持有量的具体步骤为：

① 根据不同现金持有量预测并确定有关成本数值。

② 按照不同现金持有量及其有关成本资料编制最佳持有量测算表。

③ 在测算表中找出总成本最低时的现金持有量，即最佳现金持有量。

3. 现金日常管理

现金预算制后，其发挥作用还有赖于对现金的日常管理。现金日常管理的目的在于加速现金周转速度，提高现金的使用效率。提高现金使用效率途径主要有两种，一是尽量加速收款，二是严格控制现金支出。只有将“开源”与“节流”两者有机地结合起来，才能达到这一目的。

（1）现金的加速收回

为了提高现金的使用效率，加速现金周转，公司应尽量加速收款。公司加速收款的任务不仅是要尽量使顾客早付款，而且要使这些款项转化为公司可支配的现金。现金收款过程的时间取决于公司客户、银行的地理位置以及公司现金收账的效率。为此，应满足以下要求：第一，减少顾客付款的邮寄时间；第二，减少公司收到顾客开来支票兑现之间的时间；第三，加速资金存入自己往来银行的过程。

为达到上述目的，公司可以采取以下措施。

① 集中银行法。集中银行法改变了只在公司总部设立一个收款点的做法，而是在收款比较集中的若干个地方设置收款中心，以加速账款回收的一种方法。其目的是缩短从顾客寄出账款到现金收入企业账户这一过程的时间。

采用集中银行法的主要优点在于以下两点。

第一，可以大大缩减账单的邮寄时间，由于各个收账中心向该地区客户寄发付款账单，客户付款直接邮寄到最近的收款中心，由此，可以大大缩短账单和款项的邮寄时间。

第二，缩短支票兑现的时间。各个收款中心收到客户交来的支票，直接存入当地银行，而支票的付款银行通常也在该地区，这样支票兑现较为方便。

② 锁箱法。锁箱法是通过承租多个邮政信箱，以缩短从收到顾客付款到存入当地银行的时间的一种现金管理方法。

采用锁箱法的优点是大大地缩短了公司办理收款、存储手续的时间，即消除了公司从收到支票到完全存入银行之间的时间差距。但这种方法的主要缺点是成本高。被授权收取邮政信箱货款的银行除了要求相应的补偿性余额外，还要收取办理额外服务的劳务费。因此，企业是否采用这种方法，需视可释放出的资金所产生的效益与因而增加的成本的大小来决定。

（2）现金的延迟支付

① 使用现金浮游量。现金浮游量是指由于公司提高收账效率和延长付款时间所产生的公司账户上的现金余额和银行账户上的公司存款余额之间的差额。从公司开出支票，收票人收到支票并存入银行，至银行将款项划出债务公司账户，中间需要一段时间。此时，公司现金的账面余额与可用余额之间存在着差额，现金在这段时间占用的资金就是现金浮游量。在这段时间里，尽管公司已开出了支票，却仍然可运用活期存款户上的这笔资金。不过，在使用现金浮游量时，一定要控制好使用时间，否则会发生银行的透支。现金浮游的时间包含三个方面：第一是邮寄时间，是收款和付款过程中支票处于邮政系统的时间；第二是处理延迟时间，是支票接受方付款和将支票存入银行设备收款的时间；第三是到账延迟时间，是支票在银行系统内部进行清算所花费的时间。一般来说，公司使用现金浮游量主要取决于两个因素：公司收到客户交来票据时，加速收款能力；公司早开出票据后，延迟付款的能力。

现金浮游量净额由两部分构成：一是有利的浮游量（付款浮游）；二是不利的浮游量（收款浮游）。

有利的现金浮游量是公司作为付款人所产生的支出浮游量，即公司签发票据时间的延迟导致的浮游量。由于公司从签发票据到真正付款分为三个阶段，相应支出浮游也可以分为邮寄浮游、供应商浮游和银行浮游。例如，某公司向异地的供应商付款，签发支票邮寄正常要 2 天，对方收到支票后内部处理及送存银行需要 2 天，银行之间办理结算需要 1 天，则该笔付款支票的浮游天数为 5 天。

不利的现金浮游量：是公司作为收款人所产生的存款浮游量。公司从收到票据到收款分为两个阶段，从而存款浮游也相应划分为处理浮游和银行浮游两部分。例如，某公司收到客户寄来的支票后，内部处理及送存银行需要 1 天，银行之间办理结算需要 1 天，总浮游天数为 2 天，则：

净浮游量 = 支出浮游量 - 存款浮游量 = 公司可用余额 - 账面余额

② 推迟应付款的支付。推迟应付款的支付，是指在不影响自己信誉的前提下，尽可能推迟应付款的支付期，充分运用供货商所提供的信用优惠。如遇公司急需现金，甚至可以放弃供货商的折扣优惠，在信用期最后一天支付款项。当然，放弃折扣的实施还要考虑一些其他因素，权衡之后进行决策。

③ 汇票代替支票。汇票分为商业承兑汇票和银行承兑汇票。与支票不同的是，承兑汇票并不是见票即付。商业承兑汇票由收款人或持票人提交给开票方开户银行收款时，开户银行还必须将它交给签发者予以承兑，而后签发公司才存入资金的支付汇票。银行承兑汇票由收款人或持票人提交给开票方开户银行收款时，需要得到银行方面的承兑才进行付款。这一方式的优点是推迟了公司调入资金支付汇票的实际时间，这样公司就只需在银行中保持较少的现金余额。它的缺点是某些供应商可能并不喜欢用汇票付款，银行也不喜欢处理汇票，它们通常需要耗费更多的人力。这样，同支票相比，银行会收较高的手续费。

④ 争取现金流出与现金流入同步。公司应尽量使现金流出与现金流入同步，这样，就可以降低交易性现金余额，同时可以减少有价证券转换为现金的次数，提高现金的利用效率，节约转换成本。

（四）网络应收账款管理

1. 应收账款管理的目的

当企业在销售产品或提供劳务时同意接受方暂缓交付款项，便形成了企业的应收账款，该款项构成了企业流动资产的一部分。应收账款已经成为企业扩大产品销售量、提高市场占有率从而最终提高企业竞争力的有力工具，它对于企业经营活动的良性发展是十分必要的。实际上这可以认为它是企业为扩大产品销售，增加收益而做的一项投资。应收账款产生的根源是商业信用，因此要加强对信用的管理。

应收账款管理的目的是通过应收账款管理发挥应收账款强化竞争、扩大销售的功能，同时尽可能地降低投资的机会成本、坏账损失与管理成本，最大限度地提高应收账款投资的效益。

2. 信用政策

信用政策也就是应收账款的管理政策，是企业在给客户提供赊销时应遵循的原则、标准、条件、程序和对策等。企业通过制定和执行信用政策，可将应收账款的事后管理转向事前管理。信用政策主要包括信用标准、信用条件和收款政策等。

（1）信用标准

信用标准是客户获得商业信用所具备的最低条件，通常用预期坏账损失率来表示。

制定信用标准，通常是指对客户进行调查了解，对其信用进行评估后确定是否给客户提供赊销，以及提供多少赊销。客户信用标准的确定受多种因素影响，如信用品质、偿付能力、资本、抵押品和经济状况等，即通常所说的“5C”标准。在充分考虑这些因素的情况下，企业可以通过定性分析、定量分析或两者相结合的方法来确定信用标准。

（2）信用条件

信用条件是指企业接受客户信用订单时，在对客户信用等级进行评价的基础上所提出的付款要求，主要包括信用期限、折扣期限和现金折扣。信用期限是企业为客户规定的最长付款时间；折扣期限是企业为客户规定的可享受现金折扣的付款时间；现金折扣是在客户提前付款时给予的优惠。

通过信用分析确立的信用条件随企业经营环境的改变而改变。因此，企业在提供信用条件时必须要进行权衡，即放宽信用条件后，由于销售的扩大而增加的收益必须要高于由于信用条件的放宽而新增的坏账损失，并能够满足企业对应收账款增加部分的投资对收益率的要求。

（3）收账政策

收账政策是指客户违反信用条件，拖欠甚至拒付账款时企业所采取的收账策略与措施。企业如果采取较积极的收账政策，可能会减少应收账款投资及坏账损失，但会增加收账成本；如果采用较为消极的收账政策，则可能会增加应收账款投资及坏账损失，但会减少收账费用。企业在实际工作中，可参照测算信用标准、信用条件的方法来制定收账政策。

3. 网络对应收账款管理的影响

网络技术的产生和发展将对企业的应收账款管理产生一定的影响，特别是会对一些影响信用政策的制定产生较大的影响。具体体现在以下几个方面。

（1）网络技术的产生和发展对客户信用等级评估的影响

客户的信用等级与企业的客户信息管理工作密切相关。没有一个企业的信用等级是常年保持不变的，它总会随着企业的一些条件的变化而变化。在传统条件下，企业很难收集全有关客户的信息，即使收集到信息，它也可能是滞后的，并且收集成本较高，这必然影响到企业对客户的评估。网络环境下，企业就能解决上述问题。利用网络技术，企业可以方便地收集与客户自身有关的信息，如注册资本、业务范围等，也可以收集影响客户生存和发展的一些外部信息，如行业量气度、客户在所处行业中的位置等，同时还可以通过当地工商管理部门和银行等机构获取有关客户诚信状况的信息。这时企业就可以通过所收集的信息对客户进行客观、科学的评估，确定适用于企业自身的信用条件，针对客户的信用等级确定每一位客户的信用警戒线，将客户的信用等级及信用警戒线纳入客户诚信网络资源库进行管理，并随客户信息的更新及时调整客户的信用等级。

（2）网络技术的产生和发展对应收账款具体管理的影响

在商品经济高度发达的现代社会里，商品购销业务往往会在企业销售部门以外的区域发生，这就有可能使得企业财务部门不能及时了解发生在异地的赊销情况，不能满足企业对客户的信息要求。通过网络技术，可以使这一问题得到较好的解决。只要利用网络便可及时将发生的经济业务的详细资料传送给其所归属的销售部门，使相关信息实时更新，动态地反映应收账款的实际情况，这样既方便业务人员与企业联系，又方便企业管理者进行管理与控制，使得管理部门能迅速将工作安排和有关信息发送给各个下属部门。各业务单位每天发生的业务、客户往来情况通过网络技术可准确、自动地汇总到企业的数据库中，从而可实现企业内部数据汇总的自动化。企业还可以随时更新资源库中有关客户的诚信等级。

（3）网络技术的产生和发展对收账成本的影响

企业收账成本的高低主要受企业收账政策的松紧程度的影响。企业对应收账款的催收主要通过与客户之间的沟通来实现，而沟通的具体方式主要以电话与传真等为主。在网络化条件下，企业主要以发送电子邮件或电话的方式进行应收账款的催收，特别是电子邮件的采用可以大大降低企业的收账成本。同时，企业利用网络可以及时跟客户沟通，了解客户应收账款逾期未付的原因，如客户确实是因暂时的经济困难而不得已延缓，则企业可以适当放宽收账政策，避免采取不必要的法律手段，同时也可以留住客户。

（五）网络存货管理

1. 存货管理的目的

为了保证生产或销售的正常进行，并且出于对价格的考虑，企业需要保持一定的存货。存货的增加可以增强企业组织生产、销售活动的机动性，但过多的存货因占用较大的资金，会增加与存货有关的各项开支，这样会导致企业成本上升、利润受损。因此，存货管理的目的就是在充分发挥存货作用的同时降低存货成本，使存货效益和存货成本达到最佳结合，保持最优的存货量。企业在充分发挥存货功能的基础上，应努力控制存货的数量，降低存货成本，加速存货资金的周转。存货的成本主要包括储存成本、订货成本和缺货成本。

（1）储存成本是指企业为持有存货而发生的全部成本，包括仓储费、搬运费、保险费及占用资金支付的利息等，它一般会随着平均存货量的增加而上升。

（2）订货成本是指企业为订购材料、商品而发生的成本，包括采购人员的差旅费、订货手续费、运输费等。订货成本一般与订货的数量无关，而与次数有关。

（3）缺货成本是指企业在存货短缺时产生的生产中断、销售不畅等间接成本。

企业应当在其存货成本与存货效益之间进行权衡，以求得两者之间的最佳均衡点，通过存货决策，可使企业的存货成本达到最小。

2. 网络对存货管理的影响

要想提高企业生产经营效率，必须搞好存货管理。企业存货管理效率的高低直接影响着企业的经济效益。而网络技术的产生和发展将对企业存货成本中的订货成本和缺货成本产生积极影响。

（1）网络技术的产生和发展对订货成本的影响。在传统条件下，企业为了订购材料、商品，通常会通过电话或传真的方式向供应商发出购货意向，一旦供应商有企业需要的材料或商品，企业就会派采购人员直接到供应商单位，了解货物的质量等情况，并且就货物价格与供应商进行协商，如果在价格问题上存在差距，企业就需寻找其他供应商。因此，在传统经济环境下，订货成本是不可避免的，而且寻找符合企业要求的供应商通常会花费很长的一段时间。在网络经济环境下，寻找合适的供应商的时间会大大缩短，并且会使企业的订货成本大幅下降。由于网络技术快捷、方便的特点，企业可轻而易举地寻找到符合要求的供应商，并就价格等问题通过网络技术实时磋商以达到双方满意的结果，如协商不成，又可以快速地寻找下家。因此，通过网络技术，企业能快速订购到符合要求的货物，并大大节约订货成本。

（2）网络技术的产生和发展对缺货成本的影响。企业为了减少缺货成本，通常会设置存货安全储备量，这在降低缺货成本的同时增加了企业储存成本，因此，最优的存货政策就是在这两者之间进行权衡，选择使总成本最低的订货点和安全储备量。在网络化条件下，由于企业可以通过网络技术与货物供应商实时进行联系，因此，在存货达到安全储备量的情况下，企业可以利用网络技术及时向供应商发出提货通知。而供应商也可以通过网络技术向离购货企业最近的办事处或仓库发出供货通知，及时将货物运送给企业。由此，从企业发出提货通知到货物运达企业之间的时间可以大大缩短，时间的缩短又大幅减少了企业的安全储备量，从而降低了企业的缺货成本。

（六）网络流动负债管理

1. 流动负债的概念及特点

流动负债是指需要在一年或者超过一年的一个营业周期内偿还的债务。流动负债又称短期融资，具有成本低、偿还期短的特点。

2. 流动负债分类

流动负债主要包括应付款项、短期借款、应付票据、应付工资、应付税费及应付利润等。

（1）应付账款是指企业因购买材料、商品或接受劳务供应等而发生的债务。

（2）短期借款是指企业借入的期限在一年以下，一般是为维持正常的生产经营所需的资金或是为抵偿某项债务而借入的款项。

（3）应付票据是指由出票人出票，委托付款人在指定日期无条件支付特定的金额给收款人或支票人的票据。

（4）应付工资指企业应付给职工的工资总额，是企业对职工个人的一种负债。

（5）应交税费是指企业根据一定时期内取得的营业收入和实现的利润，按规定向国家交纳的各种税金，应交的税金在尚未缴纳之前暂时停留在企业，形成一项负债。

（6）应付利润是指企业除按税法规定交纳税金外，还必须支付给投资者的利润。投资者应分享所得税后的利润分配。

3. 网络应付账款管理

（1）应付账款管理的目的。

应付账款管理是企业控制资金流出的一个重要环节。企业对应付账款管理的目的是在维护企业信誉前提下延迟付款。拖延款项的支付实质上就等于增加了企业的流动资金，改善了企业的资金流状况，另外还能够获得一定期限内的利息收入。

（2）网络对应付账款管理的影响。

企业通过网络技术可以定期分析应付账款，规定付款程序，采取多种方式（如抵抹账、优先支付有折扣的货款等）定期清理应付账款，对无人追索的款项进行调查。如发现该款项确属不需支付款项，则及时将其转入收入账内。因此，通过网络技术可以简化应付账款管理程序，大大缩短采购周期和降低管理费用。

4. 网络短期借款管理

（1）短期借款管理的目的。

借款利息在企业费用支出中占有一定比例，对企业的现金流影响明显。企业对短期借款进行管理的目的是为了在满足企业近期对资金的需求及维持正常生产经营的前提下，节省利息支出。

（2）网络对短期借款的影响。

借款资金的管理是企业财务管理的一项重要内容。企业可以充分利用网络技术加强合同管理，正确计算利息，编制还贷计划，定期与银行核对借款金额和应付利息，发现问题，及时与银行进行协调。企业还可以通过网络技术合理调度资金，利用借短还长等手段减少财务费用。

第六章　财务报表管理

第一节　财务报表基本分析方法

一、资产负债表

当一个公司在做出一个正确的筹资、投资等理财决策时，必须首先搜集公司的相关资料（这些资料绝大部分由公司的财务报表来提供），分析公司的财务（会计）信息，进而做出正确的决策。

财务报表作为会计核算的最终产品，是对企业经营活动的结构性财务表述。编制公司财务报表的目的是向有关方面（投资者、债权人、政府、银行、税务等）提供能够反映本公司财务状况、经营成果、现金流量和权益变动等的相关信息。

（一）资产负债表的定义、结构和内容

1. 资产负债表的定义

资产负债表是反映企业在某一特定日期（月末、季末或年末）财产状况（资产、负债和所有者权益）的静态报表。也有人将其看成是“某一特定日期会计人员对企业会计价值所拍的一个快照”，它使会计信息使用者对企业某一时点的资产、负债及所有者权益状况一目了然。

编制资产负债表的主要依据和描述的主要内容，是会计学的基本等式：

资产 = 负债 + 所有者权益

资产负债表提供了企业资产、负债和所有者权益的全貌，经营者通过资产负债表反映的经济资源及其分布情况，可以分析企业资产分布是否合理；投资者、债权人通过资产负债表反映的企业资金来源渠道和构成情况，可以分析企业资本结构的合理性，评价企业的短期偿债能力和支付能力；通过对企业前后期资产负债表的对比分析，还可使报表使用者了解企业财务状况的变化情况和变化趋势，

帮助做出合理的预测和决策。

2. 资产负债表的结构和内容

常见的资产负债表结构有报告式和账户式两种。

报告式资产负债表，是将资产负债表的项目自上而下垂直排列，首先列示资产的数额，然后列示负债的数额，之后再列示所有者权益的数额。其结构如表 6-1 所示。

表 6-1　　资产负债表（报告式）（×× 年和 ×× 年）

项目	金额
资产：	
流动资产	***
非流动资产	***
资产合计	***
负债：	
流动负债	***
长期负债	***
负债合计	***
所有者权益：	
实收资本	***
资本公积	***
盈余公积	***
未分配利润	***
所有者权益合计	***

表 6-1 只是一个简表，实际上在资产负债表中的每一资产、负债及所有者权益项目下，都应该详细列示具体科目及其合计数。如流动资产项下还可以列示现金及其等价物、应收账款、存货、其他以及流动资产合计；非流动资产项下还可以列示财产厂房及设备、无形资产及其他资产、非流动资产合计；流动负债项下还可以列示应付账款、应付票据、应计费用及流动负债合计；长期负债项下还可以列示长期债务、递延税款及长期负债合计；所有者权益（又称股东权益）项下还

可以列示优先股、普通股、资本盈余、留存收益及股东权益合计等。

账户式资产负债表分为左右两方，左方列示资产项目，右方列示负债及所有者权益项目，根据会计恒等式的基本原理，左方合计数与右方合计数应相等。一般格式如表 6-2 所示。

表 6-2　　资产负债表（账户式）（×× 年和 ×× 年）

资产	年初数	期末数	负债及所有者权益	年初数	期末数
流动资产			流动负债		
现金及其等价物	***	*****	应付账款	***	*****
应收账款	***	*****	应付票据	***	*****
存货	***	*****	应计费用	***	*****
其他	***	*****	其他	***	*****
流动资产合计	***	*****	流动负债合计	***	*****
固定资产	***	*****	长期负债	***	*****
财产厂房及设备	***	*****	长期借款	***	*****
减：累计折旧	***	*****	递延税款	***	*****
无形资产及其他资产	***	*****	长期应付款	***	*****
其他	***	*****	其他	***	*****
固定资产合计	***	*****	长期负债合计	***	*****
			所有者权益	***	*****
			优先股	***	*****
			普通股	***	*****
			资本盈余	***	*****
			资本公积	***	*****
			留存收益	***	*****
			其他	***	*****
			股东权益合计	***	*****
资产总计	***	*****	负债及所有者权益总计	***	*****

资产负债表主要包括以下三个方面的内容。

（1）资产。资产负债表中的资产是按照资产的流动性顺序：流动资产、长期投资、固定资产、无形资产和其他资产等依次列示。流动资产通常包括：货币资金、短期投资、应收票据、应收股利、应收利息、应收账款、其他应收款、预付账款、应收补贴款、存货、待摊费用、一年内到期的长期债权投资等。

（2）负债。负债一般包括长期负债和流动负债。流动负债主要包括：短期借款、应付票据、应付账款、预收账款、应付工资、应付福利费、应付股利、应交税金、其他应交款、其他应付款、预提费用、预计负债、一年内到期的长期负债等。长期负债主要包括：长期借款、应付债券、长期应付款、专项应付款、其他长期负债等。

（3）所有者权益。所有者权益一般包括资本公积、盈余公积和未分配利润，也分别按照顺序及明细项目依次列示。

（二）资产负债表的分析

1. 资产负债表分析的目的

（1）揭示资产负债表及相关项目的内涵。

（2）了解企业财务状况的变动情况及变动原因。

（3）评价企业会计对企业经营状况的反映程度。

（4）评价企业的会计政策。

（5）修正资产负债表的数据。

2. 资产负债表分析的内容

资产负债表的分析内容主要包括资产负债表水平分析、资产负债表垂直分析以及资产负债表项目分析。

（1）资产负债表水平分析。

① 资产负债表水平分析表的编制。将分析期的资产负债表各项目数值与基期（上年或计划、预算）数进行比较，计算出变动额、变动率以及该项目对资产总额、负债总额和所有者权益总额的影响程度。

② 资产负债表变动情况的分析评价。

从投资或资产角度进行分析评价：分析总资产规模的变动状况以及各类、各项资产的变动状况：发现变动幅度较大或对总资产影响较大的重点类别和重点项目；分析资产变动的合理性与效率性；考察资产规模变动与所有者权益总额变动的适应程度，进而评价企业财务结构的稳定性和安全性；分析会计政策变动的影响。

从筹资或权益角度进行分析评价：分析权益总额的变动状况以及各类、各项筹资的变动状况；发现变动幅度较大或对权益影响较大的重点类别和重点项目；

注意分析评价表外业务的影响。

③ 资产负债表变动原因的分析评价。资产负债表的变动原因，可分为负债变动型、追加投资变动型、经营变动型和股利分配变动型。

负债变动型是指在其他权益项目不变时，由于负债的变化引起资产的变动，如果资产的增长完全是由负债的增加引起的，该企业经营规模扩大了，并不代表企业经营出色。追加投资变动型是指由于投资者追加投资或收回投资所引起的资产变动；资产总额的增长是由于追加投资引起的，并不是企业主观努力经营的结果，因此也很难对其做出良好评价。经营变动型是指由于企业经营原因引起的资产变动：盈余公积和未分配利润的增加导致资产增加，其根本原因是企业当年盈利，才能通过提取盈余公积和留存收益来扩大企业经营规模，这理应给予好的评价。股利分配变动型是指在其他权益项目不变时，由于股利分配原因引起资产发生变动。

（2）资产负债表垂直分析。

① 资产负债表垂直分析表的编制。通过计算资产负债表中各项目占总资产或权益总额的比重，分析评价企业资产结构和权益结构变动的合理程度。

② 资产负债表结构变动情况的分析评价。

关于资产结构的分析评价：从静态角度观察企业资产的配置情况，通过与行业平均水平或可比企业的资产结构比较，评价其合理性；从动态角度分析资产结构的变动情况，对资产的稳定性做出评价。

关于资本结构的分析评价：从静态角度观察资本的构成，结合企业盈利能力和经营风险，评价其合理性；从动态角度分析资本结构的变动情况，分析其对股东收益产生的影响。

③ 资产结构、负债结构、股东权益结构的具体分析评价。

关于资产结构的具体分析评价：经营资产与非经营资产的比例关系；固定资产和流动资产的比例关系——适中型、保守型、激进型。流动资产的内部结构与同行业平均水平或财务计划确定的目标为标准。

关于负债结构的具体分析评价：负债结构分析应考虑的因素包括负债结构与负债规模；负债结构与负债成本；负债结构与债务偿还期限；负债结构与财务风险；负债结构与经济环境；负债结构与筹资政策。典型负债结构分析评价包括负债期限结构分析评价；负债方式结构分析评价；负债成本结构分析评价。

关于权益结构的具体分析评价：股东权益结构分析应考虑的因素包括股东权益结构与股东权益总量；股东权益结构与企业利润分配政策；股东权益结构与企

业控制权；股东权益结构与权益资本成本；股东权益结构与经济环境。股东权益结构分析评价。

④ 资产结构与资本结构适应程度的分析评价。

保守性结构指企业全部资产的资金来源都是长期资本。即所有者权益和非流动负债。优点：风险较低。缺点：资本成本较高；筹资结构弹性较弱。适用范围：很少被企业采用。

稳健型结构指非流动资产依靠长期资金解决。流动资产需要长期资金和短期资金共同解决。优点：风险较小，负债资本相对较低，并具有一定的弹性。适用范围：大部分企业。

平衡型结构指非流动资产用长期资金满足，流动资产用流动负债满足。优点：当二者适应时，企业风险较小，且资本成本较低。缺点：当二者不适应时，可能使企业陷入财务危机。适用范围：经营状况良好，流动资产与流动负债内部结构相互适应的企业。

风险型结构指流动负债不仅用于满足流动资产的资金需要，且用于满足部分非流动资产的资金需要。优点：资本成本最低。缺点：财务风险较大。适用范围：企业资产流动性很好且经营现金流量较充足。

（3）资产负债表项目分析

① 主要资产项目分析

货币资金。分析货币资金发生变动的原因，销售规模变动，信用政策变动，为大笔现金支出做准备。分析货币资金规模及变动情况，货币资金比重及变动情况是否合理，结合以下因素：货币资金的目标持有量、资产规模与业务量、企业融资能力、企业运用货币资金的能力、行业特点。

应收款项。分析应收账款的规模及变动情况；分析会计政策变更和会计估计变更的影响；分析企业是否利用应收账款进行利润调节；关注企业是否有应收账款额冲销行为。

其他应收款。分析其他应收款的规模及变动情况；其他应收款包括的内容；关联方其他应收款余额及账龄；是否存在违规拆借资金；分析会计政策变更对其他应收款的影响。

坏账准备。分析坏账准备的提取方法、提取比例是否合理；比较企业前后会计期间坏账准备提取方法、提取比例是否改变；区别坏账准备提取数变动的原因。

存货。存货构成：存货规模与变动情况分析；存货结构与变动情况分析。

存货计价，分析企业对存货计价方法的选择与变更是否合理；分析存货的盘存制度对确认存货数量和价值的影响；分析期末存货价值的计价原则对存货项目的影响。

固定资产。固定资产规模与变动情况分析；固定资产原值变动情况分析；固定资产净值变动情况分析。

固定资产结构与变动情况分析：分析生产用固定资产与非生产用固定资产之间的比例的变化情况，考察未使用和不需用固定资产比率的变化情况，查明企业在处置闲置固定资产方面的工作是否具有效率；结合企业的生产技术特点，分析生产用固定资产内部结构是否合理。

固定资产折旧分析：分析企业固定资产折旧方法的合理性；观察固定资产折旧政策是否前后一致；分析企业固定资产预计使用年限和预计净残值确定的合理性。

固定资产减值准备分析：固定资产减值准备变动对固定资产的影响；固定资产可收回金额的确定；固定资产发生减值对生产经营的影响。

② 主要负债项目变动情况分析。

短期借款。短期借款变动原因：流动资金需要；节约利息支出；调整负债结构和财务风险；增加企业资金弹性。

应付账款及应付票据。变动原因：销售规模的变动；充分利用无成本资金；供货方商业信用政策的变动；企业资金的充裕程度。

应交税费和应付股利。主要分析：有无拖欠税款现象；对企业支付能力的影响。

其他应付款。分析重点：其他应付款规模与变动是否正常；是否存在企业长期占用关联方企业的现象。

长期借款。影响长期借款变动的因素有：银行信贷政策及资金市场的供求情况；企业长期资金需要；保持权益结构稳定性；调整负债结构和财务风险。

或有负债及其分析。通过会计报表附注，披露或有负债形成的原因、性质、可能性及对报告期后公司财务状况、经营成果和现金流量的可能影响。

二、利润表

利润表是反映企业在一定期间经营成果的财务报表。在利润表上，要反映企业在一个会计期间所有的收入和所有的费用，并求出报告期的利润额。通过利润表，可以了解企业利润（或亏损）的形成情况，分析、考核企业的经营目标及利润计划的执行结果，分析企业利润增减变动的原因：通过利润表提供的不同时期的比较数字（本月数、本年累计数、上年数），可以评价企业的经营成果和投资效率，分析企业的获利能力以及未来一定时期内的盈利趋势。

（一）利润表的结构和内容

利润表的结构有单步式和多步式两种，我国企业的利润表一般采用多步式。下面主要介绍多步式。

多步式利润表采用上下加减的报告式结构，并根据各行业生产经营的特点，分为多个步骤计算经营成果。其步骤和内容如下。

第一步，确定主营业务利润。即以主营业务收入为基础，减去主营业务成本、主营业务税金及附加，计算出主营业务利润。

第二步，确定营业利润。即以主营业务利润为基础，加上其他业务利润，减去存货跌价损失、营业费用、管理费用和财务费用，计算出营业利润。

第三步，确定利润总额。即以营业利润为基础，加上投资收益、补贴收入营业外收入，减去营业外支出，计算出利润总额。

第四步，确定净利润。即以利润总额为基础，减去所得税，计算出净利润（或亏损）。利润表的各项目都是根据有关账户的实际发生额填列的。

（二）利润表的分析

1. 利润表分析的目的

（1）能了解企业利润的构成及主要来源。

（2）能了解成本支出数额及成本支出的构成。

（3）能了解企业收益水平。

2. 利润表分析的类型

（1）总体分析，分析企业的盈利状况和变化趋势。

（2）结构分析，通过利润构成的结构分析，分析企业持续产生盈利的能力，利润形成的合理性。

（3）财务比率分析，利用财务比率指标分析。

（4）项目分析，对企业经营成果产生较大影响的项目和变化幅度较大的项目进行具体分析。主要的项目有营业收入、营业成本、销售费用、管理费用、财务费用、投资收益、所得税费用等。

对利润表进行分析，主要从以下两方面入手。

1. 收入项目分析。公司通过销售产品、提供劳务取得各项营业收入，也可以将资源提供给他人使用，获取租金与利息等营业外收入。收入的增加，则意味着公司资产的增加或负债的减少。记入收入账的包括当期收讫的现金收入，应收票据或应收账款，以实际收到的金额或账面价值入账。

2. 费用项目分析。费用是收入的扣除，费用的确认、扣除正确与否直接关系到公司的盈利。所以分析费用项目时，应首先注意费用包含的内容是否适当，确认费用应贯彻权责发生制原则、历史成本原则、划分收益性支出与资本性支出的原则等；其次，要对成本费用的结构与变动趋势进行分析，分析各项费用占营业收入百分比，分析费用结构是否合理，对不合理的费用要查明原因。同时对费用的各个项目进行分析，看看各个项目的增减变动趋势，以此判定公司的管理水平和财务状况，预测公司的发展前景。对于财务主管而言，确定成本与变动成本之间的区别很重要。这有助于区分影响成本变动的主要因素，有利于提高成本管理水平和决策水平。

三、现金流量表

（一）基本概念

1. 现金

现金是指企业的库存现金以及可以随时用于支付的存款。

会计上所说的现金通常指企业的库存现金。而现金流量表中的“现金”不仅包括“现金”账户核算的库存现金，还包括企业“银行存款”账户核算的存入金融企业、随时可以用于支付的存款，也包括“其他货币资金”账户核算的外埠存款、银行汇票存款、银行本票存款和在途货币资金等其他货币资金。应注意的是，银行存款和其他货币资金中有些不能随时用于支付的存款。如不能随时支取的定期存款等，不应作为现金，而应列作投资；提前通知金融企业便可支取的定期存款，则应包括在现金范围内。

2. 现金等价物

现金等价物是指企业持有的期限短、流动性强、易于转换为已知金额现金、价值变动风险很小的投资。现金等价物虽然不是现金，但其支付能力与现金的差别不大，可视为现金。如企业为保证支付能力，手持必要的现金，为了不使现金闲置，可以购买短期债券。在需要现金时，随时可以变现。

一项投资被确认为现金等价物必须同时具备四个条件：期限短、流动性强、易于转换为已知金额现金、价值变动风险很小。其中，期限短一般是指从购买日起，3 个月内到期。例如，可在证券市场上流通的 3 个月内到期的短期债券投资等。

（二）现金流量表的结构和内容

现金流量表是反映企业一定时期内现金的流入、流出及其增减变化的报表。

现金流量的内容包括三类，即经营活动产生的现金流量、投资活动产生的现金流量、筹资活动产生的现金流量。

1. 经营活动产生的现金流量

（1）销售商品、提供劳务收到的现金。当期销售货款或提供劳务收到的现金可用如下公式计算得出：

销售商品、提供劳务收到的现金

=当期销售商品或提供劳务收到的现金收入+当期收到前期的应收账款+当期收到前期的应收票据+当期的预收账款－当期因销售退回而支付的现金+当期收回前期核销的坏账损失

（2）收到的租金。本项目反映企业收到的经营租赁的租金收入。

（3）收到的增值税销项税额和退回的增值税款。

（4）收到的除增值税以外的其他税费返还。

（5）购买商品、接受劳务支付的现金。企业当期购买商品、接受劳务支付的现金可通过以下公式计算得出：

购买商品、接受劳务支付的现金

=当期购买商品、接受劳务支付的现金+当期支付前期的应付账款+当期支付前期的应付票据+当期预付的账款－当期因购货退回收到的现金

（6）经营租赁所支付的现金、支付给职工以及为职工支付的现金。本项目反映企业以现金方式支付给职工的工资和为职工支付的其他现金。

（7）支付的增值税款。

（8）支付的所得税款。

（9）支付的除增值税、所得税以外的其他税费。

（10）支付的其他与经营活动有关的现金。

除上述主要项目外，企业还有一些项目，如管理费用等现金支出，可在“支付的其他与经营活动有关的现金”项目中反映。

2. 投资活动产生的现金流量

（1）收回投资所收到的现金。

（2）分得股利或利润所收到的现金。

（3）取得债券利息收入所收到的现金。本项目反映企业债券投资所取得的现金利息收入，包括在现金等价物范围内的债券投资，其利息收入也应在本项目中反映。

（4）处置固定资产、无形资产和其他长期资产而收到的现金净额。本项目反映出售固定资产、无形资产和其他长期资产所取得的现金扣除为出售这些资产而支付的有关费用后的净额，还包括固定资产报废、毁损的变价收益以及遭受灾害

而收到的保险赔偿收入等。

（5）购建固定资产、无形资产和其他长期资产所支付的现金。

（6）权益性投资所支付的现金。

（7）债权性投资所支付的现金。

（8）其他与投资活动有关的现金收入与支出。

3. 筹资活动产生的现金流量

（1）吸收权益性投资所收到的现金。本项目反映企业通过发行股票等方式筹集资本所收到的现金。其中，股份有限公司公开募集股份，须委托金融企业进行公开发行。由金融企业直接支付的手续费、宣传费、咨询费、印刷费等费用，从发行股票取得的现金收入中扣除，以净额列示。

（2）发行债券所收到的现金。本项目反映企业发行债券等筹集资金收到的现金，以发行债券实际收到的现金列示。委托金融企业发行债券所花费的费用，应与发行股票所花费的费用一样处理，即发行债券取得的现金，应以扣除代理发行公司代付费用后的净额列示。

（3）借款收到的现金。

（4）偿还债务所支付的现金。

（5）发生筹资费用所支付的现金。本项目反映企业为发行股票、债券或向金融企业借款等筹资活动发生的各种费用，如咨询费、公证费、印刷费等。这里所说的现金支出是指资金到达企业之前发生的前期费用，不包括利息支出和股利支出。前述委托金融企业发行股票或债券而由金融企业代付的费用，应在筹资款项中抵扣，不包括在本项目内。

（6）分配股利或利润所支付的现金。

（7）偿付利息所支付的现金。

（8）融资租赁所支付的现金。

（9）减少注册资本所支付的现金。企业由于经营状况发生变化，如发生重大亏损短期内无力弥补或缩小经营规模等，企业经向有关部门申请可依法减资。因缩小经营规模而由股东抽回资本所发生的现金支出，在本项目反映。

（10）与筹资活动有关的其他现金收入与支出。

现金流量表的结构包括现金流量表正表和补充资料两部分。

现金流量表正表部分以“现金流入－现金流出＝现金流量净额”为基础，采取多步式，分项报告企业经营活动、投资活动和筹资活动产生的现金流入量和流出量。

现金流量表补充资料部分又细分为三部分：第一部分是不涉及现金收支的投

资和筹资活动；第二部分是将净利润调节为经营活动的现金流量，即所谓现金流量表编制的净额法；第三部分是现金及现金等价物的净增加情况。

（三）现金流量表的分析

财务人员在分析现金流量表时，主要应注意该表所反映出的以下经济信息。

1. 现金流量表能够说明企业一定期间内现金流入和流出的原因。例如，企业当期从银行借入 1000 万元，偿还银行利息 6 万元，在现金流量表的筹资活动产生的现金流量中分别反映借款 1000 万元，支付利息 6 万元。这些信息是资产负债表和利润表所不能提供的。

2. 现金流量表能够说明企业的偿债能力和支付股利的能力。通常情况下，报表阅读者比较关注企业的盈利情况，并且往往以获利的多少作为衡量标准，企业获利的多少在一定程度上表明了企业具有一定的现金支付能力。但是，企业一定期间内获得的利润并不代表企业真正具有偿债能力或支付能力。在某些情况下，虽然企业利润表上反映的经营业绩很可观，但财务困难，不能偿还到期债务；还有些企业虽然利润表上反映的经营成果并不可观，但却有足够的偿付能力。产生这种情况有诸多原因，其中会计核算采用的权责发生制、配比原则等所含的估计因素也是其主要原因之一。现金流量表完全以现金的收支为基础。消除了由于会计核算采用的估计等所产生的获利能力和支付能力。通过现金流量表能够了解企业现金流入的构成，分析企业偿债和支付股利的能力，增强投资者的投资信心和债权人收回债权的信心。

3. 现金流量表能够分析企业未来获取现金的能力。现金流量表中的经营活动产生的现金流代表企业运用其经济资源创造现金流量的能力，便于分析一定期间内产生的净利润与经营活动产生现金流量的差异；投资活动产生的现金流量，代表企业运用资金产生现金流量的能力；筹资活动产生的现金流量，代表企业筹资获得现金的能力。通过现金流量表及其他财务信息，可以分析企业未来获取或支付现金的能力。例如，企业通过银行借款筹得资金，从本期现金流量表中反映为现金流入，但却意味着未来偿还借款时要流出现金。又如，本期应收未收的款项，在本期现金流量表中虽然没有反映为现金的流入，却意味着未来将会有现金流入。

4. 现金流量表能够分析企业投资和理财活动对经营成果和财务状况的影响。资产负债表能够反映企业一定日期的财务状况，它所提供的是静态的财务信息，并不能反映财务状况变动的原因，也不能表明这些资产、负债给企业带来多少现金，又用去多少现金；利润表虽然反映企业一定期间的经营成果，提供动态的财务信息，但利润表只能反映利润的构成，也不能反映经营活动、投资和筹资活动给企业带来多少现金，又支付多少现金，而且利润表不能反映投资和筹资活动的全部事项。现金流量表提供一定时期现金流入和流出的动态财务信息，表明企业在报告期内由经营活动、投资和筹资活动所获得的现金，企业获得的这些现金是如何运用的，说明资产、负债及净资产的变动原因，可以对资产负债表和利润表起到补充说明的作用，是联系资产负债表和利润表的桥梁。

5. 现金流量表能够提供不涉及现金的投资和筹资活动的信息。现金流量表除了反映企业与现金有关的投资和筹资活动外，还通过附注方式提供不涉及现金的投资和筹资活动方面的信息，使会计报表使用者能够全面了解和分析企业的投资和筹资活动。值得注意的是，虽然通过对现金流量表的分析能够给广大报表使用者提供大量有关企业财务方面尤其是关于企业现金流动方面的信息，但这并不意味着对现金流量表进行分析就能够替代对其他会计报表的分析，现金流量表分析只是企业财务分析的一个方面。而且，同任何分析一样，现金流量表分析也有其局限性。

四、所有者权益变动表

（一）所有者权益变动表含义和内容

所有者权益变动表是反映公司本期（年度或中期）内至截至期末所有者权益变动情况的报表。其中，所有者权益变动表应当全面反映一定时期所有者权益变动的情况。所有者权益变动表一般应该反映以下事项。

1. 所有者权益总量的增减变动。

2. 所有者权益增减变动的重要结构性信息。

3. 直接计入所有者权益的利得和损失。

在所有者权益变动表中，企业还应当单独列示下列信息。

1. 净利润。

2. 直接计入所有者权益的利得和损失项目及其总额。

3. 会计政策变更和差错更正的累积影响金额。

4. 所有者投入资本和向所有者分配利润等。

5. 提取的盈余公积。

6. 实收资本或股本、资本公积、盈余公积、未分配利润的期初和期末余额及其调节。其中，反映“直接计入所有者权益的得利和损失”即为其他综合收益项目。

所有者权益变动表以矩阵的形式列示：一方面，列示导致所有者权益变动的交易或事项，即所有者权益变动的来源，对一定时期所有者权益的变动情况进行全面反映；另一方面，按照所有者权益各组成部分（即实收资本、资本公积、盈余公积、未分配利润和库存股）列示交易或事项对所有者权益各部分的影响。

（二）所有者权益变动表的分析

1. 所有者权益变动表分析的目的

所有者权益变动表分析，是通过所有者权益的来源及其变动情况，了解会计期间内影响所有者权益增减变动的具体原因，判断构成所有者权益各个项目变动的合法性与合理性，为报表使用者提供较为真实的所有者权益总额及其变动信息。

具体而言：

（1）通过分析，可以清晰体现会计期间构成所有者权益各个项目的变动规模与结构。

（2）通过分析，可以进一步从全面收益角度报告更全面、更有用的财务业绩信息，以满足报表使用者投资、信贷及其他经济决策的需要。

（3）通过分析，可以反映会计政策变更的合理性。反映会计差错更正的幅度。具体报告由于会计政策变更和会计差错更正对所有者权益的影响数额。

（4）通过分析，可以反映由于股权分置、股东分配政策、再筹资方案等财务政策对所有者权益的影响。

2. 所有者权益变动表分析的内容

（1）所有者权益变动表的水平分析。所有者权益变动表的水平分析是将所有者权益各个项目的本期数与基准进行对比可以是上期数等，揭示公司当期所有者权益各个项目的水平及其变动情况，解决公司净资产的变动原因，借以进行相关决策的过程。

（2）所有者权益变动表的垂直分析。所有者权益变动表的垂直分析是将所有者权益各个子项目变动占所有者权益变动的比重予以计算，进行分析评价，揭示公司当期所有者权益各个项目的比重及其变动情况，解释公司净资产构成的变动原因，借以进行相关决策的过程。

（3）所有者权益变动表的主要项目分析。所有者权益变动表的主要项目分析，是将组成所有者权益主要项目进行具体剖析对比，分析其变动成因、合理合法性、有否人为操控的迹象等等项的过程。

净利润与所有者权益变动额之关系（从上到下）：

净利润

+ 直接计入所有者权益的利得

– 直接计入所有者权益的损失

+ 会计政策和会计差错更正的累积影响

+ 股东投入资本

– 向股东分配利润

－提取盈余公积

＝本期所有者权益变动额

（4）管理层相关决策对所有者权益影响的分析。如对派现与送股股利政策的分析。派现与送股对公司所有者权益影响派现会导致公司现金流出，减少公司的资产和所有者权益规模，降低公司内部筹资的总量，既影响所有者权益内部结构，也影响整体资本结构。送股是一种比较特殊的股利形式，它不直接增加股东的财富，不会导致企业资产的流出或负债的增加，不影响公司的资产、负债及所有者权益总额的变化，所影响的只是所有者权益内部有关各项目及其结构的变化，即将未分配利润转为股本（面值）或资本公积（超面值溢价）。

五、财务报表分析

（一）四张财务报表之间的关系

四张财务报表的数字并不是孤立存在的，它们之间存在着内在逻辑联系或生成关系。例如：资产负债表中期末“未分配利润”损益表中“净利润”＋资产负债表中“未分配利润”的期初数。

资产负债表中期末“应缴税费”＝应缴增值税（按损益表计算本期应缴增值税）＋应缴城建税教育附加（按损益表计算本期应缴各项税费）＋应缴所得税（按损益表计算本期应缴所得税）。这几项还必须与现金流量表中支付的各项税费项目相等。

现金流量表中的“现金及现金等价物净额”＝资产负债表中“货币资金”期末金额－期初金额等。下面通过图 6-1 表示四张财务报表之间的基本关系。

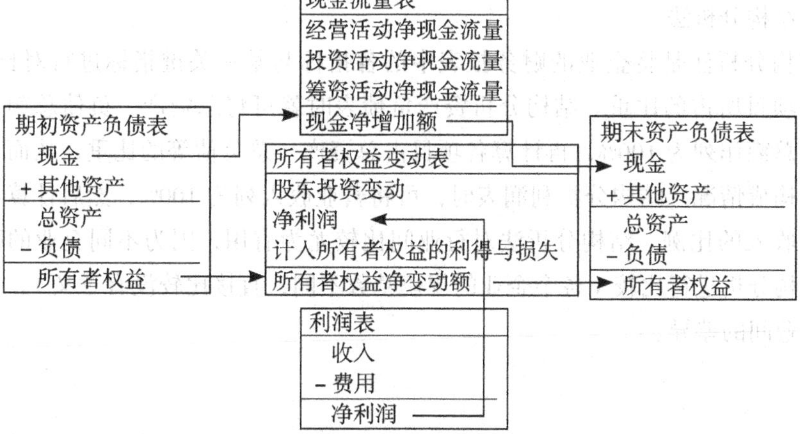

图 6-1 四张财务报表之间的基本关系

（二）比较分析法

比较分析方法是通过对财务报表的各项指标进行比较，来分析判断企业财务状况和经营成果及其变化情况，并据以预测未来趋势的方法。比较分析方法可分为绝对数比较和相对数比较。

绝对数比较是将一个企业连续数期的资产负债表或利润表排列在一起并设增减栏，列示增减金额（以某年的数据作为基数，也可以分别以前一年作为基数）。通过绝对数比较就可以分析出报告期与基期各指标的绝对变化。

相对数比较是通过对比各指标之间的比例关系和在整体中所占的相对比重来揭示企业财务状况和经营成果。这种分析方法是将某一关键指标的金额作为比较标准。将其余指标与标准指标进行计算比较百分比，然后将几年的百分比进行比较，分析其未来的变化发展趋势。

比较分析法包括趋势分析法和结构分析法。

1. 趋势分析法

趋势分析法是将同一企业不同时期或同行业不同企业的各财务指标进行对比分析，来判断企业的经营成果和财务状况发展趋势的分析方法。

趋势分析法又可分为纵向比较和横向比较。纵向比较是将同一企业连续数期的各财务指标进行比较，以基期为标准来判断分析企业的财务状况和经营成果等。横向比较是同行业的不同企业之间进行各指标比较，首先要确定各指标的标准水平，可以是行业的平均水平，也可以是行业的最佳水平，然后将目标企业的指标与标准指标进行比较分析，比较企业与其他同行业企业进行比较，可以准确反映企业在该行业的地位，了解该企业在各指标的优势和劣势。

2. 结构分析法

结构分析法是将企业的财务报表中的各指标与某一关键指标进行对比分析，分析各项目所占的比重。结构分析资产负债表时就可将总资产、负债总额、所有者权益总额作列为100%，再计算各项目占总资产、总负债等的比重，从而了解各项目的构成情况。结构分析利润表时，可将营业收入列为100%，然后计算各费用占营业收入的比例。结构分析法对行业间比较尤为有用，因为不同企业的财务报表用结构分析进行比较（各个企业的规模基数不同，直接比较没有意义），才能反映出企业间的差异。

第二节　财务比率与现金流量

一、财务比率分析

财务比率分析法是利用财务报表提供的信息，对财务报表信息进行重新加工、处理、识别。主要从以下五个方面来分析企业的财务业绩。

1. 短期偿债能力——企业偿付短期债务的能力。

2. 营运能力——企业运营资产时能力。

3. 长期偿债能力——企业对债务融资的依赖程度。

4. 盈利能力——企业的盈利水平。

5. 价值——企业的价值。

企业的管理当局经常要评价企业的经营状况，而财务报表并没有直接给出以上五个方面指标的答案。尽管如此，财务报表提供了有用的信息。下面简要介绍主要财务比率分析。

（一）短期偿债能力

短期偿债能力比率衡量企业承担经常性财务负担（即偿还流动负债）的能力。企业若有足够的现金流量，就不会造成债务违约，可避免陷入财务困境。衡量会计流动性时最常用的指标是流动比率和速动比率。

流动比率可以反映短期偿债能力。一般认为，生产企业合理的最低流动比率是 2。影响流动比率的主要因素一般认为是营业周期、流动资产中的应收账款数额和存货周转速度。

流动比率 = 流动资产 / 流动负债

速动资产意味着能够快速变现的资产。而存货由于种种原因变现能力较差，通常被认为是流动性最差的资产。因此把存货从流动资产中减去后得到的速动比率反映的短期偿债能力更令人信服。一般认为，企业合理的最低速动比率是 1。但是，行业对速动比率的影响较大。比如，商店几乎没有应收账款比率会大大低于 1。影响速动比率的可信度的重要因素是应收账款的变现能力。

速动比率 = 速动资产 / 流动负债 =（流动资产 − 存货）/ 流动负债

（二）营运能力

营运能力比率用来衡量企业对资产的管理是否有效。企业在资产上的投资水平取决于诸多因素。衡量企业在资产上的投资水平的一个逻辑起点就是将资产与当年的销售收入相比得出周转率，以便了解企业运用资产创造销售收入的有效程度。一般包括总资产周转率、应收账款周转率、存货周转率等。

总资产周转率 = 销售收入总额 / 平均资产总额

总资产周转率用来表示企业对总资产的运用是否有效。若资产周转率高，说明企业能有效地运用资产创造收入；若资产周转率低，则说明企业没有充分利用资产的效能，因而必须高销售额或削减部分资产。这一指标的行业差异非常大。

应收账款周转率和平均收账期提供了有关企业应收账款管理方面的信息。这些比率的实际意义在于它们反映了企业的信用政策。如果企业的信用政策较宽松，其应收账款额就会较高。在判断企业应收账款的账龄是否过长时，财务分析人员常用的一条经验是，应收账款的平均收账期应不超过企业信用条件所允许的付款期 10 天。

应收账款周转率 = 销售收入总额 / 平均应收账款余额

平均收账期 = 360 天 / 应收账款周转率

存货周转率等于产品销售成本除以平均存货。因为存货是按历史成本记录的，所以必须根据产品的销售成本而不是销售收入（销售收入中含有销售毛利，与存货不相匹配）来计算。用一年的天数除以存货周转率可得到存货周转天数，存货周转天数是指从存货的购买到销售所用的天数，在零售与批发商业企业被称为"存货周期"。

存货周转率 = 产品销售成本 / 平均存货

存货周转率衡量了存货生产及销售的速度，它主要受产品制造技术的影响。另外，存货周转率还与产成品的耐腐蚀性有关。存货周转天数大幅度增加，可能表明企业存在大量未销的产成品，或企业的产品组合中生产周期较长的产品变得更多。

存货周转天数 =360 天 / 存货周转率

存货的估价方法对周转率的计算有实质性影响，财务分析人员应关注不同的存货估价方法以及这些方法是如何影响存货周转率的。

（三）财务杠杆

财务杠杆与企业债务融资和权益融资的多少有关。财务杠杆可以作为一种工具来衡量企业在债务合同上违约的可能性。企业的债务越多，其不能履行债务责任的可能性越大。换句话说，过多的债务将很可能导致企业丧失清偿能力，陷入财务困境。

从好的方面来看，债务又是一种重要的筹资方式，并因其利息可在税前扣减而具有节税的好处，企业运用债务融资可能会造成债权人与权益投资者之间的矛盾，债权人希望企业投资于风险较低的项目，而权益投资则偏好冒风险的行为。

负债比率又称为资产负债率，它反映了企业负债在总资产中的比重，即负债总水平。在一定意义上，它既反映企业运用财务杠杆的能力，也反映了企业的偿债能力和资产质量。显然，负债水平过高或过低，对企业来说可能都不是好事。企业应结合自己的发展战略、经营目标、经营状况、资金需求以及资金成本等确定合理的负债规模。

负债比率＝总负债／总资产

负债权益比率又称为产权比率，而权益乘数又称为权益倍数。它们反映了在企业资产中由债权人提供的资产与股东提供的资产之间的对比关系，也反映了企业对债权人权益的保障程度，是衡量企业长期偿债能力的另一个重要指标。

负债权益比＝总负债／总权益

权益乘数＝总资产／总权益

利息保障倍数等于利润（息税前）除以利息。这一比率着重反映企业所赚取的利润对利息费用的偿付能力。

利息保障倍数＝息税前利润／利息费用

确保利息费用的支付是企业避免破产而力所必求的，利息保障倍数直接反映企业支付利息的能力。计算该比率时若从其中减去折旧，在分母中加上其他财务费用（如本金支付和租赁费支付），计算结果将更具现实意义。

（四）盈利能力

企业的盈利能力很难加以定义和衡量，没有一种方法能告诉我们根据某一单一指标就可以明确地判断企业是否具有较强的营利性。

用会计方法衡量企业盈利能力存在的一个最大的概念性问题是没能给出一个用于比较的尺度。从经济意义上来看，只有当企业的盈利率大于投资者自己能够从资本市场上赚取的盈利利率时，才能说企业具有较强的盈利能力，而会计衡量方法无法做出这种比较。用来衡量盈利能力的会计比率主要有以下几种。

销售净利率是指企业实现的净利润与销售收入的比率，用来衡量企业在一定时期的销售收入获取利润的能力。

销售净利润率＝净利润／总销售收入

资产收益率是衡量企业管理绩效的一个常见指标，是利润与平均总资产的比率，包括税前的（资产净收益率）和税后的（资产总收益率）。

资产净收益率＝净利润／平均总资产

资产总收益率＝息税前利润／平均总资产

净资产收益率是反映企业盈利能力的一个公认指标。

净资产收益率 = 净利润 / 平均净资产

（五）可持续增长率

财务分析中一个非常重要的比率是可持续增长率，这是企业在不提高财务杠杆的情况下所能达到的最高增长率。可持续增长的价值可按以下公式计算。

可持续增长率 = 净资产收益率 × 留存收益比率

（六）市场价值比率

普通股股票的每股市场价格是买卖双方在进行股票交易时确定的。上市公司普通股权益的市场价值 = 普通股每股市场价格 × 发行在外的股数。反映公司市场价值的指标有市盈率、股利支付率、市值与账面价值比以及托宾 Q 比率等。

市盈率一方面反映了股票价格与价值的背离程度，又在一定程度上反映了股票在市场上的供给与需求情况（即所谓的冷与热）。因此，常用来反映股票市场上某家公司股票价值被高估或低估。在新股发行的时候，也常用来对新股进行估值。但市盈率究竟多少是适合的并没有一个统一的标准。

市盈率 = 每股市价 / 每股净利润

股利支付率是企业当期（年度）支付的每股现金股利除以每股净利润。

股利支付率 = 每股现金股利 / 每股净利润

股利支付率与市场对企业未来前景的预期有关，有好的增长前景的企业股利收益率一般较低。

市值与账面价值比简称市值面值比，又称为资产倍率。

市值与账面价值比（M/B）= 每股市场价格 / 每股账面价值

托宾 Q 比率与 M/B 相类似，在托宾 Q 比率的计算中，用企业负债的市场价值和权益的市场价值之和代替了 M/B 比率计算公式中的企业资产的市场价值。

$T\text{-}Q$= 企业（负债加权益的）市场价值 / 企业的重置价值

托宾 Q 比率与 M/B 比率的差异在于，托宾 Q 比率用的是债务的市场价值加权益的市场价值，并用全部资产的价值代替了历史成本。

显然，（1）当 $Q<1$ 时，即企业市价小于企业重置价值（又称重置成本），经营者将倾向于通过收购来建立企业，从而实现企业扩张。企业不会购买新的投资品，因此投资支出会降低。（2）当 $Q>1$ 时，企业市价高于企业的重置价值成本，企业发行较少的股票而买到较多的投资品，投资支出会增加。（3）当 $Q=1$ 时，企业投资和资本成本达到某种动态均衡。托宾 Q 比率事实上就是股票市场对企业资产价值与生产这些资产的成本的比值进行估算。Q 值高意味着有较高的产业投资收益率，此时企业发行的股票市场价值大于资本的重置成本，企业有强烈地进入资本市场变现套利动机；当Q值较大时，企业会选择将金融资本转换为产业资本；而当Q值较小时，企业会将产业资本转换成金融资本，即继续持有股票或选择增持股票。总之，托宾Q比率高的企业一般有着诱人的投资机会或显著的竞争优势。

以上简要的讨论表明，会计报表提供了有关企业价值的重要信息，财务分析人员和管理者应当博得如何通过对财务报表数据的重新整理来最大限度地获取有用的信息。特别需要指出的是，财务比率概括地反映了企业的流动性、营运能力、财务杠杆及盈利能力，并尽可能地利用市场价值。在分析和解释财务报表时，还应谨记以下两点。

1. 用净资产收益率等衡量营利性的指标来反映企业绩效时，存在一些潜在的缺陷，即未考虑风险和现金流量的时间性。

2. 各财务比率之间是相互联系的。例如，净资产收益率是由销售利润率、资产周转率和财务杠杆三个方面决定的。

二、现金流量

（一）现金流量的定义

现金流量是指由于一项投资方案所引起的在未来一定时期内现金流入量和现金流出量的总称。其中，现金收入称为现金流入量，现金支出称为现金流出量，二者的差额称为现金净流量或净现金流量。

一般情况下，投资决策中的现金流通常是指现金净流量。而现金流中的现金既可以是各种货币形式，如库存现金、支票、银行存款等，也可以是投资方案所需投入或收回的非货币资产的变现价值或重置成本，如项目所需的厂房、机器设备等。

（二）现金流量的构成

投资方案的现金流量通常包括现金流入量和现金流出量两部分，两部分的差额称为现金净流量或净现金流量（NCF）。

1. 现金流出量

现金流出量是指由于实施某一投资项目而发生的相关现金支出量，具体包括以下项目。

（1）项目的直接投资支出。是指为使项目形成生产能力而发生的各种现金支出，包括固定资产的建造、购入、运输、安装、调试等方面的支出。直接投资支出可能是一次性的，也可能在项目建设中分期支出。

（2）垫付的营运资金。是指投资项目开始运营并形成生产能力后，需要在流动资产上追加的投资。新投资项目投入运营后，扩大了企业的生产能力，原材料、在产品、产成品等流动资产规模也随之扩大，需要追加投入流动资金，以满足正常营运的需要。这些垫付的营运资金一般是在项目开始时支出，在项目结束时一次性收回。但并非所有的投资项目都需要增加流动资金。有的投资项目由于改进了技术，更新了设备，提高了劳动生产率，不但不用增加流动资金，可能还会减少流动资金的占用。

（3）项目的间接投资支出。是指为了保证项目在有效期内正常运营而发生的各种维护性支出。包括为了使机器设备正常运转和使用而对其进行的大修理费用，还包括使操作人员正常、熟练地使用机器设备而进行的人员培训费。此外，还有与项目运营有关的税金支出等。

2. 现金流入量

现金流入量是指由于实施某一投资项目而引起的企业现金流入量，具体包括：

（1）营业现金流入。是指投资方案实施后，企业形成生产经营能力并通过正常经营所取得的销售收入，扣除为生产产品所发生的付现营运成本后的现金净流入量。由于企业各期的营业利润中已经扣除了折旧、待摊费用等非付现成本，因此营业现金净流量一般通过当期营业利润加上非付现成本而求得。

营业利润是指投资项目实施以后，由于营业收入的增加或营业成本的降低而增加的利润。以项目实施后增加的营业收入扣除因项目实施而增加的营业成本，即形成投资项目的营业利润。有些资本重置型项目，项目实施后由于提高了生产率，节约了原材料和能源，减少人工从而减少了营业成本，则投资项目实施后节约的营业成本就是投资项目的营业利润。营业利润的大小在一定程度上反映了投资项目的经济效益。投资项目的营业利润一般用税前利润。如果考虑到企业所得税的影响，通常用税后净利润来计算现金流入。

非付现成本是指计入当期销售成本，但本期没有支付现金的项目，如固定资产折旧费、递延资产摊销费等，它们都是对前期投资的收回。例如，折旧费在会计上是作为费用核算的，它作为成本的一部分在计算营业利润时进行了扣除。但折旧不是付现成本，也不是实际的现金流出。因此，折旧是对初始投资的回收，应收回的这部分资金也形成了现金流入。

（2）净残值收入。是指投资项目在寿命周期结束时，固定资产出访或报废时残值的变价收入扣除清理费用后的变价净收入。

（3）垫付营运资金的收回。随着固定资产的出售或报废，投资项目终结，生产停止。企业将出售与项目有关的存货、应收账款收回，应付账款不再发生且随之收回。营运资金恢复到原来水平，期初垫付的营运资金在项目结束时可以收回。这也是投资的一项现金流入。

3. 净现金流量

净现金流量是指一定时期内的现金流入量与现金流出量的差额，又称为增量现金流。净现金流量可以逐期计算，也可以整个项持续计算。在进行资本投资决策时，应考虑不同时期的净现金流量，即计算年净现金流量。用公式表示为：

年净现金流量 = 年现金流入量 – 年现金流出量

从整个经济寿命周期看，投资项目一般分为三个阶段：投资阶段、营运阶段和终结阶段。因此，投资项目的净现金流量也可以分阶段计算。

（1）投资阶段。投资阶段的现金流量主要是现金流出量，即在该投资项目上的初始投资，包括固定资产的投资和垫付的营运资金。一般情况下，初始阶段的固定资产投资通常在年内一次性投入（如购买设备），如果初始投资不是一次性投入（如工程建造），则应把投资归属到各期之中。

（2）营运阶段。营运阶段是投资项目运营的主要阶段，该阶段既有现金流入量，也有现金流出量。现金流入量主要是营运各期的营业收入，现金流出量主要是营运各期的付现成本。

（3）终结阶段。终结阶段的现金流量主要是现金流入量，包括固定资产变价净收入和垫付的营运资金的收回。其中，固定资产变价净收入等于出售或报废资产时的变价收入扣除清理费用后的余额，也可以按清理净损益加账面净值计算。

这样，就可以计算投资项目在不同阶段的净现金流量，用公式表示为：

投资阶段净现金流量 =–（初始投资 + 垫付的营运资金）

营业阶段净现金流量 = 营业净现金流入量

终结阶段净现金流量 = 营业净现金流量 + 资产净残值 + 收回的垫付营运资金

（三）现金流量的计算

现金流量的计算主要是指计算一个投资项目各期或整个持续期的净现金流量。在进行资本预算和投资决策时，首先应该对每个备选投资方案实施后可能产生的净现金流量进行测算。在此基础上，根据投资项目决策准则，计算评价投资项目的某些具体指标，进而据此做出选择和决策。

1. 现金流量的计算

如果考察某一投资项目在整个寿命期内的净现金流量，可以按投资项目的实施阶段分阶段计算，即分别计算投资阶段、营运阶段、终结阶段的净现金流量，这样，投资项目总的净现金流量可以表示为：

投资项目的净现金流量 = 投资阶段净现金流量 + 营运阶段净现金流量 + 终结阶段净现金流量

通常，由于投资阶段的净现金流量就是现金流出量，而且往往在项目初始阶段一次性投入，而终结阶段的净现金流量就是现金流入量，主要是资产变价净收入和垫付的营运资金收回。因此，投资项目净现金流量的计算，主要集中在营运阶段净现金流量的计算上，即营业净现金流量的计算。而营业净现金流量通常就是营业现金流入量，因此，一般并不对二者进行严格区分。

营业净现金流量的计算，可以采用两种方法。具体地可根据下式来计算。

当不考虑企业所得税时：

营业现金流量 = 营业利润 + 非付现成本（如折旧）

= （营业收入 – 营业成本）+ 非付现成本（如折旧）

= 营业收入 –（营业成本 – 非付现成本）

= 营业收入 – 付现成本

当考虑企业所得税时（这里，用折旧代表非付现成本）：

营业现金流量 = 税后利润 + 折旧

= （营业收入 – 营业成本 – 折旧）×（1– 税率）+ 折旧

= （营业收入 – 营业成本）×（1– 税率）+ 折旧 × 税率

= 营业收入 – 付现成本 – 所得税

折旧等非付现成本是一种成本费用，可以减少当期利润，从而可以减少企业所得税。折旧的这种作用称为折旧抵税。因此，可以通过加大折旧的办法减少企业当期的所得税负担，以达到减税的目的。

在计算各期净现金流量时，为方便计算，通常假设各期的现金流量都发生在每期期末。

2. 计算现金流量时应注意的问题

资本预算的目的是分析企业在采纳某一投资项目与不采纳该项目之间的现金流差异，投资所考虑的现金流应该是"增量现金流量"概念。基于投资决策的现金流量具有如下特征：（1）是现金流量而不是会计收益；（2）是营业性现金流量而不是融资性现金；（3）是税后现金流量而不是税前现金流量；（4）是增量现金流量。因此在计算投资项目的净现金流量时，应注意如下几个问题：

（1）项目实施后对企业现金流量的影响。对企业而言，当接受某一投资项目后，除了该项目本身产生的现金流量以外，还会影响到企业其他部门、其他项目的现金流量。一方面，新投资项目的实施，可能使企业原有项目的现金流量减少；另一方面，新投资项目的实施，也可能为企业带来附带的现金流量。

（2）忽略沉淀成本的影响。沉淀成本是指过去已经发生而不会影响当前行为或将来决策的无法收回的成本支出。由于沉淀成本是在过去发生的，它不因接受或放弃某个项目的决策而改变，因而它是不相关的现金流量，不属于增量现金流量。所以，在投资项目决策时不应考虑这类成本。

（3）不考虑财务成本。通常，在分析和评价投资项目的现金流量时，将投资决策和融资决策分开，假设全部投资都是企业的自有资金，即全投资假设。即使企业投资所需要的资金是通过发行债券或借款等筹集，与融资有关的费用和利息支出以及债务偿还等也不作为投资项目的现金流出量。项目的资本成本是暗含在未来现金流量的折现之中的，如果该项目具有正的净现值，则其产生的现金流入超过该公司的资本成本，即在补偿了资本成本之后还有剩余收益。不考虑财务成本的真正原因，是在对投资项目的现金流量进行折现时，所采用的折现率已经反映了项目的融资成本。

（4）考虑机会成本。机会成本是指一种资源用于一种用途而放弃的在其他用途上的最大价值。它是一个经济学概念，反映了资源的稀缺性和人们进行某种选择的代价。对于投资项目而言，如果投资于某一个项目，就放弃了投资于其他项目的机会，而投资于其他项目可能产生的现金流量就是投资于这个项目的机会成本。在进行投资决策时不能忽视机会成本。

（5）考虑营运资金变动的影响。当企业的投资项目开始运营并形成生产能力后，由于销售量增大，对存货、应收账款等流动资金的需求量也将增加，企业需要追加投入流动资金，增加的营运资金在项目开始时支出，在项目的寿命期内持续使用，在项目终结时可以收回，作为期末的现金流入量。因此，在投资决策时，必须考虑营运资金变动的影响。

（6）考虑风险因素和通货膨胀的影响。风险是投资决策必须要考虑的因素。投资决策必须依据“风险——收益相匹配”的原则，风险较大的项目，必然要求有较高的回报；要获得较高的收益，必须承担相应的较大的风险。在对一个存在风险的投资项目的现金流量进行估价时，要做的调整就是确定一个与投资项目风险相对应的较高的折现率。

在实际的资本预算决策中，通货膨胀也是不可忽视的因素。在对现金流量进行折现的过程中，所用的折现率反映了项目所要求的最低收益率，它往往与利率水平相对应。如果折现率是以名义利率的形式给出的，则被折现的现金流量也是名义的现金流量；如果折现率是以实际利率的形式给出的，则被折现的现金流量就是实际的现金流量。

第三节 "互联网+"下的财务报表预测

在"互联网+"下，企业要想谋得一席之地，取得更好地发展，就必须做好企业的财务管理工作。然而，从目前的形势来看。市场经济环境比较多变，国际形势也相对复杂。因此，企业对自身的核心竞争力及战略目标很难确定下来。而作为企业财务管理的一个重要分支，企业的财务预测管理工作对于企业管理体系的优化、促进企业更好地发展而言有着十分重要的意义。

一、财务报表分析

（一）财务报表分析的主要目的与作用

财务报表分析主要是为信息的使用人提供准确的财务信息，财务报表分析的目的因使用报表的人的不同而有着明显的区别，主要表现在四点：第一是投资人可以对企业的资产现状以及盈利能力加以分析，从而决定是否需要投资；第二是债权人需要对贷款风险、报酬等方面分析，确定是否需要向企业实施贷款；第三是经营者为了改善财务决策与经营状况，需要对企业财务加以分析；第四是企业主管部门要清楚了解企业的纳税情况、职工的基本收入等。

财务报表分析中资产负债表涉及了企业的资产、负债情况，对企业融资、投资起到十分重要的作用；利润表能够将企业的经营现状进行展现，能够依据企业实际发展情况调整发展目标，对利润点多的地方进行扩张；现金流量表表明了企业资金周转能力，是企业财务管理的重要内容，假如企业在做出一项决策的时候需要现金的支撑，否则项目无法得到有效开展，而现金流量表则为企业财务管理提供决策支持。

（二）企业财务管理中财务报表分析的应用

1. 制定完善的财务报表分析方法与体系

为进一步提高财务报表数据的可信度，首先需要由注册会计师对财务报表进行审计，保证分析结果的可靠性。其次，在对财务报表进行分析的时候，如果单纯地依靠财务报表的数据并无法保证分析结果的准确性，还需要结合报表之外的数据与信息，比如像企业所发的工资、在编人员的配比、企业的发展动态等。最后，在使用财务报表分析方法的时候并非将上文所提出的七项内容进行使用，主要使用的方法包括五种，分别是比率分析法、趋势分析法、因素分析法、比较分析法、项目分析法。

2. 实现财务分析过程的科学性与全面性

首先需要选择一套切实有效的财务分析软件，保证与财务制度的要求相同，并且还要保证财务软件操作起来比较简单，只有如此，才能保证数据录入的准确性，更能防止他人肆意修改。其次需要积极做好财务分析初始化工作。众所周知，只有真正做好财务分析初始化工作才能真正提高会计电算化工作的质量，在选择方法与规划的时候需要以数据处理结果准确性与高效性为前提。最后，需要积极做好编码工作。

（三）企业财务管理中财务报表分析需注意的内容

1. 避免对财务报表分析的数据弄虚作假

从当前社会发展现状分析，会计报假账的现象层出不穷，这不仅不符合会计从业者的相关规定，并且也会给企业的发展造成影响。财务报表分析的数据是对企业财务管理实施决策的依据，假如财务报表分析的数据是虚假的，那么则会导致企业决策出现失误，会给企业带来难以估量的损失，因此企业财务报表分析的数据需要保证真实与可靠。

2. 积极构建综合性的报表分析方法

现如今财务报表分析方法众多，每一项财务报表分析方法都有自己的优点与缺点，不仅需要财务人员积极掌握各项分析方法，还要加以归纳与整理，制定更加系统的报表数据，从而建立综合的报表分析方法。

3. 加强对财务报表各个信息的分析

财务报表内容所包含的范围比较广，如果仅仅依靠单一的报表是无法将企业实际发展情况进行全面反映，需要对多个报表一起进行分析，这样才能保证所得出数据的真实性。所以每一位财务工作人员需要对财务报表的各项信息加以了解，对企业信息与财务状况、企业经营之间的关系进行了解，将各个报表的重点进行掌握，为企业发展做出正确的决策。

（四）财务报表分析

1. 对收入支出情况进行分析

在进行企业收支情况分析时，应先根据会计报表及有关资料，编制预算收支情况分析表，然后再逐项进行分析。

2. 对资产使用情况和财务状况进行分析

（1）对固定资产的增加、减少和结存情况的分析。

主要是固定资产的增加及其资金来源是否符合规定，减少是否合理和经过批准，尤其是国家财政直接补助和接受捐赠形成的固定资产是否按规定单独处理。各项固定资产使用是否充分有效，有无长期闲置和保养不善等情况。

（2）对资金流转情况的分析。主要是分析企业有无保证其正常运转的资金（主要是货币资金）。

（3）对往来款项的余额分析。应分析各种应收应付款的分布及未结算原因，各项借款、国家财政直接补助资金的使用情况，各项盈余返还给股东的情况。对长期不清、挂账、呆账等问题，查明原因，及时处理。

（4）对存货增减情况的分析。要分析各种产品物资的结构情况，有无长期积压和浪费损失的现象。分析各项受托和委托的产品物资是否按要求及时办理。

（5）分析库存现金及银行存款的运用是否符合现金管理和银行结算制度。

3. 对股东权益进行分析

（1）对股东权益变动情况的分析。分析股东入社、退社是否按照章程规定或股东大会决定进行，分析企业因股金溢价等原因增加或减少资本公积、企业年终计提盈余公积时，是否在股东权益上进行反映，是否及时准确记录在股东账户中。

（2）对量化给股东的公积金份额的分析。分析资本公积和盈余公积是否量化到股东，在量化给股东的过程中，量化比例是否按照股东应享有企业注册资本的份额占总注册资本的比例进行。

（3）对返还给股东本年盈余的分析。分析企业是否按照章程规定或股东大会决定的比例计提应付盈余返还和应付剩余盈余，分析企业是否按股东与企业的交易量（额）进行盈余返还，剩余盈余的分配是否按股东账户记载的权益份额占企业权益总份额的比例进行。

4. 对偿债能力进行分析

（1）短期偿债能力分析。短期偿债能力考核成绩的分析指标主要有流动比率、速动比率和现金比率。

① 流动比率：是指流动资产除以流动负债的比值，其计算公式为：

$$流动比率 = 流动资产 / 流动负债$$

流动资产包括库存现金、银行存款、应收款项、存货等。流动负债主要包括短期借款、应付款项、应付工资、应付盈余返还、应付剩余盈余等。

流动比率反映企业偿还短期债务的能力，企业能否偿还短期债务，要看有多少短期债务，以及有多少可以变现偿债的流动资产，流动资产越多，短期债务越少，则说明企业偿还能力就越强。

② 速动比率：是指流动资产中扣除存货部分以后，再除以流动负债的比值。其计算公式为：

速动比率 =（流动资产 – 存货）/ 流动负债

流动资产扣除存货后的剩余部分又称为速动资产，速动资产除以流动负债就称之为速动比率。为什么在计算速动比率时要扣除存货呢？主要有以下四个原因，一是流动资产中存货变现速度最慢，二是部分存货可能因某种原因而损失报废尚未处理，三是部分存货可能已经抵押给债权人了，四是存货估价可能与市价相差至远。所以扣除存货后的速动比率是比流动比率更进一步偿债能力指标，速动比率比流动比率更能反映企业偿还短期债务的能力。

③ 现金比率：是指流动资产中的货币资金除以流动负债的比值。其计算公式为：

现金比率 =（现金 + 银行存款）/ 流动负债或（流动资产 – 存货 – 应收款项）/ 流动负债

现金比率表明企业目前有多少货币资金可以立即偿还债务，比速动比率更进一步地反映了企业短期债务的能力。

（2）长期偿债能力分析。长期偿债能力分析研究的指标主要有资产负债率和产权比率。

① 资产负债率：是指债务总额除以资产总额的百分比。其计算公式为：

资产负债率 =（债务总额 / 资产总额）× 100%

资产负债率反映企业总资产中债权人的权益有多少份额，可以衡量企业对债权人债权的保障程度。

② 产权比率：是指负债总额与所有者权益总额的百分比。公式为：

产权比率 =（负债总额 / 所有者权益总额）× 100%

产权比率也是衡量长期偿债能力的指标，反映企业所有者有多少权益可以保障债权人的债权，一般来说，普遍认为所有者权益大于债权的权益为好，这样债权人权益才能够得到所有者的有力保障。

产权比率与资产负债率对评价长期偿债能力的作用基本相同，但侧重点不同，资产负债率侧重于债务偿付安全性的物质保障程度，产权比率侧重于财务结构的稳健程度以及自有资金对偿债风险的承受能力。

二、"互联网 +"下对企业财务预测管理进行创新的措施

(一)重视财务预测工作，提高财务预测管理的地位

企业财务预测是一个系统性的工作，仅仅依靠财务部门努力是远远不够的，还需要加强与各部门之间的沟通与交流。因此，企业在进行财务预测工作的过程中，管理者需要做好相关的宣传工作，使企业全体员工都能对财务预测有着正确地认识，并对财务预测工作进行高度地重视，将预测管理的各项目标、要求向每一个部门与每个员工明确地告知，要求其能够积极地参与到其中。其次，企业财务预测工作的良好有序开展，需要在财务部门发挥主导作用的前提下，与其他部门之间的联系进行加强，与本企业的实际情况相结合，建立各个部门之间的钩稽关系，从而对财务信息进行全面、有效地获取，与此同时，在进行财务分析与财务预测的过程中，还需要与企业的筹资以及投资等各项活动相结合，从而不断地提高企业财务预测工作的效率以及财务管理的水平。

(二)对财务预测的方法进行创新，强化预测管理的分析职能

整个财务预测程序会由于财务预测所需要的基期数据不同，预测环境不同以及预测目标的多变而受到较大的影响，而在这其中，受到影响最大的就是财务预测方法。在进行财务预测工作的过程中，为了对财务预测管理的水平进行提高，首先需要对目前企业所面临的市场环境以及其未来的发展方向进行恰当地分析，之后，以此为依据，对财务预测的方法进行选择，并保证所选择的预测方法的稳定性，然后，再根据企业发展的实际情况，考虑是否要将定量与定性的方法结合，是否将一种影响因素扩大至多元等，从而使预测的指标值具有一定的弹性，进而有效地降低单一的预测方法给未来企业的经营管理造成的风险。除此之外，还需要正确地认识财务预测的作用以及其最终的目标。财务预测不仅仅能够得出未来企业经营发展的变量数据，而且还需要对其全面预测管理体系的分析作用进行充分的发挥。通过对预测的结果进行一系列地分析与比较，不仅能够将企业各部门在进行管理的过程中存在的问题体现出来，而且还能够以此为基础，对其问题解决对策的研究进行一定的引导，从而使得企业的经营与管理水平得到很大程度地提高。

(三)对财务预测的配套管理措施进行完善

对财务预测的流程及方法进行规范，有助于提高各部门与员工参与财务预测工作的积极性。而且对于财务预测工作的顺利、有序进行也有着十分重要的现实意义，但是仅仅规范财务预测的流程及方法仍然不足以满足实际的需要，还需要

其他配套管理措施与其相配合。财务预测要想顺利地执行，人事管理与绩效考评这两方面也有着十分重要的作用。首先，在选拔工作人员的过程中，应该对其专业知识技能以及个人的能力进行一定的考评，从根本上保证其能够胜任财务预测管理的工作。其次，对部门的绩效考核制度进行修改与完善，将工作人员对财务预测管理的贡献纳入绩效考评中。同时。为了对其工作的积极性进行提高，可以对其进行一定的物质奖励。除此之外，企业还要对绩效考评的结果进行高度地重视，并以此为依据，调整不合理的人员安排，以此保证财务预测的顺利进行。

第七章　收益与风险管理

第一节　收益率与风险的评价

观察资本市场的现实可以发现，不同资产的收益率是不同的，那么是什么原因导致这样的结果呢？简单地回答是，它们的预期收益率是不同的，价格高的资产预期收益率可能会高，价格低的资产预期收益率可能低，所以产生了不同的资产价格。这里隐含了一个问题，就是某项资产的预期收益率大小的可能，这个可能性就产生了风险的概念。

一、风险的含义

（一）收　益

首先讨论一个简单的概念：收益。假设购买某种资产，则从该投资获得的收益（或损失）称为投资收益，这一收益通常由两部分组成。首先，该项投资会带来一些直接的现金回报，如债券利息、股票股利，通常称为构成总收益的直接收入部分；其次，购买资产的价值经常会发生变化，在这种情况下，投资会带来资本利得或资本损失，如债券价格的上涨或下跌，股票价格的上涨或下跌等。这样，投资总收益等于直接收益（如股利收入）加上资本利得（或资本损失）。

通常我们探讨收益都是以相对率的指标来表示，所谓的投资收益率就是指投资所得收益与原始投资之比。以股票投资为例，用公式表示的股票投资收益率为：

$$R_t=\frac{D_t+(P_t-P_{t-1})}{P_{t-1}}\times 100\%$$

其中 P_{t-1} 为期初股票价格；R_t 为股票投资的总收益率；P_t 为期末股票价格；D_t 为持有期股票的股利。

观察历史市场可以发现，高风险的资产预期投资收益率比低风险的资产预期投资收益率要高，如国债的收益率小于企业债券的收益率；而企业债券的投资收益率小于股票的投资收益率。原因就在于各项资产的风险大小各不相同，所产生的风险报酬也不相同。

（二）风　险

对风险的定义较多，人们一般认为，风险就是预期结果的不确定性。然而，风险与不确定性是有区别的。不确定性是事件发生的或然性，可能产生好的结果，也可能产生不好的结果。风险是由于不确定性因素而产生的，但风险并不等于不确定性。

风险是指发生不好的结果或发生危险、损失的可能性或机会。从事前看，风险是发生坏结果或损失的可能性；从事后看，是指由于不确定性因素而造成的真正损失。一般认为，这种不好的结果是人们真正不愿意得到的，风险往往与投资损失及收益相联系。因此，绝大多数人认为，购买彩票不是一种有风险的投资，因为它并不真正产生坏的结果。风险其有客观性，即不管人们愿意与不愿意，风险都存在。而且一旦做出决策，就必须承担相应的风险；风险具有时间性，即风险的大小随时间变化而变化；风险具有相对性，不同的人由于自身掌握信息的程度以及风险偏好的不同，对同样的资产所能承受的风险可能是不同的；风险具有收益性，高风险通常伴随着高收益，否则就不会有人去冒险了。

二、单项资产风险的衡量

财务中的风险通常是指一项投资产生损失的可能性，它是不确定的。这种不确定性与预期收益的不稳定性相联系，即预期收益率的变异性。对于这一变异性，在统计上一般用收益的标准差来衡量。

（一）单项资产的预期收益率

这里以一个简单的例子来说明。

【例】假定在一个特定时间里同时持有两只股票，分别为股票 A 和股票 B。这两只股票有以下特点：股票 A 预期在下一年将会有 25% 的收益率，而股票 B 在同期会有 20% 的预期收益率。假如所有的投资者对预期收益率持有相同的预期，那为什么会有人愿意持有股票 B 呢？很显然，答案必然是这两支股票的风险是不同的。

分析：假定预测的经济状况有两种：一是繁荣。在这种情况下，股票 A 将有 70% 的收益率。二是经济进入衰退期，则股票 A 的收益率将是 –20%。假如两种情况发生的概率相同，则可以列出股票 A，B 经济状况与收益率变动情况，如下表所示。

表 7-1　　　　不同经济状况下的收益率

经济状况	经济状况概率	股票 A	股票 B
衰　退	0.5	-20%	30%
繁　荣	0.5	70%	10%
合　计	1.0		

很显然，假如只购买股票 B，那么在特定一年的收益情况取决于当年的经济状况。假定在概率一直保持不变的情况下持有股票 B 多年，那么会有半数的时间获得 30% 的收益率，而另一半的时间获得 10% 的收益率。这时可以说股票 B 的预期收益率是 20%。计算如下：

$$E(R_B) = 0.5 \times 30\% + 0.5 \times 10\% = 20\%$$

对于股票 A 也是同样的。如果概率不变，股票 A 有一半时间的收益率是 70%，而在另一半时间里却会损失 20%，因此其预期收益率是 25%：

$$E(R_A) = 0.5 \times (-20\%) + 0.5 \times 70\% = 25\%$$

根据上述计算可以得出不确定条件下预期收益率的计算公式为：

$$E(R) = \sum_{i=1}^{n}(p_i \cdot R_i)$$

其中，p_i 为第 i 种结果出现的概率：R_i 为第 i 种结果所对应的预期收益率；n 为所有可能情况。

（二）单项资产的预期收益率的标准差

仅仅通过预期收益率是不能判断其风险程度的大小的，根据统计学知识可知，反映随机变量离散程度或变异程度的指标可以用标准差以及标准离差率来表示。

投资收益是一个不确定的随机变量，一项投资收益的风险，可以用投资收益的不稳定性或变异程度来衡量。因此，人们通常用投资收益的方差或标准差来度量一项投资收益的风险。方差是用来表示随机变量的离散程度的一个统计标准差是方差的平方根。根据样本数据的不同，计算方法也存在一定差异。

1. 根据总体概率分布来计算，其标准差

$$\sigma = \sqrt{\sum_{i=1}^{n}(R_i - \overline{R})^2 \cdot p_i}$$

其中，$\bar{R}$ 为预期平均收益率。

在上例中，股票 A 的标准差为：

$$\sigma_A=\sqrt{(-0.20-0.25)^2\times0.5+(0.70-0.25)^2\times0.5}=45\%$$

股票 B 的标准差为：

$$\sigma_B=\sqrt{(0.30-0.20)^2\times0.5+(0.10-0.20)^2\times0.5}=10\%$$

由此可见，股票 A 具有较高的预期收益率，但同时也具有较大的风险，可能在好的经济状况下获得 70% 的高收益，但同时也可能在经济状况不好时产生 20% 的亏损。而对于股票 B，则情况正好相反。

那么，投资者会选择购买哪只股票呢，这就取决于其对风险与收益的偏好程度。

标准差是一个绝对数，受变量值的影响。如果概率分布相同，变量值越大，标准差也越大。因此标准差不便于不同规模投资项目的比较。为此，引入变异系数的概念。变异系数就是标准差与预期值之比，即单位预期值所承担的标准差，也叫标准离差率或标准差系数。

$$变异系数=\frac{\sigma}{\bar{X}}\times100\%$$

2. 根据样本数据来计算。根据样本数据（或历史资料）计算的方差是考察实际收益率和历史平均收益率之差的平方的平均值。这个数字越大，实际收益率同平均收益率的差别越大。而且方差或标准差越大，收益率的变化范围越大。

$$样本方差=S^2=\frac{\sum_{i=1}^{n}(R_i-\bar{R})^2}{n-1}$$

$$样本标准差=\sqrt{S^2}=\sqrt{\frac{\sum_{i=1}^{n}(R_i-\bar{R})^2}{n-1}}$$

上式的分母为（$n-1$），这时，样本方差 S^2 是总体方差 σ^2 的无偏估计。在计算单项资产的方差或标准差时，可根据掌握的资料，计算其方差及标准差值，从而分析资产的风险大小，进行投资。

三、风险偏好

（一）个人对待风险的态度

人们消费或投资的选择行为取决于个人的效用函数。当人们在不确定条件下进行选择时，他的行为就会具有一定的风险。特别地，如果当事人面对的有风险地选择可以获得相同的预期效用时，又该如何进行选择呢？

在现实生活中，随时可以看到这样的现象：有些人为了减少未来收入和财富的不确定性，而极力寻求一份稳定的工作或到保险公司投保；而另一些人却为了得到高收入而进行“赌博”或冒险。在世界各地，保险公司与股票市场、跑马场及赌场同样生意兴隆。那么，人们到底是喜欢风险还是讨厌风险呢？

假设每个人都可以自愿、自由地参加一场“公平的赌博”：掷一枚硬币（均匀的），如果正面朝上，参加者可以得到 1 万元；如果反面朝上，则参加者必须支付 1 万元。显然，参加者可从中获得的预期收益为：$10000 \times 50\% + (-10000) \times 50\% = 0$ 元。

面对这样的一种“赌博”，当事人的态度一般有三种：第一种是欣然参加，称之为“风险喜好者”；第二种是坚决不参加，称之为“风险规避者”；而第三种是觉得参加与否没有什么差别，因此对此事抱无所谓的态度，称之为“风险中立者”。

可见，风险喜好者喜欢大得大失的刺激，他知道有风险，但他更愿意追求高收益；风险规避者则希望在预期收益既定的情况下，不确定性越小越好，最好没有风险。面对风险，他宁愿不去追求收益，但有时如果参加“赌博”的预期收益明显高于不参加的预期收益，风险规避者也会参加“赌博”。风险中立者则对风险不关心，而只关心预期收益是多是少，即使损失与盈利的可能性并存，他们也无动于衷。

通过上面的例子，我们根据人们偏好的不同，将人们对待风险的态度分为风险规避、风险喜好和风险中性三种类型。表 7–2 列示了人们对风险态度的三种类型。

表 7–2　　人们对风险态度的类型

人的类型	选择行动类型	是否投保险
风险规避者	只参加有利的“赌”	投保
风险中立者	可能参加公平的“赌博”	无所谓
	肯定参加有利的“赌博”	
风险喜好者	即使是不利的“赌博”也参加	不投保

表 7–2 中，公平的“赌博”意指预期收益为 0，或胜负的可能性各半的赌博；有利的“赌博”是指预期收益大于 0，或赢的可能性大于 50% 的“赌博”。事实上，可以把“赌博”理解为一种广义的投资或消费等活动。

（二）预期效用函数与风险偏好

人们对不确定情况下的收入或消费一般应有一种偏好顺序，通常按预期效用的大小来表示和排列这种偏好顺序。

预期效用是指取决于各种情况出现的概率和相应概率下可获得的收入或消费的效用。假设某一选择在未来有两种状态，即状态 1 和状态 2，出现的概率分别为 π_1 和 π_2。X_1 和 X_2 分别代表两种状态下的收益或消费。则预期效用函数 EU 定义为：

$$EU=\pi_1U_1(X_1)+\pi_2U_2(X_2)$$

其中，$U_1(X_1)$ 和 $U_2(X_2)$ 为选择 X_1 和 X_2 时所对应的一般效用函数。即预期效用是效用 $U_1(X_1)$ 和 $U_2(X_2)$ 的加权平均。

有了预期效用函数，可以用来说明人们对待风险的态度。设 $EU(\cdot)$ 是预期效用函数，$U(\cdot)$ 是效用函数。假设有两种状态（选择）X_1 和 X_2；对应的概率分别为 π 和 $1-\pi$。y 是 X_1 和 X_2 的一个组合，$y=\pi X_1+(1-\pi)X_2$。定义如下：

（1）如果 $U(y)>EU(y)$，则称该当事人是风险规避者。

（2）如果 $U(y)=EU(y)$，则称该当事人是风险中立者。

（3）如果 $U(y)<EU(y)$，则称该当事人是风险喜好者。

如图 7–1 所示，X_1，y，X_2 可代表三种选择（收入或消费），它们对应于效用函数上的点分别为 A，B，C。作点 A 和 C 的连线，AC 上对应于 y 的点为 D。显然，D 点对应的效用为 A 点和 C 点的效用的加权平均，即预期效用 $EU(y)=\pi U_1+(1-\pi)U_2$。对比 B 点和 D 点可见，如果当事人是风险规避者，则 B 点高于 D 点，即 AC 连线位于效用曲线下方，效用曲线向上凸，如图 7–1（a）所示。这表明，对于一个确定的收入，当事人所得到的效用超过了可以产生相同平均收入的两个

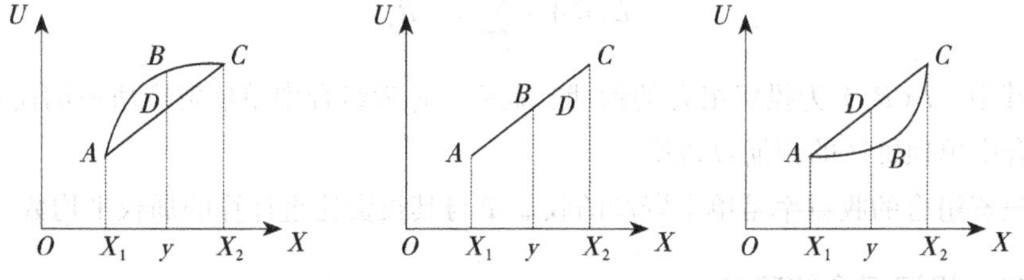

（a）风险规避　（b）风险中立　（c）风险喜好

图 7–1　个人对风险的态度与预期效用

不确定收入所带来的平均值，从而表明当事人偏好确定性结果胜过不确定性的结果，故而称为风险规避者或风险厌恶者。风险规避者决策的基本准则，是在预期收益相同时，选择风险较小的方案；在风险状况相同时，选择预期收益较高的方案。

如果当事人是风险中立者，则 B 点与 D 点重合，效用曲线是一条直线，如图 7–1（b）所示。这时，确定的收入与两个不确定收入的平均值相同。只要预期收益相同，不管是否具有不确定性，当事人一律不加以区分。风险中立者既不规避风险，也不主动追求风险。他们进行决策的唯一标准是预期收益的大小，而不管其风险状况如何，因为所有预期收益相同的方案将给他们带来同样的效用。

图 7–1（c）所示的效用曲线对应的是风险喜好者，AC 连线位于效用曲线的上方。效用曲线是向下凹的。此时对于当事人来说，如果预期收入相同，他们更热衷于不确定性大的行为选择。风险喜好者具有很强的冒险精神，他们喜欢收益的动荡甚于喜欢收益的稳定。

他们进行决策的基本原则，是当收益相同时，选择风险较大的方案。因为在他们看来，这将给他们带来更大的效用。

第二节　投资组合的收益与风险

事实上，大多数投资者持有的是一些资产的投资组合。由一组资产组成的投资称为投资组合，投资组合能减小全部资产的总风险，即分散风险。因此，有必要考察投资组合的风险与收益。

一、投资组合的预期收益率

投资组合的预期收益率为：

$$E(R_P)=\sum_{i=1}^{n} w_i \cdot \overline{R}_i$$

其中，$E(R_p)$ 为投资组合的预期收益率；w_i 为组合中单项资产所占的比重；$\overline{R}_i$ 为组合中单项资产的预期收益率。

投资组合的收益率是单个资产的收益率与其投资比重计算的加权平均数。

二、投资组合的风险

投资组合收益的风险仍用投资组合的标准差表示。但投资组合的方差或标准差，并不是单个资产方差或标准差的简单加权平均数。投资组合的风险不仅取决于组合内各资产的风险，而且还取决于各资产之间的相关联程度。

如果是两种资产的投资组合，则其组合的方差为：

$$\sigma_p{}^2 = w_1{}^2\sigma_1{}^2 + 2\rho\, w_1 w_2 \sigma_1\sigma_2 + w_2{}^2\sigma_2{}^2$$

其中，w_1，w_2 为资产 1 和资产 2 在组合投资中所占比例；σ_1 和 σ_2 分别为两种资产的标准差；ρ 为两种资产收益之间的相关系数。

根据上式，可得到两种资产投资组合的标准差，即投资组合的风险为：

$$\sigma_p = \sqrt{w_1{}^2\sigma_1{}^2 + 2\rho\, w_1 w_2 \sigma_1\sigma_2 + w_2{}^2\sigma_2{}^2}$$

由上式可知，投资组合的标准差与两种资产收益之间的相关系数 ρ 有关。当相关系数 $\rho=+1$ 时，投资组合的标准差就是各个资产收益的标准差的加权平均。当相关系数 $\rho<1$ 时，投资组合的方差和标准差都会随之下降。也就是说，当两种资产组成投资组合时，只要二者收益的相关系数 $\rho<1$，投资组合的标准差就小于这两种资产各自标准差的加权平均数。此时，投资组合的多元化效应就会发生作用。

顺便指出，两种资产收益之间的协方差可用下式表示：

$$\sigma_{AB}=\mathrm{Cov}(R_A, R_B)=E[(R_A-\overline{R}_A)(R_B-\overline{R}_B)]$$

协方差反映了两种资产收益之间的关联程度。进而，两种资产收益之间的相关系数可用下式表示：

$$\rho_{AB}=\mathrm{Corr}(R_A, R_B)=\frac{\mathrm{Cov}(R_A, R_B)}{\sigma_A\sigma_B}$$

【例】假设经济不景气、正常、景气的概率各为 1/3，某人按一定的比例进行股票和债券的投资组合，股票和债券的预期收益率、方差、标准差如表 7–3 所示。计算股票和债券预期收益的协方差和相关系数。

表 7–3　股票和债券的预期收益、标准差等数据

经济状况	概　率	股　票				债　券			
		收益率 /%	预期收益率 /%	方　差	标准差 /%	收益率 /%	预期收益率 /%	方　差	标准差 /%
不景气	1/3	–7				17			
正　常	1/3	12	11	0.0205	14.3	7	7	0.0067	8.16
景　气	1/3	28				–3			

解：股票和债券预期收益的协方差为：

$$\begin{aligned}Cov(R_i, R_j) &= E\{[R_i-E(R_i)][R_j-E(R_j)]\}\\ &= (1/3)\sum([R_i-E(R_i)][R_j-E(R_j)])\\ &= (1/3)\{[(-7\%-11\%)\times(17\%-7\%)]+[(12\%-11\%)\times(7\%-7\%)]+[(28\%-11\%)\times(-3\%-7\%)]\}\\ &= (1/3)\{[(-18\%)\times 10\%]+[1\%\times 0]+[17\%\times(-10\%)]\}\\ &= -0.011667\end{aligned}$$

因此，股票和债券预期收益的相关系数：

$$\rho = Cov(R_i, R_j) / (\sigma_i\sigma_j) = -0.011667 / (14.3\% \times 8.16\%) = -0.9998$$

三、投资组合的有效集

这里只介绍两种资产组合的投资比例与有效集。

【例】假设证券 A 的预期收益率是 10%，标准差是 12%，证券 B 的预期收益率是 18%，标准差是 20%。假设各 50% 的比例投资于两种证券，则该投资组合的预期收益率为：

$$R_p=10\%\times 0.5+18\%\times 0.5=14\%$$

如果两种证券的相关系数等于 1，没有任何风险抵消作用，在各 50% 的投资比例下，由$\sigma_P = \sqrt{w_1^2\sigma_1^2+2\rho w_1 w_2\sigma_1\sigma_2+w_2^2\sigma_2^2}$可得：该组合的标准差等于两种证券各自标准差的算术平均数，即 16%。

如果两种证券之间的相关系数小于 1，现假设为 0.2，则可得投资组合的标准差为：

$$\sigma_p=(0.5^2\times 0.12^2+2\times 0.5\times 0.5\times 0.2\times 0.12\times 0.2+0.5^2\times 0.20^2)^{1/2}=12.65\%$$

如果两种证券投资的比例发生变化，投资组合的预期收益率和标准差也将发生变化。对于不同比例的投资组合，可以计算出投资组合的预期收益率与标准差。表 7-4 给出了 6 组不同的股票和债券的投资比例以及相应的投资组合的预期收益率和标准差。

表 7-4　　不同投资比例组合的预期收益率和标准差

组　合	A 的投资比例	B 的投资比例	组合的预期收益率 /%	组合的标准差 /%
1	1	0	10	12
2	0.8	0.2	11.6	11.11

续 表

组 合	A 的投资比例	B 的投资比例	组合的预期收益率 /%	组合的标准差 /%
3	0.6	0.4	13.2	11.78
4	0.4	0.6	14.8	13.79
5	0.2	0.8	16.4	16.65
6	0	1	18	20

把这些不同比例的投资组合的预期收益率和标准差用散点图描述出来，可得到图 7-2。从中能看到投资组合的预期收益与标准差随着投资比例的变化而变化的“轨迹”。组合 6 表明全部投资于证券 B，组合 1 表明全部投资于证券 A。组合 2 表明 80% 投资于证券 A、20% 投资于证券 B 时具有最小方差。

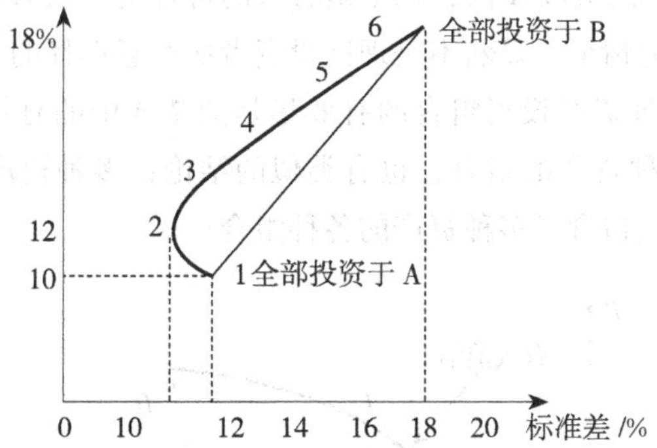

图 7-2 不同投资比例下的预期收益率与标准差之间关系

投资组合的预期收益和标准差与组合资产收益的相关系数 ρ 有关。图 7-3 表示的是相关系数取不同值时，投资组合的预期收益与标准差随投资比例的变化而

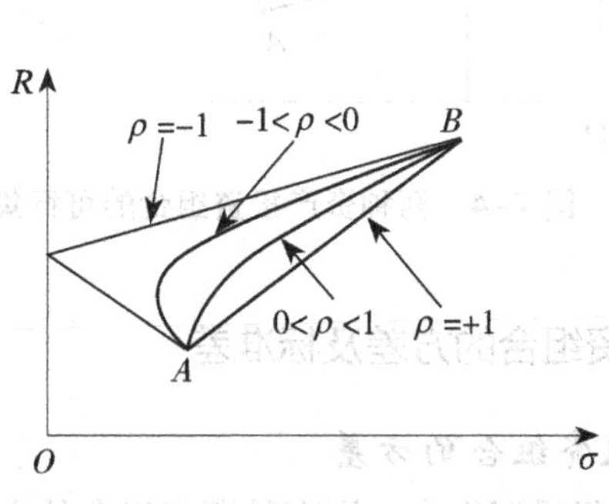

图 7-3 不同相关系数下投资组合的预期收益与标准差

变化的各种组合。每一个相关系数取值，都对应一条曲线。当ρ=+1 时，对应的是 *AB* 两点的直线。图中虽画出了几条曲线和一条直线，但实际上它们并不会同时出现。给定相关系数只对应一条曲线。

根据人们对风险的态度，通常情况下假设人们是风险规避者。因此，有效的投资组合意味着：对于给定的风险水平，能提供最高的预期收益；或者，对于给定的预期收益水平，能提供最小的风险。

图 7–4 表示的曲线是一般情况下两种资产所构成的各种可能的投资组合，它是一个面临投资的可行集或机会集。需指出的是，图中 *E* 点是其有最小方差的组合；曲线段 *ECFB* 是一个弓形曲线，它是真正的可行集，称为“有效前沿”，在图形内部任一点，所对应的组合不是有效的组合。因为相对于曲线上的 *C* 点，*D* 点与 *C* 点具有相同的预期收益，但 *D* 点的风险（标准差）却大于 *C* 点；同样，相对于曲线上的 *F* 点，*D* 点与 *F* 点具有相同的风险（标准差），但 *D* 点的预期收益却小于 *F* 点。而 *E* 点以下的 *EA* 段，也不是有效的可行集。因为这段曲线对应的是风险越大而收益越低的情形，显然不是理性投资者所愿意选择的。

综上所述，两种资产投资组合的有效集是图 7–4 中的有效前沿 *ECFB* 这段曲线。实际上对于多种资产的组合，也有类似的结论：多种资产投资组合的有效集是有效前沿曲线，它包含了多种资产的各种组合。

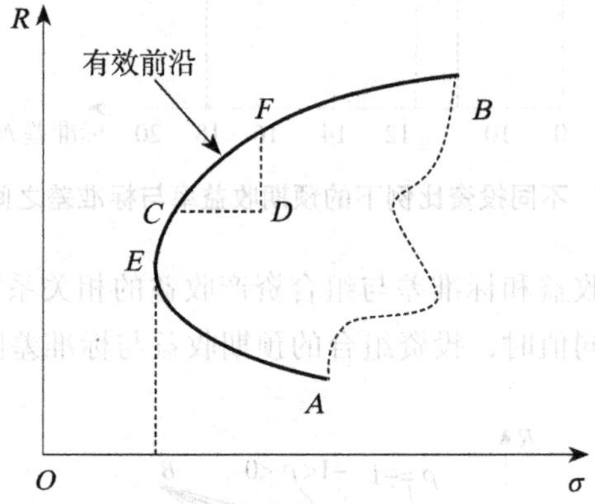

图 7–4　两种资产投资组合的可行集

四、多种资产投资组合的方差及标准差

（一）多种资产投资组合的方差

假设由 *n* 种资产进行投资组合，则多种资产组合的方差为：

$$\sigma_p^2=\sum_{i=1}^{n}\sum_{j=1}^{n}(w_i w_j \sigma_{ij})$$

其中，w_i，w_j 分别为第 i 种资产和第 j 种资产所占的比例。

可以用矩阵形式表示多种资产投资组合方差的计算。如表 7–5 所示。

表 7–5　　　　多种资产投资组合方差的计算

资产	1	2	3	…	n–1	n
1	$w_1^2\sigma_1$	$w_1w_2\sigma_{12}$	$w_1w_3\sigma_{13}$	…	$w_1w_{n-1}\sigma_{1(n-1)}$	$w_1w_n\sigma_{1n}$
2	$w_2w_1\sigma_{21}$	$w_2^2\sigma_2^2$	$w_2w_3\sigma_{23}$	…	$w_2w_{n-1}\sigma_{2(n-1)}$	$w_2w_n\sigma_{2n}$
3	$w_3w_1\sigma_{31}$	$w_3w_2\sigma_{32}$	$w_3^2\sigma_3^2$	…	$w_3w_{n-1}\sigma_{3(n-1)}$	$w_3w_n\sigma_{3n}$
…				…		
n–1	$w_{n-1}w_1\sigma_{(n-1)1}$	$w_{n-1}w_2\sigma_{(n-1)2}$	$w_{n-1}w_3\sigma_{(n-1)3}$	…	$(w_{n-1})^2\sigma_{(n-1)}^2$	$w_{n-1}w_n\sigma_{(n-1)n}$
n	$w_nw_1\sigma_{n1}$	$w_nw_2\sigma_{n2}$	$w_nw_3\sigma_{n3}$	…	$w_nw_{n-1}\sigma_{n-1(n-1)}$	$w_n^2\sigma_n^2$

从表 7–5 中可见，矩阵对角线上的各项包括了每种资产收益的方差，而其他各项包括了各个资产收益之间的协方差。显然，非对角线上的项数，即组合中每一对资产收益的协方差的个数，远远超过构成投资组合的资产的个数（对角线上的个数）。因此，随着投资组合中包含资产数量的增加，单个资产的方差对投资组合总体方差的影响程度越来越小；而资产收益之间的协方差的影响程度越来越大。当投资组合中资产的数目达到足够大时，其单个资产方差的影响程度可以忽略不计。现举例如下。

设投资组合中包含 N 种资产，每种资产在投资组合中所占份额相同，并假设每种资产的方差都是 σ^2，并以 $\bar{\sigma}_{ij}$ 代表平均的协方差，则：

$$\sigma_P^2=\left(\frac{1}{N}\right)^2\sum_{i=1}^{n}\sigma^2+\left(\frac{1}{N}\right)\left(\frac{1}{N}\right)N\ (N-1)\ \bar{\sigma}_{ij}$$

$$=\left(\frac{1}{N}\right)^2N\sigma^2+\left(\frac{N^2-N}{N^2}\right)\bar{\sigma}_{ij}$$

$$=\left(\frac{1}{N}\right)\sigma^2+\left(1-\frac{1}{N}\right)\bar{\sigma}_{ij}$$

当 $N\to\infty$ 时，$1/N\to 0$，这时 $\sigma_P^2\to\bar{\sigma}_{ij}$。这意味着，当资产的个数不断增加时，各种资产的方差将完全消失。但无论如何，各对资产的平均协方差 $\bar{\sigma}_{ij}$ 仍然存在。也就是说，通过多种资产的投资组合，可以使隐含在单个资产中的风险得以分散，从而降低投资组合总体的风险水平，这就是通常所说的“不要把鸡蛋放在同一个篮子里”的原理，即投资多元化的作用。但是，由于各个资产收益之间的相关性，各对资产的协方差却无法因为投资组合而被分散并消失，即投资组合不能分散和化解全部风险，只能分散和化解部分风险。

（二）系统风险与非系统风险

根据风险的来源，可将风险大致分为两类：系统风险和非系统风险。

1. 系统风险，又称不可分散风险或市场风险，是指某些因素对市场上所有资产都带来损失的可能性，它无法通过分散化（多样化）来消除。它是整个经济系统或整个市场所面临的风险，是投资者在持有一个完全分散的投资组合之后仍要承受的风险。

系统风险主要由经济形势、政治形势的变化引起，将对绝大多数企业或资产的收益和价值产生影响。如宏观经济政策的变化、利率及汇率的调整、国际原油市场价格的变化、国际金融市场的影响、通货膨胀及制度变化等。当然，系统风险对不同企业、不同资产的影响是不同的，有的企业或资产受系统风险的影响较大，有的则较小，但大多数企业在整体上都将受到影响。

2. 非系统风险，又称可分散风险或公司特别风险，指某些因素对单项资产造成损失的可能性。

由于非系统风险是个别公司或个别资产所特有的，因此又称“特别风险”，它可以通过分散化（多样化）来消除。例如，一家公司的工人罢工、新产品开发失败、陷入债务危机、宣告被接管、公司经营亏损等。这类事件是非预期的、随机发生的，但它只能对这家公司及其股票价格产生影响，而不会对整个市场产生太大的影响。这种风险可以通过多样化投资的办法来进行分散，即投资于一家公司股票可能产生的损失，可以被投资于其他公司股票的收益所弥补或抵消。

这样，资产投资组合的总风险，就可以分解成如下两部分，如图 7–5 所示。

资产组合的总风险 = 系统风险 + 非系统风险 = 不可分散风险 + 可分散风险

五、最优投资组合的确定

从上述分析和图 7–4 可知，多项资产构成的投资组合的有效集，是图 7–4 中的“有效前沿”部分，即曲线段 *ECFB*。但这只给出了有效集，并没有回答什么样的投资组合是最优的。

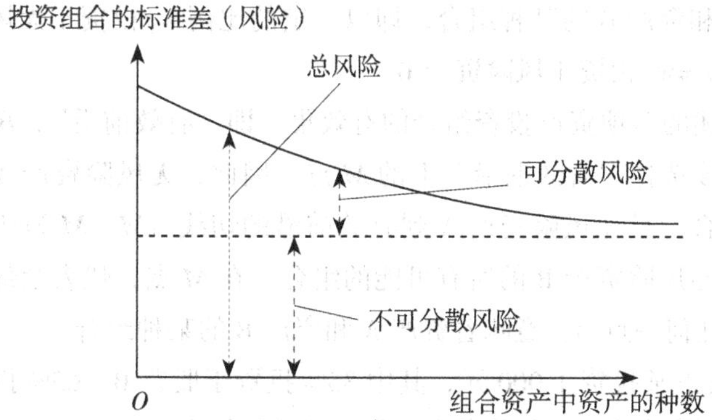

图 7–5 投资组合的方差与组合中资产种类之间的关系

为此，这里引入“无风险资产”的概念，来考察最优投资组合问题。

所谓无风险资产，是指其收益的标准差为零的资产，即资产的未来收益无不确定性，其实现的收益等于其预期收益。大多数专家认为，短期国库券、半年以内的银行定期存款等是无风险的投资。

【例】考察风险资产投资组合与无风险资产的投资组合。设资产 A 是无风险资产，持有的比例为 w_1，$\sigma_1=0$。资产 B 是风险投资组合，持有比例为 w_2，$\sigma_2\neq 0$。则将风险资产 B 与无风险资产 A 进行投资组合的风险为：

$$\sigma_p=(w_2^2\sigma_2^2)^{1/2}=w_2\sigma_2$$

结论：无风险资产 A 与风险资产 B 组合后的风险（标准差）取决于风险资产 B 的风险及其所占的比例。资产 A 与资产 B 的所有可能组合，在无风险资产 A 和风险资产组合 B 之间连成一条直线。

如图 7–6 所示，R_f 为无风险资产 A 的预期收益率。在 A 点，代表全部投资于无风险资产 A；而在 B 点，代表全部投资于风险资产 B。在连线上的任何一点 C，

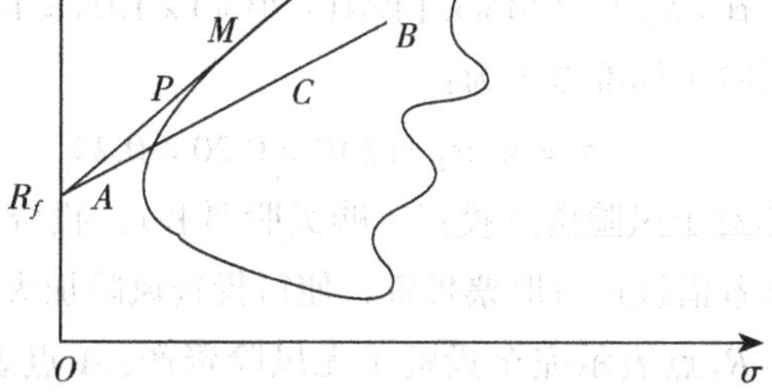

图 7–6 风险资产与无风险资产投资组合的预期收益和标准差

意味着资产 A 和资产 B 的某种组合，即以一定的比例 w_1 投资于无风险资产 A，而以比例（$1-w_1$）$=w_2$ 投资于风险资产 B。

而根据前述的多项资产投资组合的有效集，即“有效前沿”，*B* 点实际上不会被选择，而应该选择“有效前沿”上的 *M* 点。因此，无风险资产 A 与风险资产 B 的最优投资组合，是无风险资产 A 到有效前沿的切线 *AM*，*M* 为切点。线段代表无风险资产 A 与风险资产 B 的所有可能的组合。在 *M* 点，代表全部投资于风险资产在连线上的任何一点 B，意味着资产 A 和资产 B 的某种组合。

【例】假设王某投资 1 000 元，其中 35% 投资于股票 B，65% 投资于无风险利率（如存款或买国库券）。各种资产的收益及风险如表 7–6 所示。

表 7–6　资产的收益及风险

项　目	比例 /%	预期收益 /%	标准差
无风险利率	65	10	0
股票 B	35	14	0.2

则投资组合的预期收益率为：

$$E(R_P) = 0.35 \times 14\% + 0.65 \times 10\% = 11.4\%$$

投资组合的风险（标准差）为：

$$\sigma_p = w_2\sigma_2 = 0.35 \times 0.20 = 0.07$$

显然，相对于风险资产投资（购买股票 B），投资组合的预期收益率和风险均变小了。

【例】（接上例）假设王某以无风险利率借入 200 元，加上原有的 1 000 元，总投资为 1 200 元，全部投资于股票 B。

则由借款投资于风险资产的投资组合的预期收益率为：

$$E(R_P) = 120\% \times 14\% + (-20\%) \times 10\% = 14.8\%$$

投资组合的风险（标准差）为：

$$\sigma_p = w_2\sigma_2 = 120\% \times 0.20 = 0.24$$

这时，同样相对于风险资产投资（购买股票 B），投资组合的预期收益率和风险均变大了。意味着借钱进行股票投资，使得投资风险加大了。

在图 7–7 中，R_f 点表示完全投资于无风险资产；*A* 点表示 35% 投资于风险资产（股票 B），65% 投资于无风险资产；*M* 点表示 100% 投资于风险资产（股票 B）；

B 点则表示不仅将自己的全部资金，而 M 还加上借款，全部投资于风险资产（股票 B）。

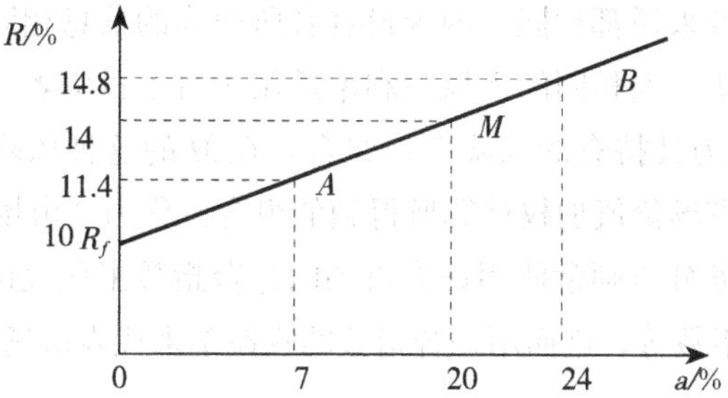

图 7-7 各种投资组合的预期收益及标准差

这里涉及无风险的借与贷。对无风险资产的投资实际上是贷出，而借入是对无风险资产的负投资。因此，借钱投资使得对无风险资产的投资比例为负数，即 $w_1<0$。

如图 7-8 所示，加入无风险资产后投资组合的有效边界为 R_f，M，B 连成的直线，该直线表示由无风险资产和风险资产组合 M 共同构成的各种组合，即最优的投资组合。

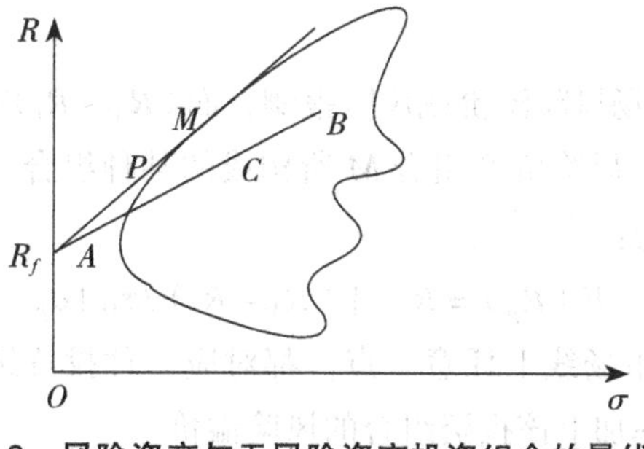

图 7-8 风险资产与无风险资产投资组合的最优组合

通过按照无风险利率进行借入或贷出，任何投资者持有的风险资产的投资组合都将是 M 点。无论投资者的风险厌恶程度如何，也不会选择可行集内部的任何点（如 C 点）。实际上，如果投资者具有较高的风险厌恶程度，他将选择由无风险资产和风险资产构成的组合，即风险规避者会选择 R_f 和 M 之间的某一点，越接近 R_f 的投资组合成的组合，风险越小；如果投资者具有较低的风险厌恶程度，他将选择接近 M 点的投资组合（如 M 点的左侧或 M 点）；而风险喜好者则更愿意按照无风险利率借钱，增加 M 点（风险资产）的投资。

这里，在 M 点的风险资产投资，既可以是单项风险资产，如某只股票（或证券），也可以是一组风险资产，如一揽子股票（或证券）。这里还暗含一个假设，即资本市场是完全有效的。如果资本市场是完全有效的，意味若所有投资者具有完全相同的信息和完全相同的预期（关于证券投资的预期收益、方差及协方差），则图 7-8 对所有投资者来说都相同，因为投资者所面临的信息相同，故所有投资者都将得出相同的有效集。而相同的无风险利率适用于每个投资者，所以所有的投资者都理性地以 M 点作为其持有的风险资产组合。在 M 的这种风险资产组合，通常就是现有的证券按照市场价值加权计算所得到的组合，称为"市场组合"。在实践中，财务经济学家或财务分析师常使用证券市场的综合指数来代表市场组合，如上证综合指数和深证成分指数等，进而用综合指数的收益率来代表市场组合的收益率。

六、资本市场线

根据上面的分析，在图 7-8 中，最优的投资组合是 R_f, M, B 连成的直线（即 R_f 到有效前沿 EMF 的切线），该直线表示由无风险资产的借贷与风险资产组合 M 共同构成的各种组合，称为资本市场线，其斜率为：

$$CML\text{ 的斜率} =（R_M - R_f）/\sigma_M$$

其中，R_M 和 R_f 分别为市场投资组合的预期收益率和无风险资产收益率；σ_M 为市场投资组合的风险。

$(R_M - R_f)$ 称为市场风险溢价或风险报酬，而 $(R_M - R_f)/\sigma_M$ 则为单位风险溢价。这样，由无风险资产与风险资产组合 M 所构成的某种组合，如果其风险为 σ_p，则其预期收益率可表示为：

$$E(R_p) = R_f + [(R_M - R_f)/\sigma_M]\sigma_p$$

也就是说，资本市场线上任意一点，都对应一种投资组合，它的预期收益率等于无风险资产收益率加上该投资组合的风险溢价。

七、网络财务信息系统风险管理制度

在网络财务风险防范中，硬件设备和信息技术是非常重要的，但是再先进的设备和技术都需要人去操作和掌控。因此，要真正发挥好这些安全设备和防范技术的作用，建立起一整套完善的风险管理制度是非常关键的，否则所有的风险防范方案都只是摆设。

（一）安全管理模型

对于网络财务来说，在管理方案的制定上一般采用的是以安全管理为中心的 MPDR 模型。MPDR（Management Protection Detection Response，MPDR）模型就是体现主动防御思想的安全模型。它以管理为核心平台，通过这个核心平台，各个安全特性，即防护（Protection）、检测（Detection）、响应（Response）并不是简单地以流程或者平面的方式组合在一起，而是互相影响、互相促进的。

下面对 MPDR 模型各部分的功能和作用进行详细说明。

1. 安全管理（M），指以统一的管理安全策略为基础，控制和协调网络中部署的防护、检测、响应模块，防范和处理安全事件，审计和分析安全日志，制定和实施安全管理规章，完整地实现网络安全目标。

2. 防护（P），指采用一切可能采取的手段保障信息的保密性、完整性、可用性、可控性和不可否认性。技术手段包括网络安全、操作系统安全、数据库系统安全访问控制、口令等保密性和完整性技术。

3. 检测（D），指利用高级技术提供的工具检查系统可能存在的由黑客攻击、白领犯罪、病毒泛滥等造成的脆弱性。技术手段包括病毒检测、漏洞扫描、入侵检测、用户身份鉴别等。

4. 响应（R），指对危及安全的事件、行为、过程及时做出响应处理，杜绝危害的进一步蔓延扩大，力求使系统提供正常服务。技术手段包括监视、关闭、切换、跟踪、报警、修改配置、联动、阻断等。

（二）人员安全管理

1. 人员录用

（1）保证被录用人备基本的专业技术水平和安全管理知识。

（2）对被录用人的身份、背景、专业资格和资质进行审查。

（3）对被录用人所具备的技术技能进行考核。

（4）对被录用人说明其角色和职责。

（5）签署保密协议。

（6）对从事关键岗位的人员应从内部人员选拔，并定期进行信用审查。

（7）对从事关键岗位的人员应与其签署岗位安全协议。

2. 人员离岗

（1）立即终止由于各种原因即将离岗的员工的所有访问权限。

（2）取回各种身份证件、钥匙、徽章等，以及机构提供的软、硬件设备。

（3）经机构人事部门办理严格的调离手续，并承诺调离后的保密义务后方可离开。

3. 人员考核

（1）对所有人员进行全面、严格的安全审查。

（2）定期对各个岗位的人员进行安全技能及安全认知的考核。

（3）对考核结果进行记录并保存。

（4）对违背安全策略和规定的人员进行惩戒。

4. 安全意识教育和培训

（1）对各类人员进行安全意识教育。

（2）告知人员相关的安全责任和惩戒措施。

（3）制定安全教育和培训计划，对信息安全基础知识、岗位操作规程等进行培训。

（4）针对不同岗位制定不同培训计划。

（5）对安全教育和培训的情况和结果进行记录并归档保存。

5. 第三方人员访问管理

（1）第三方人员应在访问前与机构签署安全责任合同书或保密协议。

（2）对重要区域的访问，须提出书面申请，批准后由专人全程陪同或监督，并记录备案。

（3）对第三方人员允许访问的区域、系统、设备、信息等内容应进行书面的规定，并按照规定执行。

（三）系统建设安全管理

1. 系统定级

（1）明确信息系统划分的方法。

（2）确定信息系统的安全保护等级。

（3）以书面的形式确定安全保护等级的信息系统的属性，包括使命、业务、网络、硬件、软件、数据、边界、人员等。

（4）以书面的形式确定一个信息系统为某个安全保护等级的方法和理由。

（5）组织相关部门和有关安全技术专家对信息系统的定级结果的合理性和正确性进行论证和审定。

（6）确保信息系统的定级结果经过相关部门的批准。

2. 安全方案设计

（1）根据系统的安全级别选择基本安全措施，依据风险分析的结果补充和调整安全措施。

（2）指定和授权专门的部门对信息系统的安全建设进行总体规划，制定近期和远期的安全建设工作计划。

（3）根据信息系统的等级划分情况，统一考虑安全保障体系的总体安全策略、安全技术框架、安全管理策略、总体建设规划和详细设计方案，并形成配套文件。

（4）组织相关部门和有关安全技术专家对总体安全策略、安全技术框架、安全管理策略、总体建设规划、详细设计方案等相关配套文件的合理性和正确性进行论证和审定。

（5）首先确保总体安全策略、安全技术框架、安全管理策略、总体建设规划、详细设计方案等文件必须经过批准，然后才能正式实施。

（6）根据安全测评、安全评估的结果定期调整和修订总体安全策略、安全技术框架、安全管理策略、总体建设规划、详细设计方案等相关配套文件。

3. 产品采购

（1）确保安全产品的使用符合国家的有关规定。

（2）确保密码产品的使用符合国家密码主管部门的要求。

（3）指定或授权专门的部门负责产品的采购。

（4）制定产品采购方面的管理制度，明确说明采购过程的控制方法和人员行为准则。

（5）预先对产品进行选型测试，确定产品的候选范围，并定期审定和更新候选产品名单。

4. 自行软件开发

（1）确保开发环境与实际运行环境物理分开。

（2）确保系统开发文档由专人负责保管，系统开发文档的使用应受到控制。

（3）制定开发方面的管理制度，明确说明开发过程的控制方法和人员行为准则。

（4）确保开发人员和测试人员的分离，测试数据和测试结果应受到控制。

（5）确保提供软件设计的相关文档和使用指南。

（6）确保对程序资源库的修改、更新、发布进行授权和批准。

5. 外包软件开发

（1）与软件开发单位签订协议，明确知识产权的归属和安全方面的要求。

（2）根据协议的要求检测软件质量。

（3）在软件安装之前检测软件包中可能存在的恶意代码。

（4）要求开发单位提供技术培训和服务承诺。

（5）要求开发单位提供软件设计的相关文档和使用指南。

6. 工程实施

（1）与工程实施单位签订与安全相关的协议，约束工程实施单位的行为。

（2）指定或授权专门的人员或部门负责工程实施过程的管理。

（3）制定详细的工程实施方案，控制实施过程，并要求工程实施单位能正确执行安全工程过程。

（4）制定工程实施方面的管理制度，明确说明实施过程的控制方法和人员行为准则。

7. 测试验收

（1）对系统进行安全性测试验收。

（2）在测试验收前根据设计方案或合同要求等制定测试验收方案，在测试验收过程中详细记录测试验收结果，形成测试验收报告。

（3）委托公正的第三方测试单位对系统进行测试，并出具测试报告。

（4）制定系统测试验收方面的管理制度，明确说明系统测试验收的控制方法和人员行为准则。

（5）指定或授权专门的部门负责系统测试验收的管理，并按照管理制度的要求完成系统测试验收工作。

（6）组织相关部门和相关人员对系统测试验收报告进行审定，没有疑问后由双方签字。

8. 系统交付

（1）明确系统的交接手续，并按照交接手续完成交接工作。

（2）由系统建设方完成对委托建设方的运维技术人员的培训。

（3）由系统建设方提交系统建设过程中的文档和指导用户进行系统运行维护的文档。

（4）由系统建设方进行服务承诺，并提交服务承诺书，确保对系统运行维护的支持。

（5）制定系统交付方面的管理制度，明确说明系统交付的控制方法和人员行为准则。

（6）指定或授权专门的部门负责系统交付的管理工作，并按照管理制度的要求完成系统交付工作。

9. 系统备案

（1）给系统定级、系统属性等材料指定专门的人员或部门负责管理，并控制这些材料的使用。

（2）将系统等级和系统属性等资料报系统主管部门备案。

（3）将系统等级、系统属性、等级划分理由及其他要求的备案材料报相应公安机关备案。

10. 安全服务商选择

确保安全服务商的选择符合国家的有关规定。

（四）系统运行维护管理

1. 环境管理

（1）对机房供配电、空调、温湿度控制等设施指定专人或专门的部门定期进行维护管理。

（2）配备机房安全管理人员，对机房的出入、服务器的开机或关机等工作进行管理。

（3）建立机房安全管理制度，对有关机房物理访问，物品带进、带出机房和机房环境安全等方面做出规定。

（4）加强对办公环境的保密性管理，包括如工作人员调离办公室应立即交还该办公室钥匙和不在办公区接待来访人员等。

（5）有指定的部门负责机房安全，并配置电子门禁系统，对机房来访人员实行登记记录和电子记录双重备案管理。

（6）对办公环境的人员行为，如工作人员离开座位应确保终端计算机退出登录状态和桌面上没有包含敏感信息的纸档文件等做出规定。

2. 资产管理

（1）建立资产安全管理制度，规定信息系统资产管理的责任人员或责任部门，并规范资产管理和使用的行为。

（2）编制并保存与信息系统相关的资产、资产所属关系、安全级别和所处位置等信息的资产清单。

（3）根据资产的重要程度对资产进行定性赋值和标识管理，根据资产的价值选择相应的管理措施。

（4）规定信息分类与标识的原则和方法，并对信息的使用、存储和传输做出规定。

3. 介质管理

（1）建立介质安全管理制度，对介质的存放环境、使用、维护和销毁等方面做出规定。

（2）有介质的归档和查询记录，并对存档介质的目录清单定期盘点。

（3）对于需要送出维修或销毁的介质，应首先清除介质中的敏感数据，防止信息的非法泄露。

（4）根据数据备份的需要对某些介质实行异地存储时，存储地的环境要求和管理方法应与本地相同。

（5）根据所承载数据和软件的重要程度对介质进行分类和标识管理，并实行存储环境专人管理。

（6）对介质的物理传输过程中人员选择、打包、交付等情况进行控制。

（7）对存储介质的使用过程、送出维修及销毁进行严格的管理，保密性较高的信息存储介质未经批准不得自行销毁。

（8）必要时应对重要介质的数据和软件采取加密存储，对带出工作环境的存储介质进行内容加密和监控管理。

（9）对存放在介质库中的介质定期进行完整性和可用性检查，确认其数据或软件没有受到损坏或丢失。

4. 设备管理

（1）对与信息系统相关的各种设备、线路等指定专人或专门的部门定期进行维护管理。

（2）对信息系统的各种软、硬件设备的选型、采购、发放或领用等过程建立基于申报、审批和专人负责的管理制度。

（3）对终端计算机、工作站、便携机、系统和网络等设备的操作和使用进行规范化管理。

（4）对带离机房或办公地点的信息处理设备进行控制。

（5）按操作规程实现服务器的启动 / 停止、加电 / 断电等操作，加强对服务器操作的日志文件管理和监控管理，并对其定期进行检查。

（6）建立配套设施及软硬件维护方面的管理制度，对软硬件维护进行有效的管理，包括明确维护人员的责任、涉外维修和服务的审批、维修过程的监督控制等。

（7）在安全管理机构统一安全策略下对服务器进行系统配置和服务设定，并实施配置管理。

5. 监控管理

（1）进行主机运行监视，包括监视主机的 CPU、硬盘、内存和网络等资源的使用情况。

（2）对分散或集中的安全管理系统的访问授权、操作记录、日志等方面进行有效管理。

（3）严格管理运行过程文档，包括责任书、授权书、许可证、各类策略文档、事故报告处理文档、安全配置文档、系统各类日志等，并确保文档的完整性和一致性。

6. 网络安全管理

（1）指定专人对网络进行管理，负责运行日志、网络监控记录的日常维护和报警信息的分析和处理工作。

（2）根据厂家提供的软件升级版本对网络设备进行更新，并在更新前对现有的重要文件进行备份。

（3）进行网络系统漏洞扫描，对发现的网络系统安全漏洞进行及时修补。

（4）保证所有与外部系统的连接均应得到授权和批准。

（5）建立网络安全管理制度，对网络安全配置、网络用户及日志等方面做出规定。

（6）对网络设备的安全策略、授权访问、最小服务、升级与打补丁、维护记录、日志以及配置文件的生成、备份、变更审批、符合性检查等方面做出具体要求。

（7）规定网络审计日志的保存时间，以便为可能的安全事件调查提供支持。

（8）明确各类用户的责任、义务和风险，并按照机构制定的审查和批准程序建立用户和分配权限，定期检查用户实际权限与分配权限的符合性。

（9）对日志的备份、授权访问、处理、保留时间等方面做出具体规定，使用统一的网络时间，以确保日志记录的准确性。

（10）通过身份鉴别、访问控制等严格的规定限制远程管理账户的操作权限和登录行为。

（11）定期检查违反规定拨号上网或其他违反网络安全策略的行为。

7. 系统安全管理

（1）指定专人对系统进行管理，删除或者禁用不使用的系统默认账户。

（2）制定系统安全管理制度，对系统安全配置、系统账户及审计日志等方面做出规定。

（3）对能够使用系统工具的人员及数量进行限制和控制。

（4）定期安装系统的最新补丁程序，并对厂家提供的可能危害计算机的漏洞进行及时修补，并在安装系统补丁前对现有的重要文件进行备份。

（5）根据业务需求和系统安全分析确定系统的访问控制策略。系统访问控制策略用于控制分配信息系统、文件及服务的访问权限。

（6）对系统账户进行分类管理，权限设定应当遵循最小授权要求。

（7）对系统的安全策略、授权访问、最小服务、升级与打补丁、维护记录、日志，以及配置文件的生成、备份、变更审批、符合性检查等方面做出具体要求。

（8）规定系统审计日志的保存时间，以便为可能的安全事件调查提供支持。

（9）进行系统漏洞扫描，对发现的系统安全漏洞进行及时的修补。

（10）明确各类用户的责任、义务和风险，对系统账户的登记造册、用户名分配、初始口令分配、用户权限及其审批程序、系统资源分配、注销等做出规定。

（11）对于账户安全管理的执行情况进行检查和监督，定期审计和分析用户账户的使用情况，对发现的问题和异常情况进行相关处理。

8. 恶意代码防范管理

（1）提高所有用户的防病毒意识，告知及时升级防病毒软件。

（2）在读取移动存储设备（如软盘、移动硬盘、光盘）上的数据，以及在网络上接收文件或邮件之前，先进行病毒检查，对外来计算机或存储设备接入网络系统之前也要进行病毒检查。

（3）指定专人对网络和主机进行恶意代码检测并保存检测记录。

（4）建立恶意代码防范管理制度，对防恶意代码软件的授权使用、恶意代码库升级、定期汇报等做出明确管理规定。

（5）建立恶意代码集中防护的安全管理中心，确保整个网络统一配置、统一升级、统一控制。

（6）定期检查信息系统内各种产品的恶意代码库的升级情况并进行记录，对主机防病毒产品、防病毒网关和邮件防病毒网关上截获的危险病毒或恶意代码进行及时分析处理，并形成书面的报表和总结汇报。

9. 密码管理

建立密码使用管理制度，密码算法和密钥的使用应符合国家密码管理规定。

10. 变更管理

（1）确认系统中将发生的变更，并制定变更方案。

（2）建立变更管理制度，在变更重要系统前，应向主管领导申请，变更方案经过评审、审批后方可实施。

（3）系统变更情况应告知所有相关人员。

（4）建立变更控制的申报和审批文件化程序，变更影响分析应文档化，变更实施过程应记录，所有文档记录应妥善保存。

（5）中止变更并从失败变更中恢复程序的过程应文档化，应明确过程控制方法和人员职责，必要时应演练恢复过程。

11. 备份与恢复管理

（1）识别需要定期备份的重要业务信息、系统数据及软件系统等。

（2）规定备份信息的备份方式（如增量备份或全备份等）、备份频度（如每日或每周等）、存储介质、保存期等。

（3）根据数据的重要性和数据对系统运行的影响，制定数据的备份策略和恢复策略；备份策略应指明备份数据的放置场所、文件命名规则、介质替换频率和将数据离站运输的方法。

（4）指定相应的负责人定期维护和检查备份及冗余设备的状况，确保需要接入系统时能够正常运行。

（5）根据设备备份方式，规定备份及冗余设备的安装、配置和启动的流程。

（6）建立控制数据备份和恢复过程的程序，记录备份过程，妥善保存所有文件和记录。

（7）根据系统级备份所采用的方式和产品，设定备份设备的安装、配置、启动、操作及维护过程控制的程序，记录设备运行过程状况，妥善保存所有文件和记录。

（8）定期执行恢复程序，检查和测试备份介质的有效性，确保可以在恢复程序规定的时间内完成备份的恢复。

12. 安全事件处置

（1）所有用户均有责任报告自己发现的安全弱点和可疑事件，但在任何情况下用户均不应尝试验证弱点。

（2）制定安全事件报告和处置管理制度，规定安全事件的现场处理、事件报告和后期恢复的管理职责。

（3）分析信息系统的类型、网络连接特点和信息系统用户特点，了解本系统和同类系统已发生的安全事件，识别本系统需要防止发生的安全事件，事件可能来自攻击、错误、故障、事故或灾难。

（4）根据国家相关管理部门对计算机安全事件的等级划分方法，以及安全事件在本系统产生的影响，对本系统计算机安全事件进行等级划分。

（5）制定安全事件报告和响应处理程序，确定事件的报告流程，响应和处置的范围、程度及处理方法等。

（6）在安全事件报告和响应处理过程中，分析和鉴定事件产生的原因，收集证据，记录处理过程，总结经验教训，制订防止再次发生的补救措施。在过程中形成的所有文件和记录均应妥善保存。

（7）对造成系统中断和造成信息泄密的安全事件应采用不同的处理程序和报告程序。

13. 应急预案管理

（1）在统一的应急预案框架下制定不同事件的应急预案。应急预案框架应包括启动预案的条件、应急处理流程、系统恢复流程和事后教育和培训等内容。

（2）从人力、设备、技术和财务等方面确保应急计划的执行有足够的资源保障。

（3）对系统相关的人员进行培训，使之了解如何及何时使用应急预案中的控制手段及恢复策略，对应急预案的培训至少每年举办一次。

（4）应急预案应定期演练，应根据不同的应急恢复内容确定演练的周期。

（5）规定应急预案需要定期审查和根据实际情况更新的内容，并按照其执行。

14. 风险管理

（1）针对关键系统资源进行定期的风险分析和评估。

（2）向管理层提交风险分析报告。

（3）建立风险管理的规范方法和体系。

第三节 新形势下的资本资产定价

资本资产定价模型（Capital Asset Pricing Model，CAPM）由 1990 年诺贝尔经济学奖得主威廉·夏普于 1964 年首先提出。20 世纪 60 年代中期以后，又有许多学者分别提出了资本资产定价问题，并对 CAPM 进行了大的实证研究，检验和发展了 CAPM。

CAPM 是一种描述风险与预期收益之间关系的模型。该模型主要分析了资本资产的预期收益与市场风险之间的关系，并用来解释证券资产价格、风险与收益在资本市场中的确定问题。该模型不仅适合于组合证券，而且还适合于单个股票；既包含了金融投资，也包含了实物投资，对于计算投资收益、控制投资成本等，具有重要的现实意义。

一、贝塔系数

从前面关于系统风险与非系统风险的介绍中可知，非系统风险能够通过分散投资得以降低或消除，而系统风险则无法通过分散投资的办法来消除。因此，对投资者来说，重要的是系统风险或不可分散风险，其所期望补偿的风险也正是系统风险，而不会期望市场对可以避免的风险有任何超额补偿。一般来说，证券的系统风险越大，投资者期望从该证券获得的收益也越高。

某一证券 j 对市场系统风险的反应，跟它与市场投资组合的相关程度有关。单个证券在市场证券组合的方差（或标准差）中所占的份额依赖于它与市场证券组合之间协方差的大小。因此，单个证券 j 与市场证券组合之间的协方差 Cov（j，M）是对这种证券系统风险的相对度量。因此，引入贝塔系数（Beta Coefficient，简记为 β）来表示单个证券 j 对市场组合变动（系统风险）的反应。

单个证券 j 的系统风险可表示为：

证券 j 的系统风险 = 证券 j 与市场投资组合的相关系数 × 证券 j 的风险

$= [\text{Corr}(R_j, R_M)]\sigma_j$

于是：

证券 j 的风险溢价 = 证券 j 的系统风险 × 市场的单位风险溢价（CML 的斜率）

$= [\text{Corr}(R_j, R_M)]\sigma_j[(R_M-R_f)/\sigma_M]$

$= [\text{Corr}(R_j, R_M)\sigma_j/\sigma_M][(R_M-R_f)]$

将上式中的前一项定义为贝塔系数，记为：

$$\beta_j = \frac{\text{Corr}(R_j, R_M)\sigma_j}{\sigma_M} = \frac{\text{Corr}(R_j, R_M)\sigma_j\sigma_M}{\sigma_M\sigma_M} = \frac{\text{Cov}(R_j, R_M)}{\sigma_M^2}$$

其中，$\text{Corr}(R_j, R_M)$ 为证券 j 的收益与市场投资组合收益之间的相关系数；$\text{Cov}(R_j, R_M)$ 为证券 j 的收益与市场组合收益之间的协方差；σ_M 为市场组合收益的标准差，即市场组合收益的风险。

可见，贝塔系数是证券收益与市场投资组合收益之间的协方差除以市场投资组合收益的方差。它是对不可分散风险或市场风险的一种度量，是单个证券的收益变动对市场组合收益变动的反应程度。

可以看出，证券 j 的 β 值的大小取决于证券 j 与市场投资组合收益之间的相关性，用相关系数 $\text{Corr}(j, M)$ 表示、证券 j 收益的标准差 σ_j 以及市场投资组合收益的标准差 σ_M。贝塔系数的经济意义在于：它揭示了证券收益率相对于市场投资组合收益率变动的敏感程度。

如果证券 j 的贝塔系数是 1，则它的收益率等于市场投资组合的收益率，它的风险也等于市场投资组合的风险。

如果证券 j 的贝塔系数大于 1，则其收益率的变动要比市场投资组合收益率的变动幅度大，即其收益率具有更大的不确定性。比如，某一证券的贝塔系数为 1.5，则当市场投资组合的收益率增加或减少 10% 时，该证券的收益率将增加或减少 15%。

如果证券 j 的贝塔系数小于 1，则其收益率的变动要小于市场投资组合收益率的变动。比如，某一证券的贝塔系数为 0.5，则当市场投资组合的收益率增加或减少 10% 时，该证券的收益率将增加或减少 5%，即其收益率比市场投资组合收益率的不确定性小。

贝塔系数的一个重要特征是，投资组合的贝塔系数是该组合中各个证券贝塔系数的加权平均值，即：

$$\beta_p = \sum_{i=1}^{n} w_i\beta_i$$

其中 w_i 为证券 i 在投资组合中所占的比重；β_i 为证券 i 的贝塔值；n 为证券投资组合中证券的种数。

进而，当以各种证券的市场价值占市场组合总的市场价值的比重为权数时，所有证券的贝塔系数的加权平均值等于 1，即：

$$\beta_p=\sum_{i=1}^{n}w_i\beta_i$$

也就是说，如果将所有的证券按照它们的市场价值进行加权，组合的结果就是市场组合。根据贝塔系数的定义，市场组合的贝塔系数等于 1。

二、资本资产定价模型

（一）基本含义与模型

资本资产定价模型（CAPM）的基础是个人投资者可以根据自己所愿意承受的风险程度，来选择无风险资产与一个风险资产的投资组合。只有当风险资产的收益能够抵消其风险时，投资者才会持有这种资产。

由式：$E(R_p)=R_f+[(R_M-R_f)/\sigma_M]\sigma_p$，可知，资本市场线上任意一点，代表一种有效的投资组合，它的预期收益等于无风险资产收益率加上该投资组合的风险溢价。表示为：

$$E(R_p)=R_f+\text{投资组合的风险溢价}$$

当这种投资组合是市场投资组合时，作为一个整体，则证券市场的预期收益为：

$$E(R_M)=R_f+\text{风险溢价}$$

即市场的预期收益是无风险资产收益率加上因市场组合内在风险所需的补偿。上式的左边是指证券市场的预期收益（或期望收益），不是某年或某月的实际收益率。在某一特定时期，实际的市场收益率可能是正值，也可能是负值。

因为投资者要求对所承受的风险进行补偿，因此从理论上风险溢价应该是正值。例如，Roger G lbbotson 和 Rex A Sinquefield 的实证研究发现，1926 ~ 1999 年美国大公司股票的平均收益率为 13.3%，小公司股票的平均收益率为 17.6%，政府国库券的平均收益率为 3.8%。如果把政府国库券的平均收益率视为无风险资产收益率，则美国大公司和小公司股票的风险溢价分别为 9.5%（13.3%–3.8%）和 13.8%（17.6%–3.8%）。

那么，如何估计单个证券的预期收益呢？换句话说，单一证券的预期收益与风险之间是何关系？

实际上，对于一个单个证券，如果证券市场是充分有效的，则投资者面临的主要风险是系统风险（假设非系统风险已经被分散掉）。一般来说，证券的系统风险越大，投资者期望从该证券获得的收益也越高。根据贝塔系数的含义，单个证券的贝塔系数越大，它的风险就越大，所要求的收益率也就越高。

在有效率的资本市场上，市场均衡意味着所要求的收益率必须等于预期收益率。因此，证券 j 所要求的收益率可以表示为：

$$E(R_j)=R_f+\beta_j(R_M-R_f)$$

其中，$E(R_j)$ 为证券 j 所要求的收益率；R_f 为无风险资产收益率；R_M 为市场投资组合的预期收益率；β_j 为证券 j 的贝塔系数；(R_M-R_f) 为市场的风险溢价。

如果把证券 j 看成是一种资本资产，而非一种具体的股票，则前式就成为 CAPM 的一种常见形式。该模型表明，一种资产所要求的收益率等于无风险收益率加上该资产的系统风险溢价。

资本资产定价模型表达的是：投资者对单项资产所要求的收益率应等于市场对无风险投资所要求的收益率加上该资产的风险溢价。而风险溢价取决于两个因素：一是市场的风险溢价 (R_M-R_f)，二是其贝塔系数 β_j。单项资产的预期收益率与它的贝塔系数之间是一种线性关系。

结合以上分析，有效的证券投资组合的资本资产定价模型可表示为：

$$E(R_p)=R_f+\beta_p(R_M-R_f)$$

其中，$E(R_p)$ 为证券投资组合的预期收益；β_p 为该投资组合的贝塔系数。

上式表明，有效的证券投资组合的预期收益率与风险之间是一种线性关系，投资组合的预期收益会高于无风险资产的预期收益，高出部分是风险投资组合的贝塔系数的一定比例。

【例】AK 公司股票的贝塔系数为 1.5，ZB 公司股票的贝塔系数为 0.7，假设无风险资产收益率为 8%，市场的预期收益率为 18%。如果投资者的一个投资组合为 60% 购买 AK 公司股票，40% 购买 ZB 公司股票。计算：（1）AK 公司和 ZB 公司股票的预期收益率。（2）该投资组合的预期收益率。（3）该投资组合的贝塔系数。

解（1）根据资本资产定价模型，AK 公司股票的预期收益率为：

$$E(R_{AK})=R_f+\beta_{AK}(R_M-R_f)=8\%+1.5\times(18\%-8\%)=23\%$$

ZB 公司股票的预期收益率为：

$$E(R_{ZB})=R_f+\beta_{ZB}(R_M-R_f)=8\%+0.7\times(18\%-8\%)=15\%$$

（2）如果按 60% 购买 AK 公司股票，40% 购买 ZB 公司股票，则该投资组合的预期收益率为：

$$E(R_p)=0.6\times23\%+0.4\times15\%=19.8\%$$

（3）该投资组合的贝塔系数为：

$$\beta_p = 0.6\times5+0.4\times0.7=1.18$$

这一投资组合的预期收益率也是 19.8%，即：

$$E(R_p)=R_f+\beta_p(R_M-R_f)=8\%+1.18\times(18\%-8\%)=19.8\%$$

计算结果表明，资本资产定价模型不但对单项资产（单个证券）可以成立，而且对资产投资组合也可以成立。

（二）CAPM 的基本假设

获得诺贝尔经济学奖的资本资产定价模型，是在一系列假设的基础上推导出来的，这些假设涉及现实中投资者的行为和资本市场的条件。如果没有这些假设，该模型就难以成立。CAPM 的基本假设包括：

1. 市场是由厌恶风险的投资者组成的，投资者力求规避风险。

2. 存在无风险资产，所有投资者都可以按相同的无风险利率进行借或贷。

3. 所有投资者进行的是单期投资决策。

4. 资本市场上资产数量给定，所有资产可以完全细分，资产是充分流动、可销售、可分散的。

5. 投资者都是市场价格的接受者，对资产报酬有同质预期，即投资者对未来证券的风险和收益有相间的估计。

6. 没有交易成本和税收。

7. 没有通货膨胀，利率水平不变。

8. 资本市场是有效率的，意味着投资者具有完全信息，市场能达到均衡。

三、证券市场线（SML）

根据资本资产定价模型，均衡时单项资产的预期收益率是其贝塔系数的线性函数，且具有正向关系。这意味着任何资产的预期收益应随其不可分散风险的增加而上升。如果某一证券具有更多的分散化无法减少的风险，那么投资者就会要求更多的收益，这样才能使投资者将该证券保持在他们的投资组合中。

证券市场线是表明一项资产的预期收益率与其贝塔系数之间关系的一条直线。

由 $E(R_p)=R_f+\beta_p(R_M-R_f)$ 可知，当 $\beta_j=0$ 时，$E(R_j)=R_f$；当 $\beta_j=1$ 时，$E(R_j)=R_M$。以横轴表示某一证券的贝塔系数，纵轴表示该证券的预期收益率，则得证券市场线如图 7–9 所示。

从图 7–9 中可以看出，证券市场线的截距为 R_f，斜率为（R_M-R_f）。证券市场线是一条具有正斜率的直线。因为市场的投资组合是一个风险资产的组合，所以其预期收益应该大于无风险收益率。

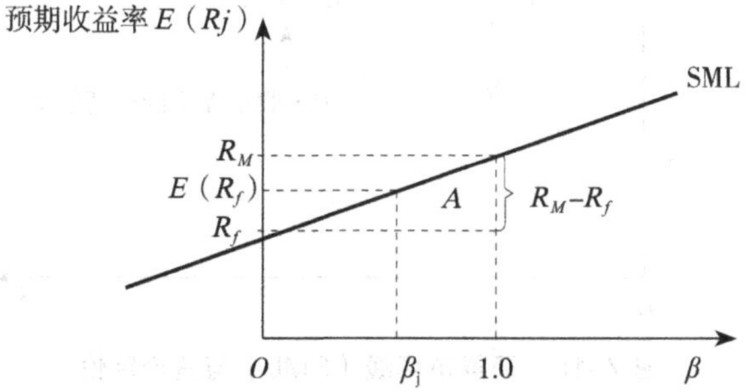

图 7–9　证券市场线：预期收益率与贝塔系数之间的关系

如图 7–9 所示，证券市场线上任一点 A 都表明某一证券 j 的预期收益率与其贝塔系数 β_j 之间的对应关系，即：

资产 j 的预期收益率 $= \mathrm{E}（R_j）= R_f + \beta_j \times$ 斜率

$= R_f + \beta_j(R_M - R_f)$

证券市场线表明了单个证券或市场投资组合的预期收益率与其贝塔系数之间的线性关系，这种关系对于单个证券或市场投资组合都成立。从图 7–9 可看出，由于 β 系数代表了单项资产（证券）面临的系统风险，β 越大，该资产所面临的系统风险越大，其所要求的收益率也就越高。

当 $\beta > 1$ 时，$E（R_j）> R_M$，即单项资产的预期收益率大于市场组合的预期收益率；

当 $\beta = 1$ 时，$E（R_j）= R_M$，即单项资产的预期收益率与市场组合的预期收益率相同；

当 $0 < \beta < 1$ 时，$E（R_j）< R_M$，即单项资产的预期收益率小于市场组合的预期收益率；

当 $\beta = 0$ 时，$E（R_j）= R_f$，即单项资产的预期收益率与无风险收益率相同。

证券市场线上的点意味着，当资本市场均衡时，一项风险资产（证券或证券组合）所要求的收益率应该等于其预期收益率，而其预期收益率等于无风险收益率加上该项资产的贝塔系数所代表的系统风险溢价。也就是说，一项资产的预期收益率与其贝塔系数的组合点一定位于证券市场线上。

因此，证券市场线具有资产定价的含义：当资本市场均衡时，对一项风险资产（或其组合），投资者所要求的收益率应该在证券市场线上；如果一项资产的预期收益不在证券市场线上，则表示该项资产定价过低或定价过高。

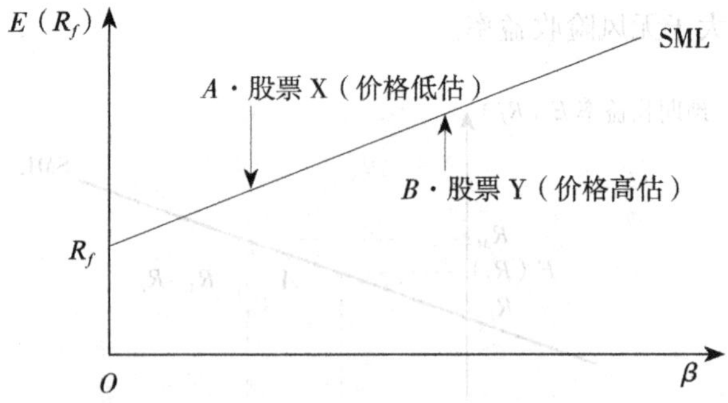

图 7–10 证券市场线（SML）与资产定价

如图 7–10 中的 *A* 点，股票 X 的预期收益率高于所要求的收益率。股票的价格被低估（定价偏低）了。在一个完善的资本市场上，将产生价格调整。由于股票具有较高的预期收益，投资者纷纷购买股票 X，致使股票 X 价格上升、收益率下降。这种价格调整继续进行，直到股票 X 的收益率回落到 SML 上，形成均衡的收益率。

如图 7–10 中的 *B* 点，股票 Y 的预期收益率低于所要求的收益率，股票的价格被高估（定价偏高）了。在完善的资本市场上，也将产生价格调整。由于股票 Y 具有较低的预期收益，投资者纷纷抛售，致使股票 Y 价格下降、收益率上升。这种价格调整不断地进行，直到股票 Y 的收益率上升到 SML 上，形成均衡的收益率。

当资产收益率落在证券市场线上时，资本市场就达到了均衡。均衡价格会保持不变，直到出现资产的系统风险变动、无风险利率变动，或其他变动时才打破均衡。

四、贝塔系数的估计

如前所述，贝塔系数是一种系统风险指数，用来衡量单个证券或资产收益率的变动对市场组合收益率变动的反应程度。在实际分析中，贝塔系数往往不是已知的，需要计算或估计。根据贝塔系数的定义，可用下式计算某一证券 j 或资产贝塔系数，即：

$$\beta_j = \mathrm{Cov}(R_i, R_M) / \mathrm{Var}(R_M) = \mathrm{Cov}(R_i, R_M) / \sigma_M^2$$

按照定义计算贝塔系数，涉及计算证券 j 收益率与市场收益率之间的协方差和方差。只要给定某一时期证券 j 的各期收益率以及相应的市场收益率数据，就可以利用上述公式计算出证券 j 的贝塔系数。

然而这样计算的贝塔系数会遇到如下一系列问题：贝塔系数可能随时间的推移而变化，计算时的样本容量可能太小，贝塔系数受财务杠杆和经营风险变化的影响等。

因此，在实践中，证券分析师通常利用回归分析的方法，通过大量的单个证券收益率和市场收益率数据，依据资本资产定价模型进行回归估计，从而得出贝塔系数的估计值。用实证方法估计贝塔系数的基本方法有两种。

方法一：

利用资本资产定价模型（CAPM）。单个证券或资产的收益率 R_j 与市场收益率 R_M、无风险收益率 R_f 之间的关系可用模型表示为：

$$R_j = R_f + \beta_j (R_M - R_f) + \varepsilon_j$$

变形为：$R_j - R_f = \beta_j (R_M - R_f) + \varepsilon_j$，这里 ε_j 为随机干扰项。

令：$\triangle R_j = R_j - R_f$，$\triangle R_M = R_M - R_f$，则有：

$$\triangle R_j = \beta_j \triangle R_M + \varepsilon_j$$

对上式，利用样本数据，进行过原点的回归分析，即可得出贝塔系数的估计值。

方法二：

由于贝塔系数是度量单个证券收益率对于市场组合收益率变动的反应程度的指标，因此，假设单个证券收益率 R_j 与市场组合收益率 R_M 之间是线性关系，其模型为：

$$R_j = \alpha_j + \beta_j R_M + \varepsilon_j$$

利用公司与市场的收益率样本数据，直接用 Excel 或 SPSS 等统计软件对上式进行回归估计，即可得出 α_j 与 β_j 的估计值。

这样估计出来的单个证券收益率与市场组合收益率之间相关关系的一条直线，称为特征线，其斜率就是贝塔系数，如图 7-11 所示。

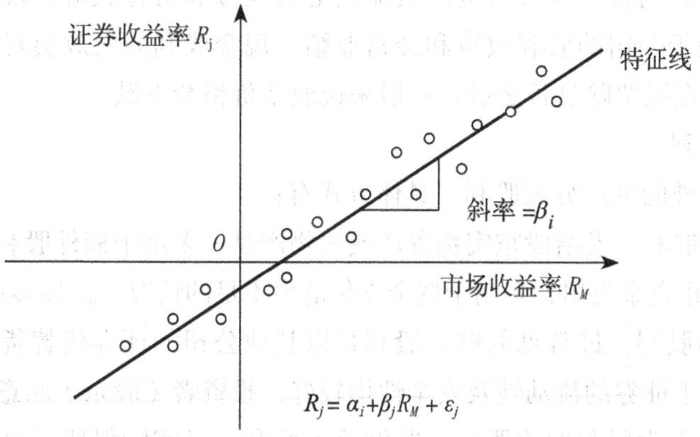

图 7-11 贝塔系数的估计：特征线

第八章　企业收益分配政策与方案选择分析

第一节　股利分配政策

一、股利种类与股利发放程序

股利是指股份公司从公司利润中以现金、股票或其他形式支付给股东的报酬。是利润分配的一种形式。而股利政策是指股份公司关于从其利润中支付多少、何时和以何种形式支付给股东的决定。通常，公司在制定股利政策时，要在给予股东回报和公司未来发展、投融资计划以及企业资本结构之间进行权衡。

（一）股利的种类

1. 现金股利

现金股利是股份公司以现金形式发放给股东的股利，是最常用的股利分派形式。发放现金股利将减少公司资产负债表上的现金和留存收益。现金股利发放的多少主要取决于公司的股利政策和经营业绩。现金股利的发放会对股票价格产生直接的影响，在股票除息日之后，一般来说股票价格会下跌。

2. 财产股利

用现金以外的资产分配股利。具体方式有：

（1）实物股利。发给股东实物资产或实物产品。多用于额外股利的发放。这种方式不增加货币资金支出，多用于现金支付能力不足的情况。这种形式不经常采用。

（2）证券股利。最常见的财产股利是以其他公司的证券代替货币资金发放给股东股利。由于证券的流动性及安全性均较好，投资者（股东）愿意接受。对企业来说，把证券作为股利发给股东，既发放了股利，又实际保留了对其他公司的控制权，可谓一举两得。

（3）公司债股利。公司用自己的债权分发给股东作为投资报酬，股东又成为公司的债权人。公司资产总额不变，负债增加，资产净值减少。具体有发行的公司债券和本公司开出的票据两种办法，两种办法都是带息票据，并有一定的到期日。对股东来说，到期还本收到货币股利的时间要很长，但可获得额外的利息收入；对公司来说，增加了支付利息的财务压力。它只是公司已经宣布并必须立即发放股息而货币资金不足时采用的一种权宜之策。

3. 负债股利

公司以负债形式支付股利，通常是用应付票据或者发行公司债券作为股利的一种支付方式。

4. 股票股利

股票股利是公司以增发股票的方式代替货币资金，按股东持股比例分发给股东作为股利。具体情况：（1）在公司注册资本尚未足额时，以其未认购的股票作为股利支付。（2）以新发行的股票支付股利。有的公司增资发行新股时，预先扣除当年应分配股息和红利，减价配售给老股东，也有发行新股票时进行无偿增资，即股东以不缴纳任何现金和实物的形式，无代价地取得公司发行的股票的增资做法。

股票股利的具体办法是送股。送股是指公司将红利或公积金转为股本，按增加的股票比例派送给股东。公司虽未收到现金，但公司资本仍然增加，相应地减少了公司的公积金（或公司盈利减少）。送股具体又有两种：一种是以红利送股，即红股。处于成长阶段的上市公司需要大量资金研发新产品、开拓新市场，扩大经营规模，而保留上一年的可分配利润，将红利以面值折算成红股派送给股东。这种方式对股东而言实际是一种再投资，股东既可不缴股利所得税，还可以通过市场获得资本收益。另一种送股是以公积金送股，这种方式的实质就是把净资产拆细，送股的资本来源于股东权益本身。从财务意义而言，这种送股并不直接增加股东收益和权益。

在分红中股份公司动用企业的盈余公积金进行送股，企业的股本虽然扩大了，但盈余公积金却相应地减少了，而企业的净资产并未得到增加，上市公司的资金实力也未增加，未来年度的盈利水平也将不会因为所谓的送股而受到什么影响。但是，公司送股之后每股资产净值降低且股本总量增大，在未筹得新增资本的前提下，过多地送红股定会增加每股的获利难度，难以维持因送红股而过快增长的股本总量所要求的新增利润，出现送股过多而效益降低的情况，绩优股势必成为劣质股，出现恶性循环。

可见，股票股利只是在形式上分到股票，而实际上尚未收到股利，股票股利的目的是为了筹集资金。股票股利一般以比率的形式来表示。例如，对2%的股票股利，意味着股东现时持有的每50股股票将能得到1股新股。

配股是指公司在增发股票时，以一定比例按优惠价格配给老股东股票。配股和送股的区别在于：（1）配股是有偿的，送股是无偿的。（2）配股成功会使公司现金增加。（3）配股实际上是一种再融资行为，它实际上是给予老股东的补偿，是一种优惠购买股票的权利。这种做法的目的之一是保护原有股东对公司的控制权。

当公司宣布股票拆细时，同样会增加流通在外的股票数量。由于拆细后每股代表的现金流量相应减少，股票价格也将下降。除非股票拆细比例很大，否则与股票股利非常相似。

（二）发放现金股利的标准程序

是否发放股利的决策权在公司董事会的手中。股利只发放给在某一天登记在册的股东。

股份有限公司向股东支付股利，前后也有一个过程，主要经历为：股利宣告日、股权登记日、除息日和股利支付日，如图所示。

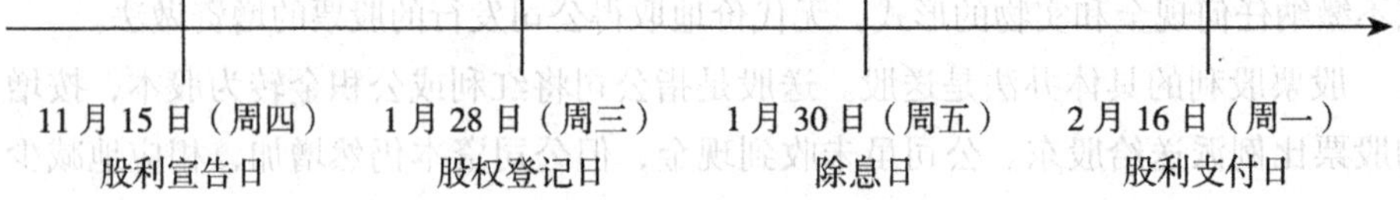

图 8–1　股利的支付过程

1. 股利宣告日

股利宣告日即公司董事会决定要在某日发放股利的日期，也就是宣布分派股利的当天。董事会一般应根据发放股利的周期（每年一次或每季一次）举行董事会会议，讨论并宣布将要进行的股利分派。在宣布日股份有限公司应登记有关股利负债。公告中将宣布每股支付的股利、股权登记期限、除去股息日期和股利支付日期。

2. 股权登记日

股权登记日即有权领取股利的股东有资格登记的截止日期。只有在股权登记日前在公司股东名册上有名的股东，才有权分享股利。而在这一天之后才列入股东名册的股东，将得不到这次分派的股利，其股利仍归原股东所有。这一股利差异将影响股票价格。

3. 除息日

除息日又称除权日，指领取股利的权利与股票相互分离的日期。在除息日前，股利权属于股票，持有股票者即享有领取股利的权利；除息日始，股利权与股票相分离。新购入股票的人不能分享股利。这是因为股票买卖的交接、过户需要一定的时间，如果股票交易日期离股权登记日太近，公司将无法在股权登记日得知更换股东的信息，只能以原股东为股利支付对象。为了避免可能发生的冲突，证券业一般规定股东登记日的前两个交易日为除息日。除息日对股票的价格有明显的影响，在除息日前进行的股票交易，股票价格包括应得的股利收入在内，除息日后进行的股票交易，股票价格不包括股利收入，应有所降低。自除息日起，公司股票的交易称为无息交易，其股票称为无息股。这就是说，一个新股东要想取得本期股利，必须在股权登记日的两天之前购入股票，否则即使持有股票也无权领取股利。

4. 股利支付日

股利支付日即将股利正式支付给股东的日期，也称付息日。在这一天开始的几天内，公司应通过各种手段（如邮寄支票、汇款等）将股利支付给股东，同时冲销股利负债。

二、影响股利政策的因素

企业股利政策的形成受多种因素的影响，主要有法律、公司发展的需要和股东意愿等几个方面的因素。

（一）法律性限制

一般地说，法律并不要求公司一定要分派股利，但对某些情况下公司不能发放股利却做出限制。这些限制主要表现为：防止资本侵蚀、留存盈利、无力偿付债务等。

1. 防止资本侵蚀的规定

防止资本侵蚀的规定，要求公司股利的发放不能侵蚀资本，即公司不能因支付股利而引起资本减少。至于“资本”一词，是指公司普通股的面值还是指公司普通股面值与超过面值缴入资本之和，应视具体法律而定。这一条款的理性目的，在于保证公司有完整的产权基础，由此保护债权人的利益。任何导致资本减少（侵蚀）的股利发放都是非法的，董事会应对此负责。

2. 留存盈利的规定

留存盈利的规定与防止资本侵蚀的规定相类似。它规定公司股利只能从当期的利润和过去累积的留存盈利中支付。公司股利的支付不能超过当期与过去的留存利之和，但它并不限制公司股利的支付额大于当期利润。

3. 无力偿付债务的规定

无力偿付债务有两层含义：第一层是指公司由于经营管理不善，出现最大亏损，致使负债超过资产，即资不抵债；第二层则是指尽管公司没有形成大量亏损，导致资不抵债，但由于企业资产的流动性差，已陷入财务上的困难，而无力偿付到期债务。无力偿付债务的规定要求：如果公司已经无力偿付到期债务或因支付股利将使其失去偿还能力，则公司不能支付现金股利；否则，属于违法行为。由于企业的偿付到期债务的能力直接取决于资产的变现能力，因而无力偿付债务的规定，不允许公司在现金有限的情况下，为取悦股东而支付现金股利，为债权人提供了可令其安心的利益保障。

（二）契约性限制

公司以长期借款协议、债券契约、优先股协议以及租赁合约等形式向企业外部筹资时，常常应对方的要求，接受一些有关股利支付的限制条款。这些限制条款主要表现为：除非公司的盈利达到某一水平，否则公司不得发放现金股利；或把股利发放额限制在某一盈利额或盈利百分比上。确立这些契约性限制条款，限制企业股利支付，目的在于促使企业把利润的一部分按有义条款的要求的某种形式（如偿还基金准备等）进行再投资，以扩大企业的经济实力，从而保障债款的如期偿还，同时还维护债权人的利益。

（三）企业内部的有关限制

企业正常的经营活动对现金的需求成为对股利重要的限制因素，这一因素对股利政策的影响程度取决于企业的变现能力、筹资需求、筹资能力、盈利的稳定性以及股权控制要求等因素。

1. 变现能力

企业资金的灵活周转是企业生产经营得以正常进行的必要条件。公司现金股利的分配自然也应以不影响企业经营上的流动性为前提。如果一个公司的资产有较强的变现能力，现金的来源较充裕，则它的股利支付能力也较强。但在现实经济生活中存在如下情况：尽管公司有较大的当期或以前积累的利润，却因管理不善，资产的变现能力较差。在这种情况下，企业如还要强行支付现金股利，显然是不明智的。因此，企业现金股利的支付能力，在很大程度上受其资产变现能力的限制。

2. 筹资需求

企业的筹资需求往往与其投资需求直接相关。企业的股利政策应以其未来的投资需求为基础。如果一个公司有较多的投资机会，那么，它往往较乐于采用低股利支付率、高再投资比率的政策。尤其对于成长中的公司而言，往往处于资金紧缺状态，资金需要量大而紧迫。将较大比例的盈余留存下来用于企业再投资，不仅可以满足企业资金的需求，而且其成本远低于发行新股筹资的成本。另外，将盈利留存下来还可以扩大企业的权益基础，有助于改善企业的资本结构，进一步提高企业的潜在筹资能力。相反，如果一个公司的投资机会较少，那么它就有可能倾向于采用较低的盈利留存比率和较高的股利支付率。这是因为：一方面，个别股东单独地将收到的现金股利进行再投资，可能会获得比企业再投资更高的收益率；另一方面，企业并不急需资金。由此可见，企业对资金的需求程度是决定企业盈利用于股利分派或留存的重要因素之一。

对一些成长中的公司财务经理而言，在确定公司股利政策时往往会陷入两难境况：一方面，在发展中公司有许多有利可图的投资机会需要资金投入，以期在未来较长的时期内获得更多的利润，以实现股东财富最大化；另一方面，公司股东心理上可能害怕承担风险而希望现时多发放现金股利，少保留留存盈利。这就要求财务经理在两者之间进行权衡，据此做出正确的选择。如果公司采取低股利政策，财务经理必须说服股东并使之明确公司有盈利高的投资项目，将更多的盈利留存下来用于这些项目投资，会比股东个别单独地将其现金股利投资于其他机会，能带来更高的报酬，公司股票价格在未来的大幅度增长足以抵偿并超过现时因少分派股利而受到的损失时。

3. 筹资能力

企业股利政策也受其筹资能力的限制。企业在评估其财务状况时，不仅要考虑其筹资能力，而且还要考虑其筹资成本及筹资所需时间。一般而言，规模大、成熟型企业比那些正在快速发展的企业具有更多的外部筹资渠道。因此，它们比较倾向于多支付现金股利，较少地留存盈利。而对于新设的、正在快速发展的企业，由于具有较大的经营和财务风险，因而，总要经历一段困难的时期，才能较顺畅地从外部取得长期资金。在此之前，其所举借的长期债务不仅代价高昂，而且往往附有较多的限制性条款，新发行的证券有时难于销售。因此，这些规模小、新创业的高速发展企业，往往把限制股利交付、多留存利作为其切实可行的筹资办法。

另外，股利支付与企业的未来融资之间同样存在着矛盾，表现为：较多地发放现金股利，有利于企业未来以较有利的条件发行新证券筹集资金。但它同时又使企业付出远高于留存盈利这种内部筹资的代价。反之，如果公司目前较少发放现金股利，尽管可以将更多的盈利留存下来，可暂时节约外部筹资的高昂代价，但同时又不可避免地对今后较长时期开拓有利的筹资环境产生不良影响。这就要求企业的财务经理在股利支付与筹资要求之间进行合理权衡。

4. 盈利的稳定性

企业的股利政策在很大程度会受其盈利的稳定性的影响。一般而言，一个公司的盈利越稳定，则其股利支付率也就越高。这是因为，盈利稳定的企业对保持较高的股利支付率更有信心，公用事业公司就是具有相对稳定性的盈利模式和较高股利支付率的典型例子。收益稳定的公司由于其经营和财务风险较小，因而比其他收益不稳定的公司，更能以较低的代价筹集负债资金。

然而，财务经理人员应当明白，股利具有信息价值。限制股利的支付将提高投资者的必要收益率，由此降低股票市价。盈利方面的增加应足以弥补权益成本上升所带来的不利影响。

5. 股权控制要求

股利政策也会受现有股东对股权控制要求的影响。以现有股东为基础组成的董事会，在长期经营中可能形成了一定的有效控制格局，他们有时也会将股利政策作为维持其控制地位的工具。这尤其适用于：为有利可图的投资机会筹集所需资金，而外部又没有适当的筹资渠道可以利用时，公司为避免增发新股票，让许多新股东参加到企业中来，可能打破现有股东已经形成的控制格局，他们就会倾向于较低的股利支付率，以便从内部的高留存盈利中取得所需资金。

（四）股东的意愿

股东在税负、投资机会、股权稀释等方面的意愿也会对公司的股利政策产生影响。实际上，企业不可能形成一种能使每位股东的财富最大化的股利政策，公司制定股利政策的目的在于对绝大多数股东的财富产生有利影响。

1. 税负

公司的股利政策也许会受到股东们所得税状况的影响。如果一个公司有很大比例的因达到个人所得税的某种界限而按品税率课税的富有股东，则其股利政策将倾向于多留盈利少分股利。由于股利收入的税率要高于资本利得的税率，因而这种少分派的股利政策可以给这一富有股东带来更多的资本利得收入，从而达到少缴纳所得税的目的。相反，如果一个公司绝大部分股东是低收入阶层，其所适用的个人所得税税率比较低，这些股东就会更重视当期的股利收入，宁愿获得没有风险的当期股利，而不愿冒风险去获得以后的资本利得。对这类股东来说，税负状况并不是他们关心的内容，他们更喜欢较高的股利支付率。

2. 股东的投资机会

如前所述，如果公司将留存收益用于再投资所得报酬低于股东个人单独将股利收入投资于其他投资机会所得的报酬，则该公司就不应多留存盈利，而应多支付现金股利给股东。因为这样做，将对股东更为有利。尽管难以对每位股东的投资机会及其投资收益率加以评估，但公司至少应对风险相同的企业外部投资机会可获得的投资收益率加以评估。如果评估显示，在企业外部的股东有更好地投资机会，则公司应选择多支付现金股利，少留存收益的股利政策。相反，如果企业的投资机会可以获得比其外部投资机会更高的投资收益率，则公司应选择低股利支付率的股利政策。因此，股东的企业外部投资机会的评估也是正确制定股利政策必须考虑的一个因素。

3. 股权的稀释

财务经理应认识到，高股利支付率会导致现有股东股权和盈利的稀释。如公司支付大量现金股利，然后再发行新的普通股以融通所需资金，现有股东的控制权就有可能被稀释。另外，随着新普通股的发行，流通在外的普通股股数必将增加，最终将导致普通股的每股盈利和每股市价的下降，从而对现有股东产生不利影响。可见，正确制定企业的股利政策，必须考虑股东的要求。尽管最终的股利政策取决于多种因素，但避免股东的不满是很重要的。如果股东们对现有股利政策不满意，他们就会出售其所持股份，外部集团掌握企业控制权的可能性也就增大。当股东们对公司的股利政策不满时，企业被外部集团接管的可能性越大。

三、股利政策理论

关于股利政策的讨论，主要有两大学术流派：股利无关论和股利相关论。前者认为股利政策对股票价格不会产生任何影响；而后者则认为股利政策对企业股票价格有较强的影响。双方争论的症结在于：企业应支付多少股利才是合理的？

（一）股利无关论

股利无关论由米勒和莫迪利安尼于 1961 年提出。他们认为，股利政策不会影响公司的价值。这是因为公司的盈利和价值增加与否完全视其投资政策而定。在公司投资决策给定的条件下，股利政策不会产生任何影响结果。在完全资本市场中，理性投资者的股利收入与资本增值两者之间不存在区别，以及投资政策已定的条件下，公司的股利政策对其股票市价不会产生任何影响。因此，无所谓哪一种股利政策是最佳的股利政策，也可以说任何股利政策都是最佳股利政策。

与资本结构理论中的 MM 定理相类似，米勒和莫迪利安尼（以下简称 MM）提出的股利无关论也是依据以下几个重要假定。

1. 存在一个完全资本市场。在完全资本市场中，所有投资者都是理性的，信息可以免费获得，没有交易成本存在，各种证券无限分散，任何投资人的影响力都无法大到足以影响这些证券价格；没有发行成本的存在。

2. 没有个人或公司所得税存在，也即资本利得与股利之间没有所得税差异。

3. 公司有一既定不变的投资政策。这意味着新投资项目的外部筹资将不会改变公司的营业风险局面，因而，也不会改变普通股的必要收益率。

4. 每一位投资者对未来投资机会和企业利润都有完全的把握。换言之，各投资者都能有把握地预计未来的价格和股利。

MM的股利无关论关键在于存在一种套利机制。通过这一机制使支付股利与外部筹资这两项经济业务所产生的效益与成本正好相互抵消。当公司做出投资决策后，它就必须决定是将其盈利留存下来，还是将盈利以股利形式发放给股东，并发行新股票筹措等同金额的资金，以满足投资项目的资金需要。如果公司采用后一方案，就存在股利发放与外部筹资之间的套利过程。股利支付给股东的财富正好会使股票市价上升，但发行新股票将使股票终值下降。而套利的结果是，股东的股利所得正好被股价终值的下降所抵消。股利支付后。每股市价等于股利支付前的每股市价。由此，MM认为，股东对盈利的留存与股利发放没有任何偏好。由于股东的无偏好性，股东财富也就不受企业现在与将来的股利政策影响。企业的价值完全取决于企业未来的盈利能力，而非盈利分配方式。正是根据套利制推论出股东对于股利与盈利的留存没有任何偏好，并据此得出企业的股利政策与企业价值无关这一著名论断。

MM也认识到公司股票价格会随股利的增减而变动这一重要的实证现象。但他们认为，股利增减所引起的股票价格的变动，并不能归因于股利增减本身，而应归因于股利所包含的有关企业未来盈利的信息内容。股利的增发传递给股东的信息是管理当局预期公司的未来盈利将会更高；而股利的减发传递给股东的是不利信息，即公司未来的盈余情况将比目前的盈余情况更差，总之，是股利所传递的有关企业未来盈余增减的信息内容，影响了股票价格，而不是股利支付本身。与此同时，MM注意到，有些股东追求资本利得，从而喜欢股利支付率低的股票；而另一些股东则倾向于较多当期收入。因而喜欢股利支付率高的股票。公司的任何股利政策都不可能满足所有股东的股利要求。因此，公司不必考虑股东对股利的具体意愿，而应根据特点制定出一套适应企业生产经营需要的股利政策，然后再去吸引那些喜欢这一政策的投资者前来购买其股票。其结果是，每位投资者都购买到适应其股利意愿的股票。据此，MM认为公司股票的价值不受股利政策变化的影响。

（二）股利相关论

股利相关论的主要代表人物有戈登、杜莱德和林特纳等人。他们认为，在不确定和信息不对称的条件下，企业盈利在留存和股利之间的分配确实影响到股票价值。股利相关论的主要理论观点包括“一鸟在手”理论、“迎合股东”理论、“信号传递”理论和“代理成本”理论等。

1.“一鸟在手”理论。该理论认为，对投资者来说，现金股利是抓在手中的鸟，而公司留存收益则是躲在林中的鸟，随时可能飞走。相对于股利支付而言，资本利得具有更高的不确定性。根据风险和收益对等原则，在公司收益一定的情况下，作为风险规避的投资者偏好股利而非资本利得。股利支付的高低最终会影响公司价值。当期股利的支付解除了投资者心中的不确定性，因而，投资者对股利和资本利得有不同的偏好，股东们更喜欢股利。戈登特别指出，对风险规避型股东来说。由于股利是定期、确定的报酬，而未来的资本利得则缺乏确定性，因此，股东们更喜欢股利。而对未来资本利得的允诺兴趣不大。据此，戈登认为，股利的支付可以减少投资者的不确定性，并使他们愿意按较低的普通股必要收益率来对企业的未来盈利加以贴现，由此企业的价值得到提高。相反，不发放股利或降低股利支付率，而多留存企业的盈利进行再投资，以获得更多未来的资本利得，却会增大投资者的不确定性。因此，戈登和林特纳主张，发生在未来的资本利得风险品于目前已握在手中的股利，所以，为了使资金成本能降到最低，公司应维持高股利支付率的股利政策。

2.“迎合股东”理论。该理论认为，由于股利的税率比资本利得的税率高，而且资本利得税可以递延到股东实际出售股票为止。因此投资者可能喜欢公司少支付股利，而将几年的盈余留存下来用于再投资。而为了获得较高的预期资本利得，投资人愿意接受较低的普通股必要收益率，由此认为，在股利税率比资本利得税率高的情况下，只有采取低股利支付率政策，公司才有可能使其价值达到最大化。

3.“信号传递”理论。该理论认为，与普通投资者相比。企业管理当局拥有更多的内部信息，在信息不对称的情况下，公司管理当局可以通过股利政策向市场传递有关公司未来盈利能力的信息。当股利支付水平上升时，通常认为向外界传达的信息是公司盈利状况良好，从而带动股价上升；而当股利支付水平下降时，则认为向外界传达的信息是公司盈利状况不佳，从而影响公司股价下降。因此，一般说来，经营业绩好的公司往往通过相对较高的股利支付率把自己同经营业绩差的公司区别开来，以吸引更多的投资者。市场上的投资者也通常会认为，股利政策的差异是反映公司质量差异的有价值的信号。如公司连续保持较为稳定的股利支付率，投资者就可能对公司未来的盈利能力与现金流量抱有较为乐观的预期。但是，公司以支付现金股利的方式向市场传递信息，通常也要付出较为高昂的代价，包括：① 较高的所得税负担；② 公司因分派现金股利造成现金流量短缺，再次在资本市场发行新股而产生的交易成本，由此产生的股本扩大和每股盈利摊薄，以及对公司市场价值产生的不利影响；③ 公司因分派现金股利造成投资不足，并丧失有利的投资机会，及由此产生的机会成本。尽管以派现方式向市场传递利好信号需要付出很高的成本，但为什么公司仍要选择派现作为公司股利支付的主要方式呢？这个难以破解的理论问题被布莱克称为"股利分配之谜"。

4."代理成本"理论。该理论认为，现代企业的一个最重要特征是两权分离，股东将财产委托给经营者经营，从而产生了委托代理关系，而委托人和代理人之间存在的信息不对称则容易引发道德风险。股利支付一方面可以降低代理成本，另一方面则会增加交易成本。公司股利支付率的确定应当在这两种成本之间进行权衡，以使总成本最小。

如果新股票发行存在发行费用，也将使投资者更倾向于多留存盈余，少发放股利的股利政策。如果公司的投资政策已定，则股利的支付必然要求公司为投资项目筹资外部资金。然而，由于发行费用的存在，又将使外部产权筹资要付出更高的代价。因此，外部权益筹资将提高公司的资本成本，并使公司价值下降。这一情况也会促使许多公司倾向于采用留存盈余的内部筹资政策。

此外，受实验经济学和行为金融学的影响，以 Miller（1981）、Thaler（1980）和 Shefrin&Statman（1984）等为代表的学者开始将行为科学、心理学和社会学等学科的研究成果引入和应用于股利政策研究中。尽管他们仅提出了一些观点和看法，尚未形成一个完整、成熟的理论体系，但是这种把相关学科和财务理论相结合的尝试使得对"股利之链"的阐释进入了一个全新的领域。之后的一些学者又进行了相继研究，并最终形成了理性预期理论、自我控制说和不确定性下选择的后悔厌恶理论、投合理论等。

第二节　股票的分割与回购

一、股票分割

股票分割也称拆股，是指将面值较高的股票分解为面值较低的股票的行为。股票分割时，公司发行在外的股票数增加，使得每股面值降低，每股盈余下降，但公司价值不变。股东权益各项目的金额及其相互间的比例也不会改变。这与发放股票股利时的情况既有相同之处，又有不同之处。股票分割与股票股利的比较如表 8-1 所示。

表 8-1　　股票分割与股票股利的比较

内容	股票股利	股票分割
不同点	•面值不变 •股东权益结构变化（股本增加、未分配利润减少） •属于股利支付方式	•面值变小 •股东权益结构不变 •不属于股利支付方式
相同点	•普通股股数增加 •每股收益和每股市价下降 •资产总额、负债总额、股东权益总额不变	

二、股票回购

（一）股票回购的基本含义

股票回购是指上市公司出资将其发行在外的普通股以一定价格购买回来予以注销或作为库存股的一种资本运作方式。公司不得随意收购本公司的股份，只有满足相关法律规定的情形才允许股票回购。有时候公司可能会利用剩余的现金来回购自己发行在外的股票，以此代替发放现金股利。近二十年来，股票回购已成为公司向股东分配利润的一种重要形式。

股票回购的方式包括：公开市场回购，是指公司在公开交易市场上以当前市价回购股票；要约回购，指公司在特定期间向股东发出的以高出当前市价的某一价格回购既定数量股票的要约；协议回购指公司以协议价格直接向一个或几个主要股东回购股票。

股票回购的原因有：提高股票价格；防止被其他公司控制；调整公司的资本结构；税收利益的考虑；作为库藏股票。

股票回购所产生的可能影响包括以下两点。

1. 对每股收益及股票价格的影响。通常认为，由于回购后每股收益的提高，股票回购协议是有利的。这是因为：由于股票回购后，发行在外的股票数费减少了，每股收益计算公式中的分母变小了。但是，实证研究的结论却不尽相同。

2. 对其他方面的可能影响。股票回购既有有利的一面，也有不利的一面：（1）回购计划也可能在一些投资者心目中产生一些副作用，认为回购计划是公司没有好的投资项目从而对公司发展前景蒙上阴影；（2）回购股票有时被认为有操纵股市的嫌疑，处理不当会受到证券交易监管部门的调查甚至处罚；（3）回购股票有时也被认为是变相逃避税收的行为，稍有不慎就可能受到税务部门的处罚。

三、股票回购的动因

在过去的 20 多年间，在西方发达国家成熟的资本市场上，虽然股票回购最初只是作为一项替代现金的股利政策出现的，但随着经济的发展和证券市场的不断完善，股票回购的财务动机也呈现出多元化的格局。在现代财务理论中，股票回购的财务动机除了作为现金股利的替代之外，还有提升公司股价、进行有利的信号传递、优化公司资本结构、保持各种资金来源的最佳比例关系并提高权益资金的盈利能力等，甚至还会成为公司防御敌意收购的一项有效措施。

（一）现金股利的替代

当公司有富余资金，但又不希望通过派现方式进行分配的时候，那么股票回购可以作为一种替代方法，不会改变股东的收益。

例如，假设 A 公司 2016 年税后净利润 6000 万元，总股本 1 亿股，每股盈余 0.6 元，若市盈率 20 倍，股价为 12 元，公司欲将 5000 万元发放现金股利，即每股股利 0.5 元。那么公司可选择以每股 12.5 元的价格回购 400 万股股票。这样的操作与派发现金股利的结果相同：股票回购之后每股收益为 0.625 元，假设市盈率不变，那么每股股价应上涨为 12.5 元，这样继续持有股票的股东相当于获得了每股 0.5 元股利，而出售股票的股东亦可获得每股售价 12.5 元。

（二）避税动因

对投资者来说，现金股利的税率一般都高于资本利得税率，而且由于股东对是否出售给公司所持有的股票有选择权，所以他们还可以自主决定是现在缴纳资本利得税，还是以后再缴纳。

（三）防止敌意收购

20 世纪 80 年代以来，购并浪潮席卷全球。在外流通股票数量越多，股价越低，公司越容易被敌意收购。而股票回购有助于公司管理者避开竞争对手企图收购的威胁，因为它可以使公司流通在外的股份数变少，股价上升，从而使收购方要获得控制公司的法定股份比例变得更为困难。而且，股票回购可能会使公司的流动资金大大减少，财务状况恶化，这样的结果也会减少对方收购公司的兴趣。

第三节　企业利润分配方案选择

在实践中，企业会根据自身的发展战略和公司实际需要以及股东的意愿，以及资本市场政策环境等，决定实施什么样的股利政策。由于股份制发展历史不同、制度与监管环境不同、资本市场完善程度不同等因素，国内外上市公司的股利政策实践有很大差异。

一、中国上市公司股利分配的特点

1. 以现金股利为主，多种分配方式共存。在股利分配过程中，现金股利和股票股利为基本的分配方式，但是在我国公积金转增股本也占据相当大的比重。现金股利、股票股利和转增股本也分别简称为派、送、转，实际上在我国不仅存在派、送、转，“送派”“送转”“派转”“送派转”等组合形式也是我国独有的股利分配方式。

2. 支付现金股利的公司一直占有较高比重，且较稳定；支付股利的公司的比例呈下降趋势；转增股本的公司比例基本稳定在一定范围。外国公司的股利支付政策，以现金股利和股票回购为主要方式。

二、股利政策的形式

公司在制定股利分配政策的实践中，可以根据影响股利政策因素的不同和公司自身的实际情况，采取不同的股利政策。股利政策通常有如下几种主要形式。

（一）剩余股利政策

剩余股利政策主张，公司的盈余首先用于营利性投资项目资金的需要。在满足了营利性投资项目的资金需要之后，若还有剩余，则公司才能将剩余部分作为股利发放给股东。据此，公司可以按以下三个步骤来做出股利决策。

1. 决定最佳资本支出水平。

2. 利用最优资本结构比例，确定用权益资金融通资本支出预算所需的资金总额。

3. 由于留存盈利的成本低于新普通股成本，故尽可能用留存盈利来融通第二步所确定的资本支出预算所需的权益资金。如果留存盈利不足以满足资本预算所需权益资金，则需发行新普通股弥补不足。如果现有留存盈利在满足资本预算所需权益资金之后还有剩余，公司才可将其剩余部分作为股利分配给股东。

由此可见，该股利政策完全取决于可接受投资项目的多寡，这种被动的剩余处理，意味着投资者对于盈利的留存或发放股利毫无偏好。完全遵照执行剩余股利政策。使股利的发放额每年随投资机会所需资金量的波动而波动，即使在盈利水平不变的情况下，股利将与投资机会的多寡呈反方向变动。投资机会越多，股利越少；反之，投资机会越少，股利发放就越多。而在投资机会维持不变的情况下，则股利发放额将随公司每年盈利的波动而同方向波动。

（二）固定股利支付率的股利政策

有些公司采用股利支付率固定的股利政策，即将每年盈利的固定百分比作为股利分配给股东。这一政策的问题在于，如果公司的盈利在各年间波动不定，则股利也将随之波动。然而，主张实行这一政策的公司却认为，只有维持固定的股利支付率，才算真正做到公平对待每一位股东。

固定股利支付率政策是一种固定的分配机制（即随每年盈利的变化，多盈多分、少盈少分、不盈不分），它一般不可能使公司的价值达到最大化。因此，一般公司并不愿意采用。倘若公司真正实行这种股利支付政策，也许会产生一系列问题，最终企业的命运可能是破产，如图 8-2 所示。

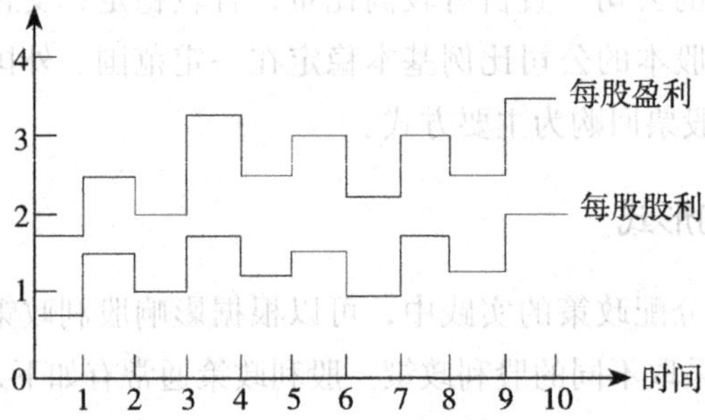

图 8-2　股利支付率固定的股利政策

（三）固定或稳定增长的股利政策

许多事实表明，绝大多数企业和股东理性地喜欢稳定性股利政策。长期的稳定性股利政策表现为每股股利支付额固定的形式，如图 8-3 所示。其基本特征是，不论经济情况如何，也不论公司经营好坏，绝对不要降低年度股利的发放额，而

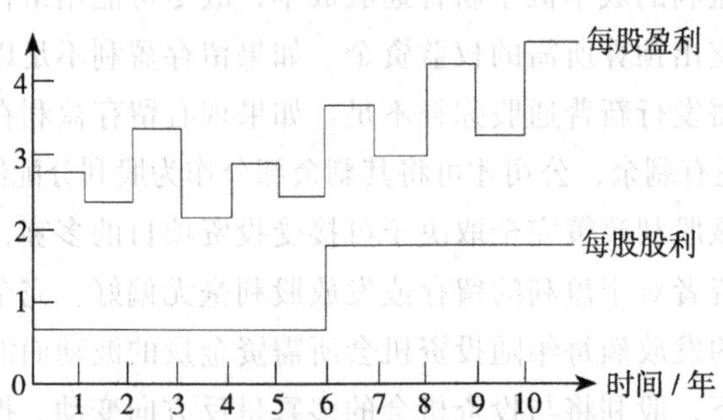

图 8-3　股东或稳定增长的股利政策

应将公司每年的每股股利支付额固定在某一特定水平上保持不变。只有公司管理当局认为公司的盈利确已增加，而且未来的盈利足以支付更多的股利时，公司才会提高每股股利支付额。

近十多年来，有不少国外的股份公司逐步将股利政策支付额转向稳定成长的股利政策。即为了避免股利的波动，公司在支付某一规定金额股利的基础上，制定一个目标股利成长率，依据公司的盈利水平按目标的股利成长率逐步提高企业的股利支付水平。一般而言，稳定的股利政策可以吸引投资者。在其他因素相同的情况下，采用稳定股利政策的公司股票和市价会更高。投资者之所以会高估此类股票，其原因在于以下几点。

1. 股利可以消除投资者内心的不确定性。当盈余下降时，公司并不削减其股利，则市场对这种股票将更具有信心。许多投资者认为，股利变化可以传递某些信息内容，稳定的股利政策表明，公司未来的经营前景将会更好。因此，公司管理当局可以通过股利的信息内容改变投资者的预期。当然，管理当局不可能一直愚弄市场，如果公司盈利趋于下滑，则稳定的股利将不会永远传递美好未来的信息。而且，如果一个公司处于盈利大幅度波动的不稳定行业之中，则稳定股利政策不会显示其潜在的稳定性。

2. 许多需要依靠固定股利收入满足其现金收入需要的股东更喜欢稳定的股利支付方式。尽管投资者在股利不足于其当期现金需要时，可以出售部分股票以获得收入。但许多投资者往往因要支付交易成本而不愿意出售股票，更何况当公司削减股利时，盈利通常已下滑，股价也会随之下跌。因此，投资者将更喜欢稳定的股利。

3. 稳定和成长型股利政策，可以消除投资者关于未来股利的不安全感。管理当局相信，投资者将对股利稳定的公司股票支付更高的价格。由此，可以降低公司权益资金的成本。

4. 具有稳定股利的股票有利于机构投资者购买，有些国家的政府相关管理机构对退休基金、信托基金和人寿保险公司等机构投资者进行证券投资做了法律上的规定：只有具有稳定的股利记录的公司，其股票才能成为这些机构投资者证券投资的对象。

三、低正常股利加额外股利的政策

低正常股利加额外股利政策，顾名思义，是指一般情况下，公司每年只支付数额较低的正常股利，只有在公司经营非常好时，除正常股利之外加付额外股利给股东（又称“红利”），如图 8-4 所示。

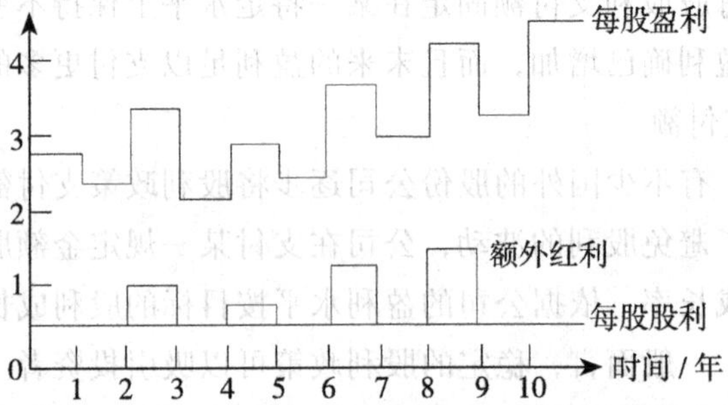

图 8-4　低正常股利加额外股利的政策

这种股利政策的优点是：（1）股东发放固定股利，可以增加股东对公司的信心。（2）给公司以较大的弹性。即使公司盈利很少或需要多留存盈利时，公司仍可发放固定的股利；而当公司盈利较多时，还可以给股东以红利。但必须注意的是，额外股利的支付不能使股东将其视同为正常股利的组成部分，否则，不仅会失去其原有的意义，而且还会产生负面影响。例如，一个连年支付额外股利的公司，如果股东将其视为正常股利的组成部分，则某一年因盈利下降而取消额外股利，其股东很有可能据此错误地认为公司财务发生了问题，公司的股价就有可能因之下降，由此影响到公司的融资能力。

第九章　企业并购与价值分析

第一节　企业并购概述

一、并购的主要形式

“并购”有广义和狭义之分，狭义的“并购”即传统意义上的并购，是“兼并”和“收购”的合称（英文缩写为M&A）。这里的“兼并”是广义概念，包括吸收合并和新设合并。狭义的“兼并”通常就是指吸收合并。广义的“并购”除了包括上述活动外，还包括分立、分拆、资产分离等形式。事实上，“并购”是一个动态的概念，实践中并购形式的创新在不断地丰富着并购的内涵和外延，这也是至今缺乏对并购准确定义的一个原因。

并购的实质是在企业控制权运动过程中，各权利主体依据企业产权所做出的制度安排而进行的一种权利让渡行为。并购活动是在一定的财产权利制度和企业制度条件下进行的，在并购过程中，某一或某一部分权利主体通过出让其所拥有的对企业的控制权而获得相应的收益，另一或另一部分权利主体则通过付出一定代价而获取这部分控制权。企业并购的过程实质上是企业权利主体不断变换的过程。

并购（狭义，以后不再特别注明）包括吸收合并、新设合并和收购三种形式。

（一）吸收合并

吸收合并是指一家或多家企业被另一家企业吸收，兼并企业继续保留其合法地位，目标企业则不再作为一个独立的经营实体而存在。假设A企业吸收合并B企业，完成后B企业的法定地位消失，A企业继续合法存在，并且吸收B企业的全部资产和负债。

（二）新设合并

新设合并是指两个或两个以上的企业组成一个新的实体，原来的企业都不再以独立的经营实体而存在。假设 A、B 两个企业新设合并，则 A、B 企业将不存在，而是在 A、B 企业的基础上组成新的 C 企业。在新设合并中，兼并企业和被兼并企业的区分并不重要。但是，吸收合并与新设合并适用的法则基本是相同的。不论是吸收合并还是新设合并方式，并购都会导致双方企业资产和负债的联合。

（三）收购

收购是指一家企业在证券市场上用现金、债券或股票购买另一家企业的股票或资产，以取得对该企业的控制权，被收购企业的法人地位不消失。收购开始时，通常是一家企业管理层对另一家企业管理层私下发出要约（收购要约可以通过报纸、广告等公告方式进行通知。有时也会用普通邮寄方式，但由于需要知道在册股东的姓名和地址，通常这些资料难以得到，故这种方式很少采用），但有时该要约会直接发给目标企业的股东，后者称为发盘收购，属于敌意收购。在发盘收购中，买卖协议的签订双方是收购企业和目标企业的股东，这决定了发盘收购中交易决策的分散性。由于交易决策权分散于众多的股东往往会导致收购成本过高。但是由于股东自己具有交易决策权，可以避免目标企业管理层出于保住自己职位的动机或者其他动机导致对目标企业股东有利的交易不能进行。

选择收购股票方式所要考虑的因素有以下几方面。

1. 收购股票无须召开股东大会，也无需投票。如果目标企业股东不愿意接受该要约，他们有权拒绝而且不出售股票。

2. 收购股票方式下，采用要约收购可以绕进管理层和董事会直接与目标企业的股东打交道。

3. 收购股票经常是非善意的。由于目标企业的管理层通常会积极地抵制收购的发生，故而收购常常选择避开他们。目标企业管理层的抵制往往造成收购成本高于兼并成本。

4. 在要约收购中，由于总有一小部分股东坚持不出让股票，故而目标企业总是无法被完全吸收。

5. 若要求完全地吸收，则需通过兼并方式，有许多股票收购后来都以兼并告终。

二、并购的动因及效应

企业通过并购重组，能够产生各种效应（有的并购活动只产生一种效应，而有的并购活动能同时产生几种效应），从而增强了企业的各种能力（如学习能力、创新能力、整合能力、市场适应能力、竞争能力等），进而经过并购后的各种整合（产业链整合、产品整合、文化整合、技术整合及营销网络整合、人力资源整合等）提高了企业的经营绩效，从而提升或增强了企业的竞争力。

（一）并购动机的理论解释

企业的竞争战略决定了企业并购的战略与动机，企业并购战略必须服从并实现企业的总体竞争战略。企业之所以要进行并购，实际上是企业发展战略的需要。并购动机与企业战略总是密切地联系在一起的，并购是企业在一定发展阶段实施其战略的有效手段，甚至是企业战略的主要内容之一。经济学与管理学理论从各个角度对企业并购动因进行了分析，为人们正确认识企业并购动因提供了重要依据和理论解释，阐述较多的并购动机理论主要有：寻求企业发展与规模经济效应、追求协同效应、实现多元化、取得市场支配力、降低代理成本和交易成本、其他动机等。

1. 规模经济的理论解释。企业进行并购的最基本动机之一就是寻求企业的发展与扩张。当寻求发展与扩张时，企业面临两种选择：内部扩张与通过外购进行扩张。内部扩张由于受到企业自身资源与要素的制约，可能是一个缓慢的过程，而通过并购发展则一般要迅速得多。

微观经济学理论认为，在完全竞争的市场条件下，企业存在一个与其资源和要素相适应的“最佳生产规模”，即在给定生产函数、投入要素及产出的竞争市场价格的情况下，企业会按照利润最大化或成本最小化的原则进行生产，选择相应的投入与产出水平，最佳的生产规模点就是MR=MC时的产量。企业的边际成本MC和平均成本AC一般是随着生产规模的扩大而先降后升，当企业的生产规模达到某一临界点后，平均成本就会开始上升，这时生产规模的进一步扩张就变得十分困难。这时的企业可以通过横向并购来扩大生产规模，提高盈利水平。规模经济包括工厂规模（即生产单位的规模，是指由于生产活动的不可分割性而带来的大规模生产在经济上的有利性）和企业规模（即商业单位的规模），并购产生的规模经济效应表现在如下几方面：（1）生产的规模经济效应。一是企业可以通过并购对所需的资产进行补充与调整，达到最佳规模经济，降低生产成本；二是能使企业在保持整体生产结构情况下，在各个工厂实现产品的单一化生产，避免由于产品品种转化带来的生产时间的浪费；三是可以有效地解决由于专业化引起的各生产流程的分离等一系列问题，使各生产过程之间有机地配合，降低操作成本、运输成本，充分利用生产能力，以产生规模经济效益。（2）营销的规模经济效应，并购使几家企业合并为一个企业，使企业的整体经济实力得到增强，其营销网络、营销渠道得到有效整合。企业通过并购可以针对不同的顾客群体或细分市场进行专门的生产与服务，满足不同的市场需求。（3）管理的规模经济效应。并购后由于生产布局、设备利用、技术开发、营销能力的改善以及组织机构整体等，会使企业的各种生产成本和管理费用呈下降趋势，企业融资也会相对容易。（4）研发的规模经济效应。并购后原来分散的研发和技术力量能够得到集中使用，有利于企业集中和足够的经费用于研究、设计、开发和生产工艺改进等方面进行产品与技术创新。

2. 协同效应的理论解释。协同效应原指两种物质或因素结合在一起产生比两者独立运作的效果之和更为显著的综合效果，简单地说，协同效应就是“1+1=3”或“1+1>2”的效应。协同效应实际上是从效率角度来看并购活动的，并购中的协同效应是指企业通过合并，其获利能力将高于原有各企业的总和。协同效应具体包括经营协同效应、财务协同效应和管理协同效应等。

（1）经营协同效应。经营协同效应包括两种形式：收入的提高和成本的降低。收入提升的经营协同效应是指一种新创造或新改进的产品或服务，通过将并购双方的两种独有特性结合而形成，带来即时或长期的收入。收入可能来自并购双方产品的交叉营销机会，由于产品线的扩张，各公司都可以向现有客户销售更多产品与服务，交叉营销使得每个并购单位都有提高收入的潜力，各公司的收入因此将得到迅速提升。

（2）财务协同效应。财务协同效应是指并购对主并企业或并购双方资本成本的影响。如果在企业并购中产生了财务协同效应，则资本成本应该降低。该理论认为，如果两个企业的财务结构不是完全相关的，将它们进行合并可以降低公司破产的风险。由于财务结构的不同，两家公司的现金流可能过多或过少，资金供给可能短缺或过剩，债务也有可能过高或过低。并购行为可以降低两家企业现金流的波动性，从而破产的风险降低。

（3）管理协同效应。管理协同效应是指并购后因管理效率的提高所带来的收益。该理论认为，并购之所以发生，是由于目标公司的管理资源相对短缺（如市场营销能力、管理人才及团队、管理系统），而主并公司的管理能力过剩。并购可以将上并方的管理能力与人力资源，整合并运用到目标公司的管理上，提高目标公司的资源管理效率，进而提高产出与收益水平。

3. 多元化的理论解释。多元化意味着企业向现有产业以外的领域发展。关于企业并购的多元化动机，实际上并没有系统的理论可以解释企业为什么要进行多元化。经济学理论没有给出十分令人信服的解释，现代公司财务理论一般也并不支持出于多元化的并购。关于多元化利弊的讨论，主要还是基于大量并购案例的观察和实证分析，研究结论也并不一致。

在过去几十年的并购实践中，既有不少企业通过多元化实现了扩张与发展，也有大量企业多元化失败的案例。有一些企业通过多元化发展取得了可观的收益，其中通用电气就是一个例子，它通过一系列并购和剥离，已经成为一个多元化的综合性企业。

4. 市场势力理论的解释。市场势力又称市场支配力或垄断力量，是指企业制定和维持高于竞争水平的价格的能力。市场势力来源于产品差别化、进入壁垒和市场份额三方面。该理论认为并购能给企业带来市场权力效应。通过纵向并购，企业可以实现对大量关键原材料和销售渠道的控制，有力地控制竞争对手的活动，提高企业所在领域的进入壁垒和企业差异化优势；通过横向并购，企业可以提高市场份额，凭借竞争对手的减少来增加对市场的控制力。通过并购实现的市场势力增加往往是实现了规模经济效应或获取了协同效应的结果。

5. 代理理论的解释。在现代公司中，所有权与经营权的分离直接带来了所有者与经理者之间的委托代理问题。解决委托代理问题，降低代理成本，通常有两种途径：一是通过企业内部的制度安排，即通过公司治理机制，形成一套有效的激励，监督、制约和控制制度；二是通过外部治理机制即市场机制的制度安排。并购就是解决代理问题的外部机制之一，原因在于：股票市场具有定价和价格发现功能，它为企业股东提供了一个外部监督机制，股价集中体现了经营者的经营决策所带来的效果。当股价低到一定程度时，投资者就会“用脚投票”，企业股价降低会给经营者带来压力，从而降低代理成本。如果因为经营不善或决策失误导致公司股价大幅度或长期下跌，公司就可能被其他企业收购，并购的发生会使经营者面临被解雇的困境。因此，并购实际上是对那些可能造成业绩不好、股价下降的公司管理者的警告或潜在威胁。当然，也存在企业管理者积极主动并购其他企业的情况：管理者的报酬通常是公司规模的函数，管理者往往有强烈的扩大企业规模的动机，加上管理者的过度自信，他们可能会进行一些并不一定能带来高投资收益率的并购活动。

6. 产权理论的解释。产权理论关于并购的解释，集中于企业是否应该一体化，它取决于企业之间的资产是相互独立还是严格互补。按照哈特的解释，如果两家企业的资产是独立的，则不合并状态是一种有效率的安排。即如果资产互不依赖的两家企业实施并购，主并企业的所有者几乎得不到什么有用的支配权，但被并购企业的所有者却丧失了有用的支配权。这种情况下，最好是通过维持企业的独立性，在两个企业所有者之间配置支配权。如果两家企业的资产是严格互补的，则某种形式的合并就是最佳的。即高度互补的资产应该被置于共同所有权之下，通过并购，把所有权给了其中的一个所有者，可以增加企业价值。产权理论认为，就并购而言，问题不仅仅是一体化是否出现，更重要的是资产由谁所有，或者说由谁并购谁更有效率，即最优所有权结构问题。

7.交易成本理论的解释。交易成本理论认为，并购能给企业带来交易费用的节约。企业通过并购可以从以下几方面节约交易费用，其核心就是所谓的"外部性的内在化"：

（1）企业通过研究和开发的投入获得知识。在信息不对称和存在外部性的情况下，知识的市场价值难以实现，即使得以实现，也需要付出高昂的谈判成本。此时，如果通过并购使知识在同一企业内使用，就达到节约交易费用的目的。（2）企业的商标、商誉作为无形资产，其运用也会遇到外部性的问题。因为某一商标使用者降低其产品质量，可以获得成本下降的大部分好处，而商誉损失则由所有商标使用者共同承担。解决这一问题的途径之一就是通过并购将商标使用者变为企业内部成员。作为内部成员，降低质量只会承受损失而不得利益，消除了机会主义动机。（3）有些企业的生产需要大量的中间产品投入，而中间产品的市场存在供给的不确定性、质量难以控制和机会主义行为等问题。企业通过并购将合作者变为内部机构，就可以消除上述问题。（4）企业通过并购形成规模庞大的组织，使组织内部的职能相分离，形成一个以管理为基础的内部市场体系。一般而言，用企业内的行政指令来协调内部组织活动所需的管理成本较市场运作的交易成本要低。

（二）并购效应

前面在解释并购的动机时已经提到，企业并购如果能够获得成功，将可能产生规模经济效应、协同效应（经营协调、财务协调、管理协调）、多元化效应、市场支配效应、成本降低效应（代理成本和交易成本）等效应。正是因为看到并购具有这些效应，企业才具有了进行并购的各种动机和欲望，并进一步去实施并购。所以，并购动机与并购效应自然地密切联系在一起，恰如一个问题的两个方面。

并购除了产生上述效应以外，还能够提升公司价值、优化公司资本结构和降低资本成本、改进或完善公司治理结构与治理效率，从而有利于企业竞争力的提升。下面对这些效应做一简要说明。

1.并购后的公司价值。一般认为，并购能够带来公司价值的增加，从而提升企业的竞争力。这种效应在实际上是并购所产生的一系列效应综合作用的结果。概括地说就是，通过各种形式的并购，企业能够扩大市场份额或市场占有率，能够进行规模经营和多元化经营，从而降低了交易成本、生产成本和融资成本；通过并购，企业可以改进产品结构、整合产业链条和营销网络，形成竞争优势，提高产品与服务能力，扩大产量与销量，增加销售收入，提高公司绩效。从而增加公司价值，提升公司的竞争力。

2. 并购后的资本结构和资本成本。一般而言，企业并购后的资本结构会得到改善或变得更为合理，并购后的资本成本会降低。从理论上来看，合并后公司的举债能力可能大于合并前各个公司之和，或举债成本更低，从而可以带来资本结构上负债比重的增加并带来财务费用上的节约。通过并购，企业可能会产生较低的融资成本和交易成本等财务规模经济效应。但并购后的这种资本结构改善和资本成本降低，已有的实证研究结论并不完全一致，还需要进一步的实证检验。

3. 并购后的公司治理（结构与效率）。并购是一种解决代理问题的有效的外部机制，能够降低代理成本。并购后产生的公司治理效应，包括治理结构的改善和治理效率的提高，主要体现在以下两方面。

（1）并购后对被并购公司如何进行治理，这是一种客观需要。并购后对被并购公司原有的大股东或控股股东、管理人员等如何处理，对原来的治理构架是继续沿用、合理吸收，还是推倒重来、构建全新的治理结构，是新公司大股东和决策层必须考虑的事情。对被并购公司的治理及效果如何，关系到并购能否达到初衷、能否取得预计的并购效应。由于主并购公司特别是大公司在包括公司治理在内的许多方面都具有一定优势，也会把许多公司治理与管理的经验和理念等应用到新公司中。因此，并购后对被并购公司的治理，一般会带来公司治理结构的变化，产生更高的公司治理效率。

（2）并购后的公司治理的整合。并购前原来的两家公司在公司组织构架、治理结构、企业文化等方面，可能完全不同甚至存在巨大差异。并购后就必须对并购双方的治理结构等方面进行有效的整合。简单地将主并公司的治理模式移到新公司中，还是对并购双方原有的治理模式与治理结构进行充分整合，是并购后新公司必须面对的事情。从一定意义上说，并购后的整合，首先是公司治理的整合。要使并购后的公司治理结构适应新公司发展战略和经营管理的实际需要，也要进行再融资等，这就必然会改变公司的股权结构、控制权结构以及资本结构。从而使公司治理结构发生很大的变化。一般认为这种治理结构的变化，会使公司的治理结构更进一步优化，会带来公司决策效率的提高，会更进一步降低代理成本，从而提高公司治理效率。

三、并购中的财务问题

通常，一次并购会涉及三个阶段：准备、谈判和整合。在整个并购过程中，至少有以下财务问题需要解决。

1. 在企业战略目标和并购标准的指导下，对候选目标企业进行并购可行性分析。并购可行性分析的核心内容是确定并购价值增值，无论企业并购的具体动因是什么，从财务的角度来看，最终都可以归结为创造企业价值增值。具体来说有三方面内容：（1）估计并购将能产生的成本降低效应、销售扩大效应、劳动生产率提高效应、节税效应等，从而确定并购所能创造的价值。（2）估计并购成本。（3）确定并购创造的价值增值。

2. 科学的财务决策是核心。主要的内容包括：（1）确定目标企业的价值和并购溢价的允许范围，从而确定并购价格区间。（2）确定支付方式。支付方式主要有三种，即现金、股票和承担债务。不同的支付方式会产生不同的财务效果，并影响对并购资金的需求。（3）确定筹资方案。

3. 评价并购成功与否。例如，通过比较并购前后企业的管理费用、制造费用等判断是否实现了经营协同效应。尽管单纯的财务指标还不足以全面评价企业的并购行为，但财务的评价显然是衡量并购成功与否所不可缺少的。

四、企业并购的风险

企业并购中具有一定的风险，主要包括财务风险、信息风险、营运风险、反收购风险、文化整合风险等。

1. 财务风险。企业并购需要大量的资金，所以并购决策会对企业资金规模和资本结构产生重大影响，造成企业的财务风险。具体包括：（1）支付风险。目前，并购主要有三种支付方式：现金支付、股票支付和混合支付，当前我国企业并购活动中多以现金支付为主。但是现金支付方式会使企业面临较高的流动性风险、汇率风险和税务风险，使企业在并购以后承担过重的财务负担，不利于并购目标的顺利实现。（2）融资风险。并购需要巨额资金的支持，并购者应充分预测并购所采用的融资方式将给企业带来怎样的影响。（3）偿债风险。偿债风险存在于企业举债收购中，特别是存在于杠杆并购中。（4）流动性风险。流动性风险是指企业并购以后由于债务负担过重，缺乏短期融资，导致出现支付困难的可能性。

2. 信息风险。在并购中，信息是非常重要的。真实、准确、及时的信息可以大大提高并购的成功率。但是，在实际中，由于资本市场的不完善，存在信息不对称性，在并购过程中，并购双方处于信息不对称的地位。并购方对目标企业的资产价值和盈利能力的判断往往是不准确的，特别目标企业是缺乏信息披露机制的非上市公司时。并购方往往只看到目标企业良好发展前景的一面，而对其负面如负债多少、财务报表是否真实、有无诉讼纷争、资产抵押担保等情况了解估计不足，从而导致并购后增加企业的额外负担。同时，如果对目标企业的资产可利用价值、富余人员、产品市场的占有率和开拓能力等了解不足，也会带来并购后的整合风险，甚至会使整合失败。

3. 营运风险。营运风险指企业并购以后营运状况的不确定性而导致盈利能力的变化。表现为：（1）目标企业原有客户对并购以后企业产品供应的持续性以及质量、价格和服务持怀疑态度，从而造成并购后企业与原有客户的关系恶化，给原有的竞争者以可乘之机，市场被掠夺。（2）并购完成后，增加的管理费用是一笔庞大的开支，如人员安置费、培训费，机构撤并改组费用，派驻管理人员和技术骨干费用等。而增加的经营费用也是一笔很大的开支，如为扭亏为盈需向生产经营注入的启动资金、投入生产设备的投改资金、产品重新进入市场需投放的营销费用等，结果造成整合成本太高，导致企业盈利能力下降。（3）如果被并购企业的过剩生产要素如原材料、劳动力、设备等不能被企业均匀吸收，则反而成了企业负担，造成生产规模下降。（4）企业并购扩张后，规模扩大，管理领域和管理层都增加了，但由于管理幅度的限制，企业领导人能力的有限性，决策失误的可能性就增多。（5）规模的扩大，会使企业患上“大企业病”，使企业对市场需要反应过慢，不能适应当前消费市场多品种、少批量的需求。（6）当并购是企业出于进入新行业的目的时，由于缺乏对新行业、新市场相应信息，以及对新行业的不熟悉也会导致经营决策的失误。（7）若并购发生在跨行业跨地区之间，则会涉及诸多利益主体，使得企业很难协调另一个地区政府和行业部门之间的关系，容易造成被并购企业经营陷于困境。

4. 反并购风险。通常情况下，目标企业对收购行为往往持不合作和敌意态度。除非是那种经营很不好的企业，企业都愿意自己发展而不是被别的企业收购。特别是面临敌意收购时，目标企业的反抗更为强烈，会不惜一切代价进行反收购行动。诸如出售自己的优质资产、自己寻找收购者、大举负债。这样并购公司无法从目标公司获取其内部实际运营、财务状况等重要资料，给公司估价带来困难。以并购公司牺牲自己的部分利益换取目标公司的合作为代价的企业就会遭遇很大的风险。

5. 文化整合风险。企业并购完成后，被购企业和主购企业的企业文化差异的存在，可能会产生一系列消极后果。例如，由于对新企业文化的不适应，大量的被并购企业的员工流失，或者工作低效率。这就需要整个新集团对文化进行有效整合。如果整合不成功的话，不仅会造成大量的人才流失，而且会带来更多严重的后果。

五、企业并购的估价

（一）目标公司的选择

目标公司的选择一般包括发现目标公司、审查目标公司和评价目标公司三个阶段。

1. 发现目标公司

成功并购的前提是能够发现和抓住适合本企业发展的并购目标。在实践中，并购公司需从两方面着手：利用本公司自身的力量和借助公司外部的力量。

（1）利用公司自身的力量，即公司内部人员通过私人接触或自身的管理经验发现目标公司。首先，公司高级职员熟知公司经营情况和相关企业的情况，并购同行业中的公司的想法常常来自这些人员，公司有必要提供专门的机会和渠道使这些想法得以产生、传播和讨论。其次，也可在公司内部建立专职的并购部，其主要工作是收集和研究各种公开信息，发现适合本企业的目标公司。在大企业中，并购部可以独立于其他业务部门，而在中小企业中。这部分工作往往由公司财务管理部门兼任。

（2）借助公司外部的力量，即利用专业金融中介机构为并购公司选择目标公司出谋划策。并购领域的专业中介机构中，有一大批训练有素、经验丰富的并购专业人员，如精通某一行业的会计师、安排并购双方谈判的经纪人等。投资银行由于有专业客户关系方面的优势，也越来越多地参与到并购事务中。它们常常为并购公司提供一揽子收购计划、安排并购融资、代为发行证券等。

目前的发展趋势是：投资银行在企业并购活动中扮演着越来越重要的角色。投资银行家与公司经常性地保持私人联系，由于熟悉公司的具体情况和发展目标，他们能为公司高层决策人员提供适合公司具体情况的并购建议和目标。当然，一旦并购成功，投资银行也会获得一定收益。

2. 审查目标公司

对于初步选定的并购目标公司，还需要作进一步的分析评估和实质性审查，审查的重点一般集中在以下几个方面。

（1）对目标公司出售动机的审查。目标公司如果主动出售，往往有其原因，审查其出售动机，有助于评估目标公司价值和确定正确的谈判策略。一般来讲，目标公司出售动机主要包括：目标公司经营不善，股东欲出售股权；目标公司股东为实现新的投资机会，需要转换到新的行业；并非经营不善，而是目标公司大股东急需大量资金投入，出售部分股权；股东不满目标公司管理，故常以并购的方式来撤换整个管理集团；目标公司管理人员出于自身地位与前途的考虑，而愿意被大企业并购，以便在该大企业中谋求一个高薪且稳定的职位；目标公司调整多样化经营战略，常出售不符合本企业发展战略或获利不佳的公司，同时并购一些获利较佳的企业等。

（2）对目标公司法律文件方面的审查。这不仅包括审查欲收购公司的产业是否符合国家对这些产业的相关规定，还包括调查目标公司的章程、合同契约等法律性文件。

① 审查企业章程、股票证明书等法律性文件中的相关条款，以便及时发现是否有对并购方面的限制。

② 审查目标公司主要财产目录详单，了解目标公司资产所有权、使用权以及有关资产的租赁情况等。

③ 审核所有对外书面合同和目标公司所面临的主要法律事项，以便及时发现可能存在的风险。

（3）对目标公司业务方面的审查。业务上的审查主要是检查目标公司是否能与本企业的业务相融合。在审查过程中，并购目的不同，审查的重点也不同。

如果并购的目的是利用目标公司现有生产设备，则应注意目标企业生产设备是否保养良好、是否实用，直接利用目标公司的生产设备与企业自行购买哪个更合算。如果并购的目的是通过目标公司的营销资源来扩大市场份额，则应对其客户特性、购买动机等情况有所了解。

（4）对目标公司财务方面的审查。财务审查是并购活动中一项极为重要的工作，并购方应防止目标公司提供虚假或错误的财务报表，尽量使用经注册会计师审计过的财务报表。在进行财务审查时，主要从以下三个方面进行：首先，分析企业的偿债能力，审查企业财务风险的大小。其次，分析企业的盈利能力，审查企业获利能力的高低。最后，分析企业的营运能力，审查企业资产的周转状况。

（5）对并购风险的审查。对并购风险的审查主要包括以下几个方面。

① 市场风险。并购的目标公司如果是上市公司，消息一旦外传，立即会引起目标公司股价飞涨，增加并购的难度；并购对象如果是非上市公司，消息传出，也容易引起其他企业的兴趣，挑起竞标，使价格抬高。这种因股票市场或产权交易市场引起的价格变动的风险，即市场风险。市场风险很难预测，只能在实施中从社会心理学、大众传播媒介等不同角度出发予以小心控制。

② 投资风险。并购作为一种直接的外延型投资方式，也同样是投入一笔资金，以期在未来得到若干收益。企业并购后取得收益的多少，受许多因素的影响。每种影响

因素的变动都可能使投入的资金遭受损失，导致预期收入减少，这就是投资风险。

③ 经营风险。主要是由于并购完成后，并购方不熟悉目标公司的产业经营手法，不能组织一个强有力的管理层接管，从而导致经营失败。从风险角度讲，经营风险可以通过并购方的努力，减少到最低，甚至完全回避。

3. 评价目标公司

一旦确定了并购的目标公司，就需要对目标公司进行评价。评价目标公司也叫企业并购估价，其实质就是对目标公司进行综合分析，以确定目标公司的价值，即并购方愿意支付的并购价格。

（二）目标公司的评估

估价在企业并购中具有核心地位。根据价值低估理论，并购方所要并购的企业往往都是价值被低估的企业，要确定哪家企业的价值被低估，显然首先要确定该企业的合理价值。可见，价值评估是并购方选择并购对象的重要依据之一。并购方在报出并购价格之前，也必须估计目标企业的价值。根据已有的实证研究，并购企业从并购活动中获得负收益的主要原因是并购企业向被并购企业支付过多。因此，对并购企业来说，估价不仅是实施并购的必要程序，而且是决定其并购是否能真正成功的重要因素。对被并购企业来说，也必须确定自身的合理价值，以决定是否接受并购方提出的并购条件。除了目标企业价值外，还有一些其他因素会对并购价格产生重大甚至可以说是举足轻重的影响，如并购双方在市场和并购中所处的地位、产权市场的供求状况、未来经营环境的变化等。

当前流行的企业价值评估方法很多，大体可归纳为：资产价值基础法、现金流量折现（CDF）法、相对比较乘数法以及对高新技术企业的实物期权定价法等。

1. 上市公司价值评估

在有效的资本市场上，上市公司股票价格反映了市场对公司未来经营业绩和相关风险的预期，反映了投资者对公司内在价值的认可。在这种情况下，公司市场价值就是每股市价与发行在外的首通股股数之积。

通常情况下，在并购消息公布之后（或者在并购消息泄露以后），目标公司的估价会有所上升。这种情况下形成的上市公司的外购价值由两部分构成：一是独立价值，即并购宣布日之前（或并购消息泄露之前）的股票市价。二是市场溢价，即为收购方实际支付的外购价格和并购宣布日之前目标公司的股票市价之差额。尽管市场溢价客观存在，但是将其进行具体量化则很难。因此，收购方在向目标公司出价时，常常采用随行就市的办法，按照并购宣布日之后的价格（或者适当提高）收购目标公司的股票。

2. 非上市公司的价值评估

对于非上市公司的价值评估可以采用类比法，处于同一行业的某些公司应该拥有共同或类似的财务特征，所以某些上市公司的财务特征可用于推断同一行业内非上市公司的价值。类比法的评估程序如下。

① 确定一组与被评估企业相似的上市公司为“参照公司”。

② 确定估价参数，可供选择的参数一般为账面价值、销售毛利润等。

③ 将各个参照公司的股票市价与所选的参数加以比较，得出其各自的估价比率。

④ 将各参照公司的估价比率加以平均，并根据被评估企业的实际情况加以调整，得出被评估企业的估价比率。

⑤将被评估企业的估价比率与相对应的评估参数相乘，得出被评估企业的市场价值。

⑥按照下列公式确定被评估企业的并购价值：

被评估企业并购价值 = 被评估企业的市场价值 + 合理的市场溢价 – 合理的流动性折价

此外，由于非上市公司的股本流动性较差，变现能力较弱。因此，采用类比法确定被评估企业的并购价值，并将上市公司的价值作为其参照物时，必须将这两类公司股本流动性的差异带来的对企业价值的影响考虑进去，在前一步骤计算的被评估企业价值的基础上减去合理的流动性折价以反映非上市公司的并购价值。

在采用类比法时，选择好与被评估企业相类似的参照企业，即保证具有可比性是确定被收购方价值的关键。参照企业与被评估企业具有可比性主要体现在估价参数具有可比性上。

（三）并购后目标公司的整合

通常在并购交易完成后的 6 ~ 12 个月之内，很可能会出现以下现象：被并购企业管理层及雇员的承诺和奉献精神下降，被并购企业的生产力降低，对不同文化、管理及领导风格的忽视造成冲突增加，关键管理人员和员工逐渐流失，客户基础及市场份额遭到破坏，不仅如此，大约三分之一的被并购企业在 5 年之内又被出售。

目标公司被收购后，很容易形成经营混乱的局面，尤其是在敌意收购的情况下。因此，需要对目标公司进行迅速有效的整合。同时，由于并购整合涉及企业股东、管理层、雇员等利益相关各方，必须对企业战略、组织构架、人力资源、资产、生产流程与运营、营销网络等一系列重大而关键问题的有效整合，并且需要各种整合统一协调、有效配合。从国内外并购案例看，企业并购绝不是两个企业的简单合并或形式上的组合，每一次并购成功都与并购后的整合管理密切联系，而且整合成本也往往是直接收购成本的数倍。

并购后的整合可分为有形整合和无形整合两种。有形整合包括公司治理整合、经营战略整合、人力资源整合、组织与制度整合、资产与财务整合、营销网络整合等，无形整合主要指企业文化整合、价值观认同等。

六、企业并购的支付方式

（一）现金方式并购

1. 现金方式并购的特点。一旦目标公司股东收到对其拥有股份的现金支付，就失去了对原公司的任何权益，现金方式并购是最简单迅速的一种支付方式。对目标公司而言，不必承担证券风险，交割简单明了。缺点是目标公司股东无法推迟资本利得的确认，从而不能享受税收上的优惠，而且也不能拥有新公司的股东权益。世界上大多数国家（不包括我国）都规定，公司股票的出售变化是一项潜在的应税事件，在已实现资本收益的情况下，需缴纳资本利得税。目标企业股东在得到现金支付的同时，也意味着纳税义务的实现，没有其他递延或滞后纳税的可能。对于并购企业而言，现金支付是一项即时现金负担，要求并购方有足够的现金头寸和筹资能力，交易规模也常常受到获利能力的制约。随着资本市场的不断完善和各种金融创新的出现，纯粹的现金方式并购已经越来越少。现金收购因其速度快的特点而多被用于敌意收购。

2. 现金支付的影响因素。采用现金支付时，需要考虑以下问题。

（1）并购企业的短期流动性。现金支付要求并购企业在确定日期支付一定数量的货币，立即付现可能会导致现金紧张，因此有无足够的即时付现能力是并购企业首先要考虑的因素。

（2）并购企业中、长期的流动性。有些企业可能在很长时间内都难以从大量的现金流出中恢复过来，因此并购企业必须认真考虑现金回收率以及回收年限。

（3）货币的流动性。在跨国并购中，并购企业还须考虑自己拥有的现金是否为可以直接支付的货币或可自由兑换的货币，以及从目标企业收回的是否为可自由兑换的货币等问题。

（4）目标企业所在地有关股票的销售收益的所得税法，不同地方对资本收益的税负水平的规定是不一样的。目标企业所在地的资本收益税的水平将影响并购企业现金支付的出价。

（5）目标企业股份平均股本成本。因为只有超出的部分才应支付资本收益税，如果目标企业股东得到的价格并不高于平均股本成本（每股净资产），则即使是现金支付，也不会产生任何税收负担。如果并购企业确认现金支付会导致目标企业承担资本收益税，则必须考虑以减轻这种税收负担的特殊安排。否则，目标企业也只能以自己实际得到的净收益为标准，做出是否接受出价的决定，而不是以并购企业所支付的现金数额为依据。通常情况下一个不会增加税收负担的中等水平的出价，要比一个可能导致较高税收负担的高出价更具有吸引力。

（二）股票支付方式并购

股票支付方式并购即并购公司将目标的股权按一定比例换成本公司的股权，目标公司被终止，或成为并购公司的子公司，视具体情况可分为增资换股、库存股换股、母子公司交叉换股等。换股并购对于目标公司股东而言，可以推迟收益时间，达到合理避税或延迟交税的目标，亦可分享并购公司价值增值的好处。对并购方而言，也不会挤占营运资金，比现金支付成本要小许多。但换股并购也存在着不少缺陷，如“淡化”了原有股东的权益，每股盈余可能发生不利变化，改变了公司的资本结构，稀释了原有股东对公司的控制权等。换股并购常见于善意并购。当并购双方的规模、实力相当时可能性较大。

在决定是否采用股票支付方式时，一般要考虑以下因素。

1. 并购企业的股权结构。由于股票支付方式的突出特点是它对并购企业的原有股权结构会有重大影响，因而并购企业必须先确认主要大股东在多大程度上会接受股权的稀释。

2. 每股收益率的变化。增发新股会对每股收益产生不利的影响，如目标企业的盈利状况较差，或支付的价格较高，则会导致每股收益的减少。虽然在许多情况下，每股收益的减少只是短期的，长期来看还是有利的。但无论如何，每股收益的减少仍可能给股价带来不利的影响，导致股价下跌。所以，并购企业在采用股票支付方式前，要确认是否会产生这种不利情况。如果发生这种情况，那么在多大程度上是可以被接受的。

3. 每股净资产的变动。每股净资产是衡量股东权益的一项重要标准。在某种情况下，新股发行可能会减少每股净资产，这也会对股价造成不利影响。如果采用股票支付方式会导致每股净资产下降，并购企业需要确认这种下降是否被企业原有股东所接受。

4. 财务杠杆比率。发行新股可能会影响企业的财务杠杆比率。所以，并购企业应考虑是否会出现财务杠杆比率升高的情况，以及具体的资产负债的合理水平。

5. 当前股价水平。当前股价水平是并购企业决定采用现金支付还是股票支付的一个主要影响因素。一般来说，在股票市场处于上升过程时，股票的相对价格较高，这时以股票作为支付方式可能更有利于并购企业，增发的新股对目标企业也会有较强的吸引力；否则，目标企业可能不愿持有新股，即刻抛空套现，导致股价进一步下跌。因此，并购企业应实际考虑本企业股价所处的水平，同时还应预测增发新股会对股价带来多大影响。

6. 当前股息收益率。新股发行往往与并购企业原有的股息政策存在一定的联系。一般而言，股东都希望得到较高的股息收益率，在股息收益率较高的情况下，发行固定利率较低的债权证券可能更为有利；反之，如果股息收益率较低，增发新股就比各种形式的借贷更为有利。因此，并购企业在决定采用股票支付还是通过借贷筹集现金来支付时，应先比较股息收益率和借贷利率的高低。

（三）综合证券并购方式

综合证券并购方式即并购企业的出资不仅有现金、股票，还有认股权证、可转换债券和公司债券等多种混合形式。采用综合证券并购方式可将多种支付工具组合在一起，如果搭配得当，选择好各种融资工具的种类结构、期限结构以及价格结构，可以避免上述各种方式的缺点，即可使并购方避免支出更多现金，以造成企业财务结构恶化。亦可防止并购方企业原有股东的股权稀释，从而控制股权转移。由于这种优势，近年来混合证券支付在各种出资方式中的比例呈现出逐年上升的趋势。

与普通股相比，公司债券的资金成本较低，而且向它的持有者支付的利息免税。

认股权证是一种由上市公司发出的证明文件，赋予它的持有人的一种权利，即持有人有权在指定的时间内，用指定的价格认购由该公司发行的一定数量（按换股比率）的新股。对并购企业而言，发行认股权证的好处有，可以因此而延期支付股利，从而为公司提供了额外的股本基础。由于认股权证的认股权的行使，也会涉及并购企业控股权的改变，因此，并购企业在发行认股权证时同样要考虑认股权的行使对企业股权结构的影响。目标企业的股东获得认股权证后，可以行使优先低价认购公司新股的权利，也可以在市场上将认股权证出售。

可转换债券向其持有者提供一种选择权，在某一给定时间内可以以某一特定价格将债券转换为股票。从并购企业的角度看，采用可转换债券这种支付方式的好处有以下几方面。

1. 通过发行可转换债券，企业能以比普通债券更低的利率和较宽松的条件出售债券。

2. 提供了一种能以比现行价格更高的价格出售股票的方式。

3. 当企业正在开发一种新产品或一项新的业务时。因为预期从这种新产品或新业务所获得的额外利润可能正好与转换期一致，对目标企业股东而言，采用可转换债券的好处：具有债券的安全性和作为股票可使本金增值的有利性相结合的双重性质；在股票价格较低时，可以将它的转换期延迟到预期股票价格上升的时期。

（四）杠杆收购方式

杠杆收购方式即并购方以目标公司的资产和将来的现金收入作为抵押，向金融机构贷款，并用贷款资金买下目标公司的收购方式。杠杆收购有以下几个特点。

1. 主要靠负债来完成，收购方以目标企业作为负债的担保。

2. 由于目标企业未来收入的不确定性和高风险性，使得投资者需要相应的高收益作为回报。

3. 具有杠杆效应，即当公司资产收益大于其借进资本的平均成本时，财务杠杆发挥正效应，可大幅度提高企业净收益和普通股收益：反之，杠杆的负效应会使企业净收益和普通股收益剧减。这种方式的好处在于，首先，并购方只需出极少部分自有资金即可买下目标公司，从而部分解决了巨额融资问题。其次，并购双方可以合法避税，减轻税负。再次，股权收益率高，充分发挥了融资杠杆效应。缺点是资本结构中债务比重很大，贷款利率也较高，并购方企业偿债压力沉重。若经营不善，极有可能被债务压垮。

第二节　现代企业的价值概述

一、公司价值评估概述

（一）公司价值评估的目的

价值管理不是一个孤立的概念。面对当前众多宣称能使管理变得简单易行的方法和各种时髦的管理理念，价值管理可以从中过滤出真正有用的东西。它是公司管理的根本，从公司价值创造模型可以清晰地看出：公司价值来源于三个广泛的决策领域：公司战略、公司理财和公司治理。公司战略决策包括产品市场战略和投资项目规划；公司理财决策包括资本结构优化和风险管理；公司治理决策则侧重于重要的管理问题，主要是薪酬规划和绩效评估。

价值管理模型及其四个基本模块：公司价值模块、公司战略模块、公司理财模块和公司治理模块。公司价值模块对公司价值进行了定义，并且介绍了公司价值的一些主要推动要素；公司战略模块在公司价值和特定的经营策略之间建立了明确的联系；公司理财模块描述了可为公司采用的能够增加公司价值的财务政策；

公司治理模块则解释了一些可以促进价值创造的高层管理政策和措施（如绩效评估、薪酬体系以及与投资公众的沟通等），所有公司，尤其是上市公司，应该尽其所能地为公司的主人（股东）创造尽可能多的财富。为了实现股东财富最大化的目标，必须在管理过程中制定、评估和选择能够提升公司价值的经营战略。由此可见，公司的整个经营活动都是围绕提高公司的价值而进行的。公司价值的评估就显得尤为重要。

具体而言，公司价值评估的目的是：

① 满足企业价值最大化管理的需要；

② 满足企业并购的需要；

③ 企业价值评估是投资决策的重要前提。

（二）公司价值的类型及价值评估的范围

1. 公司价值的内涵

从资产评估的角度看，企业价值的界定主要从两方面考虑：① 资产评估揭示的是评估对象在交易假设前提下的公允价值；② 企业价值取决于要素资产组合的整体盈利能力。

根据评估目的和结果的不同用途分为：① 企业资产价值；② 企业投资价值；③ 企业权益价值。

根据企业价值评估的应用范围分为：① 市场价值；② 投资价值；③ 内在价值；④ 公允价值；⑤ 清算价值。

在中国资产评估协会 2004 年 12 月 30 日颁布的《企业价值评估指导意见（试行）》第三条中明确指出："本指导意见所称企业价值评估，是指注册资产评估师对评估基准日特定目的下企业整体价值、股东全部权益价值或部分权益价值进行分析、估算并发表专业意见的行为和过程。"

不论企业价值评估的是哪一种价值，它们都是企业在特定时期、地点和条件约束下所具有的持续获利能力的市场表现。

2. 公司价值的类型

（1）企业整体价值。

资产 = 负债 + 所有者权益 = 全部付息债务 + 非付息债务 + 所有者权益

企业所有者权益价值 + 全部付息债务价值 = 企业整体价值

总资产价值 − 非付息债务价值 = 企业整体价值

（2）企业股东全部权益价值。企业股东全部权益价值即整体价值中由全部股东投入资产创造的价值。非会计报表反映的资产与负债相减后净资产的价值。

（3）股东部分权益价值。

① 其实就是企业一部分股权的价值，或股东全部权益价值的一部分；

② 由于存在着控股权溢价和少数股权折价因素，股东部分权益价值并不必然等于股东全部权益价值与股权比例的乘积；

③ 在资产评估实务中，股东部分权益价值的评估通常是在取得股东全部权益价值后再来评定。应当在评估报告中披露是否考虑了控股权和少数股权等因素产生的溢价或折价。

从企业价值的类型可以总结出企业价值评估的特点：

① 评估对象是由多个或多种单项资产组成的资产综合体；

② 决定企业价值高低的因素，是企业的整体获利能力；

③ 企业价值评估是一种整体性评估。

3. 公司价值评估的范围

从产权的角度界定，企业价值评估的一般范围应该是企业产权涉及的全部资产。具体而言，企业价值评估的范围包括：

① 企业产权主体自身拥有并投入经营的部分；

② 企业产权主体自身拥有未投入经营部分；

③ 企业实际拥有但尚未办理产权的资产等；

④ 虽不为企业产权主体自身占用及经营，但可以由企业产权主体控制的部分。

如全资子公司、控股子公司，以及非控股公司中的投资部分；企业拥有的非法人资格的派出机构、分部及第三产业。

需要注意的是，在进行企业价值评估时，要有效区分有效资产和无效资产。

1. 有效资产。有效资产指企业中正在运营或虽未正在运营但具有潜在运营经营能力，并能对企业盈利能力做出贡献、发挥作用的资产。

2. 无效资产。无效资产指企业中不能参与生产经营，不能对企业盈利能力做出贡献的非经营性资产、闲置资产，以及虽然是经营性的资产，但在被评估企业已失去经营能力和获利能力的资产的总称。

正确划分有效资产和无效资产具有以下重要意义。

（1）有效资产是企业价值评估的基础，无效资产虽然也可能有交换价值，但无效资产的交换价值与有效资产价值的决定因素、形成路径是有差别的。

（2）正确界定与区分有效资产和无效资产，将企业的有效资产作为运用各种评估途径与方法评估企业价值的基本范围或具体操作范围，对无效资产单独进行评估或进行其他技术处理。

二、公司价值评估的主要方法

（一）资产基础法

公司价值评估中的资产基础法基本上类似于其他资产类型评估中使用的成本法。使用这种方法所获得的公司价值实际上是对公司账面价值的调整数值。这种方法起源于对传统的实物资产的评估，如土地、建筑物、机器设备等的评估，而着眼点是成本。成本法的逻辑基础是所谓“替代原则”：任何一个精明的潜在投资者，在购买一项资产时，他所愿意支付的价格不会超过建造一项与所购资产具有相同用途的代替品所需的成本。因此，如果投资者的待购资产是全新的，其价格不会超过其替代资产的现行建造成本扣除各种损耗的余额。

成本法在评估公司价值时的假设是企业的价值等于所有有形资产和无形资产的成本之和，减去负债。成本法在评估公司价值时，可以回答这样的问题：今天购买的所有资产并把这些资产组装为一个运营企业需要多少成本？这种方法强调被评估企业资产的重置成本。使用这种方法，主要考虑资产的成本，很少考虑企业的收益和支出。在使用成本法评估时，以历史成本原则下形成的账面价值为基础，适当调整公司资产负债表的有关资产和负债，来反映它们的现时市场价值。

用成本法评估公司价值的优点是账面价值的客观性和可靠性。成本法以历史成本的账面价值为基础，而会计学上对历史成本原则的批评，也导致了人们对成本法的质疑。

历史成本原则是现代会计核算的最基本和最主要的会计原则之一，在实践中得到了广泛的认可和应用。但是，对历史成本原则的争议却从来没有停止过。批评者认为，历史成本的最大特点是面向过去。从会计确认的基础看，历史成本会计是建立在过去已发生的交易或事项的基础上的，不论权责发生制还是收付实现制，都是针对已发生的过去交易而言的。前者指因过去交易而引起的权利和义务；后者指因过去交易而引起的现金收付。它们的共同特点是建立在已发生的交易或事项的基础上。因此，总的说来，历史成本提供的是面向过去的信息，相对于未来缺乏决策相关性。以历史成本的账面价值为基础估算公司内在价值，缺乏逻辑和经济学基础。具体而言，成本法是以企业单项资产的成本为出发点，忽视了企业的整体收益和获利能力。而且在评估中不考虑那些未在财务报表上出现的项目，如企业的组织资本、企业自创的无形资产、企业的销售渠道和企业的服务等。

成本法比较适合于对那些非经营性资产的价值以及破产公司的清算价值评估。因为对于非经营性资产，不存在资产的组合效应问题；对于破产清算的公司，公司处于停产状态，资产的组合效应几乎不用考虑。

资产基础法是根据现行市场价值对资产与负债进行调整之后确定出来的，相对于成本法，更能真实地反映公司资产在当时的真实价值，更具有经济意义。而交易价格通常会考虑其当时的价值，因而更加适合评估非经营性资产价值以及破产公司的清算价值。资产基础法虽然对成本法作了适度的修正，但它评估的依然只是单纯资产的价值，而不包括资产间的组合价值。因此，这种方法只能作为持续经营公司进行评估的近似方法。

（二）市场法

当未来自由现金流量实在难以计算时，分析家经常转向市场。将目标公司与其他类似的上市公司进行比较，并选用合适的乘数来评估标的企业的价值，这就是公司价值评估的市场法。市场法的关键就是在市场上找出一个或几个与被评估企业相同或相似的参照物企业；分析、比较被评估企业和参照物企业的重要指标，在此基础上，修正、调整参照物企业的市场价值，最后确定被评估公司的价值。

市场法的逻辑依据也是“替代原则”。根据替代原则，一个精明的投资者在购买一项资产时，他所愿意支付的价格不会高于市场上具有相同性能的替代品的市场价格。由于市场法是以“替代原则”为理论基础，以市场上的实际交易价格为评估基准，所以市场法的假定前提是股票市场是成熟、有效的，股票市场管理是严密的，目标公司和参照上市公司财务报告的数据是真实可靠的。股票市场越发达、越完善、越有效，市场法评估的公司价值就越准确。在股票市场存在重大缺陷、不充分、不完善、缺乏效率的情况下，难以采用这种方法。

在运用市场法时，选择什么样的公司作为参照物对分析的结果起着决定作用。交易所涉及的公司、市场环境和结构方式各不相同，如何确定参照物呢？从内在价值的定义而言，可比公司意味着公司应当具有相似的未来现金流量模式，以及一定的经营风险或财务风险。这些风险应当是相似的或者他们之间的差异是可以量化的，这样才能对目标公司的现金流量采用合适的贴现率进行贴现。

在实际操作中，选择可比公司的方法是，通过考虑增长前景与资本结构等方面，选择相似的同行业或密切相关行业的公司，这样可以从大量的上市公司中选出几个可比的上市公司。然后，对这几个公司进行分析、对比，判断这组可比公司乘数对目标公司价值的意义。所以，在实际设计分析过程和使用分析结果时要慎重，不能脱离实际。市场法以目标公司的市价作为比较对象，而股票市价存在着不稳定的问题。例如，有的上市公司的股价非理性的大幅波动，而公司的“内在价值”是不应该这样剧烈变化的。这样，市场法评估出的公司价值不是客观的，所以评估所选择的时机非常关键。我们从网络公司价值的涨跌之中，或许可以体会到更多市场法的缺陷。

除此之外，在非公开上市市场兼并中普遍存在的控制权溢价问题也无法在公司比较分析方法中发现出来。作为谨慎性原则的另一种表现，在决定兼并价格时通常要在交易价值的基础上增加30%～50%的控制权溢价。当然，如果把参照物限定在最近发生兼并或收购活动的公司，那么可比公司价值就变成了可比兼并价值。在这种模型中，可比性公司的权益市场价值和调整后的市场价值都是根据相关交易的收购价格计算得出的。由于交易本身考虑了各种定价信息，由此得出的交易乘数中已经包含了控制权溢价。

（三）贴现现金流量估价法（收益法）

贴现现金流量估价法（即收益法）是通过综合考核公司的历史状况、发展前景和行业宏观经济等因素来估算公司未来预期收益，根据公司的投资预期收益率和风险因素确定折现率，以确定公司预期收益现值作为公司价值的一种评估方法。折现法中最常见的方法利折现法、现金流折现法和以会计净收益（利润）为基础的折现法。折现率则采用加权平均资本成本。

贴现现金流量法认为，企业的价值在于将来创造财富的能力。从长期来看，企业的利润金额与现金流量金额是相等的，但现金流量对企业的生存发展关系更为密切，因此可以认为，企业创造财富的能力集中体现为产生现金流量的能力。基于该原理，贴现现金流量法是将目标企业未来一段时期内的一系列预期现金流量按某一贴现率得到的现值与该企业的初期现金投资（即并购支出）相比较。如果该现值大于投资额，则可认为这一并购定价对于收购方是可以接受的。概括起来，采用贴现现金流量法时，对目标企业估价的主要工作应当是以持续经营的观点合理预测其未来现金流量，并且按公司加权平均资本成本折为现值。

用加权平均资本成本对公司自由现金流量进行贴现就可以得到公司的价值。根据公司所处的发展阶段与现金流增长情况，公司估价模型也可以分为两类，即公司自由现金流量稳定增长模型和公司自由现金流量的两阶段模型。

关于折现率，一般采用加权平均资本成本，还有的通过资本资产定价模型计算类似风险的上市公司必要收益率来确定。折现法还有两个“改进型”：一个是“调整现值法”；另一个是“经济附加值法”。

折现法在使用时有其局限性，比其他确定价值的模型更偏向于理论化。不管是上述哪种折现方法，它们都必须具备以下两个条件：（1）公司的未来预期收益能够预测，并可以用货币来计量；（2）与公司获得的预期收益相关联的风险可以预测量化。

综上所述，采用折现法对公司价值进行评估，所确定的价值是取得预期收益权利所支付的货币总额。因此，从理论上讲，折现法是评估公司价值的最直接最有效的方法。因为公司价值的高低应主要取决于其未来整体资产的获利能力，而不是现存资产的多少。这种方法适合于经营比较稳定的公司的价值评估。

三、公司价值评估影响因素及应用

公司价值评估是指注册资产评估师对评估基准日特定目的下企业整体价值、股东全部权益价值或部分权益价值进行分析、估算并发表专业意见的行为和过程。企业价值评估提供的是有关公平市场价值的信息，企业价值评估可广泛应用于企业并购投资价值分析，帮助投资人和管理当局改善经营决策。在企业价值评估过程中，相关影响因素（评估参数）的分析、判断、取值至关重要。以实务中广泛使用的收益法为例：收益法是指通过将被评估企业预期收益资本化或折现以确定评估对象价值的评估思路，即选定适当的折现率，将公司未来产生的自由现金流折算到现在的价值之和作为公司当前的估算价值。公司自由现金流（FCFF）是公司支付了所有营运费用、进行了必需的固定资产与营运资产投资后可以向所有投资者分派的税后现金流量。计算公式为：

公司自由现金流＝息税前利润×（1－税率）＋折旧摊销－资本性支出－追加营运

在运用收益法进行价值评估中，息税前利润、资本性支出、营运资本追加额、折现率、流动性折价、溢余资产等参数的分析计算、判断、预测和选取，对企业价值评估结果至关重要。

（一）影响息税前利润的主要因素分析

息税前利润是企业的净利润与所支付的付息性债务利息之和。《企业价值评估指导意见（试行）》规定，注册资产评估师执行企业价值评估业务，应当收集并分析被评估企业的信息资料和与被评估企业相关的其他信息资料。因此对息税前利润的测算，评估师应当了解宏观经济形势，产品市场供求现状，并对行业进行分析，尽可能获取被评估企业和参考企业经过审计的财务报表，履行应有的专业判断程序，对评估过程和评估结论具有影响的相关事项进行必要的分析调整，合理反映企业的财务状况和盈利能力，在整个评估过程中对被评估单位的宏观经济环境、行业状况分析、行业竞争状况分析、行业未来发展趋势分析、企业自身产品竞争能力分析是必不可少的。

（二）资本性支出测算

资本投资者通常不能将来自公司经营活动的现金流全部提取，因为这些现金流的一部分或全部将用于再投资，或以扩展其经营活动必须安排的固定资产投资，以此保证未来企业价值的增长。由于未来增长给公司带来的利益通常在预测现金流时已经加以考虑，所以在估计现金流时应考虑产生增长的成本即资本性支出；计提的固定资产折旧和资本性支出之间的关系比较复杂，一般来说，高速增长阶段的资本性支出要高于折旧，稳定增长阶段的公司，资本性支出和折旧则比较接近。资本性支出包括需要更换现有的不能继续使用或报废的厂房和设备所需资金，再加上为扩大生产能力而需要增加的厂房和设备所需资金。在收益无限期的情况下，我们的预测应分为两个期间，明确的预测期（如5年）和企业以后年限（从第6年开始），在实际工作中，评估师应该与被评估单位充分沟通，根据现有固定资产状况及生产扩张能力详细测算前5年预测期的资本支出额，假定以后年度企业稳定增长，则可取折旧金额为资本性支出额。

（三）营运资本追加额测算

企业的营运资本是其流动资产和流动负债之间的差额。因为营运资本所占用的资金不能被公司用于其他用途，所以营运资本的变化会影响公司的现金流量。营运资本追加意味着现金流出，营运资本减少则意味着现金流入。在估价中，如果不考虑营运资本的需要，那么将会导致股权自由现金流和公司股权资本价值的高估。在估计股权自由现金流时，应该考虑公司营运资本追加因素。企业的性质不同，所需营运资本的数量也不同。

高增长率的企业通常需要更多的营运资本，在实务中有两种方法可用于营运资本追加额的预测。

1. 比例预测法。比例预测法是依据有关财务比例与营运资本需要量之间的关系。预测营运资本需要量的方法，常用的是资金与销售之间的比例。

2. 资金习性预测法。资金习性预测法是指根据营运资本习性预测未来需求量的方法。

（四）折现率的计算

《企业价值评估指导意见（试行）》规定，注册资产评估师应当综合考虑评估基准日的利率水平、市场投资收益率、加权平均资金成本等资本市场相关信总和被评估企业、所在行业的特定风险等因素，合理确定资本化率或折现率。注册资产评估师应当确信资本化率或折现率与预期收益的口径保持一致。在评估实务中，折现率的计算主要有加权平均资金成本、资本资产定价模型、套利定价模型，企业自由现金流对应的折现率应采用加权平均资金成本，股东自由现金流量对应的折现率应采用资本资产定价模型。

（五）流动性折价的计算

《企业价值评估指导意见（试行）》规定，注册资产评估师执行企业价值评估业务，应当在适当及切实可行的情况下考虑流动性对评估对象价值的影响并在评估报告中披露是否考虑了流动性对评估对象价值的影响。在企业价值评估理论中，价值水平的框架包括企业整体价值、股东全部权益价值或控股股权价值、流动性少数股权价值及非流动性少数股权价值。与此相对应的价值调整一般包括：控股溢价、少数股权折价、流动性折价。金融资产一般都具有流动性的特点，这是因为金融资产能迅速变现，反之如果金融资产不能变现或流动性较差，金融投资者就要承担很大的风险，大多数投资者都愿意为高流动性资产放弃一些收入，特别是对资本资产定价模型的广泛应用，折现率的选取都采用上市公司的公开参数，那么，运用现金流量折现得出的价值就应考虑非流通性的折价。在实务中，可采用两种方法估算流动性折扣系数。

方法一：参考近年上市公司发生的国有法人股转让交易情况，企业公告的国有法人股交易价格与公告日流通股股票价格之比即为流动性折扣系数。

方法二：在目前的股权分茾改革中，国有法人股换取流通权，需向流通股东支付对价，采用以送股方式的则非流通股股份数量会减少，复牌后股价因产生类似除权效应，股价一般会下降，所以，可以用复牌第一日已取得流通权的非流通股市值与停牌前一日的非流通股票市值之比作为流动性折扣系数。

（六）溢余资产对企业价值的影响

《企业价值评估指导意见（试行）》规定，注册资产评估师应当与委托方进行沟通，获得委托方关于被评估企业溢余资产状况的说明。注册资产评估师应当在适当及切实可行的情况下对被评估企业的溢余资产进行单独分析和评估。企业价值由正常经营活动中产生的营业现金流现值和与正常经营活动无关的超常持有的资产价值构成。

在企业价值评估中，溢余资产是指与企业预期收益无直接关系的资产，也可以理解为企业持续经营中并不必需的资产，国有企业中存在溢余资产的现象较为普遍，例如，正常生产的企业持有闲置的土地、企业没有使用但可进行变现的生产设备、大量沉淀在银行的多余现金、有价证券。由于溢余资产与预测现金流不直接相关，对预期现金流量没有贡献，如果不考虑这部分资产的价值，造成低估企业价值，因此，对这部分资产要列出详细目录，采用市场法单独分析和评估市场价值，或者通过预计如果资产能被开发所能产生的现金流，然后以适当的折现率来加以折现，获得资产估计值。

第三节 "互联网 +"时代下的企业并购与破产管理

"互联网 +"的风起云涌是人类历史上一次最为壮观的科技、经济、社会乃至文化观念的全面变革，所有的价值观念都要被重新审视。"互联网 +"时代下的企业并购与破产管理在我国是一个全新的领域。

一、评估企业的原则

（一）前瞻性原则

以互联网为枢纽的网络彻底改变了我们的生活、工作方式，相当一部分传统产业将不可避免地要衰退，新的产业将迅速成为全球经济的支柱产业。在这样的背景下，人们对企业成长前景的预期尚无止境，也正因为如此，投资大众才能容忍眼前的亏损和快速上升的股价，他们看中的是企业的成长前景和发展潜力，不仅仅是目前的利润贡献。前瞻性是一个重要原则，评估企业必须面临着眼于其未来成长性和发展潜力。

（二）突破传统评估理论与继承评估理论相结合

一方面对于极具发展潜力和高成性的企业，必须突破传统评估理论，既要分析公司的利润贡献，更要着眼于公司的成长性、发展潜力以及投资大众对企业发展前景的预期。另一方面还需要继承传统的评估理论。这是因为：

1. 投资者容忍亏损是有限度的，最终必须得到合适的利润回报。从发展的眼光看，在"互联网 +"发展初级阶段，投资大众由于对企业高成长的乐观预期，使得股价急剧上升，涵盖了企业股票的未来价值。随着时间的推移，"互联网 +"走向成熟，企业股票将向以利润为基础的价值回归，毕竟投资者最终需要的是长期的合理利润回报。

2. 不同类型的企业之间存在一定的差别，必须区别对待。如电信、基础设施类或有线电视类企业，投资大、有形资产多，宜偏重于运用传统评估法，充分考虑发展潜力。

二、“互联网 +”下并购的动因

（一）“互联网 +”下外部宏观环境的要求

伴随着计算机、信息和通信技术，特别是互联网技术的迅猛发展，全球经济不仅进入一种全球化的状态，由于生产要素在上述技术进步支撑下，全球经济正以一种新的经济形态呈现于世。可以从三个层面来理解“互联网 +”。从经济形态看，人类文明经历了“游牧经济——农业经济——工业经济——知识经济（信息经济）”的发展过程，“互联网 +”可以被视为目前人类经济形式发展最高程度的一个重要组成部分；从行业发展的层面来讲，“互联网 +”是一个内容涵盖非常广泛的概念，它既包括网络通信基础设施、网络设备和产品等硬件设施，又包括各种网络服务的建设、生产和提供等经济活动，更包含与电子商务有关的网络贸易、网络金融等商务性的网络活动；从企业、居民的微观层面来看，“互联网 +”被视作是一个新型的市场或超大型虚拟市场，它为数量众多而又分散的微观经济主体提供了一个便捷、低成本的交易场所。

需要指出的是，虽然所谓的“互联网 +”是生产者与消费者通过互联网联系而导致的经济活动，其特征是以信息产业和服务业为主导，“互联网 +”的价值并不在于它本身立即能给社会带来多少有形的财富和利润，而在于它可以营造一个新的社会环境，企业并购便是在这样的环境下诞生和发展。

（二）“互联网 +”下顺应产业结构软化趋势的要求

随着信息技术的突飞猛进和知识经济的到来，产业结构软化的趋势日益明显。所谓产业结构软化，是指技术密集型产业在产业结构中所占比重越来越大，劳动密集型产业所占比重日趋减少的过程。在知识经济时代，产业结构软化主要包括两层含义：一是指第二产业的比重不断下降，第三产业的比重上升的演进过程；二是指传统的物质资本的投入相对减少，知识资本的投入日益增加的过程。“互联网 +”下的企业作为互联网时代最重要的微观经济主体，不仅充当着产业结构软化开路先锋的角色，还要为产业结构的软化推波助澜，要做到这一点，单靠自身单一、微薄的力量是远远不够的，还须通过并购等资本运作方式组建大型的企业来实现这一目的。

（三）“互联网 +”下企业成长模式

“互联网 +”下企业的发展是一个日新月异的过程，其发展模式对传统企业的发展提出了挑战，无论从企业管理、服务方式和手段、融资渠道等方面都与传统方法和手段有所不同。越来越多的人逐渐认识到互联网产业是信息的产业，是资金的产业。由于作为新型企业，其发展具有很大的不确定性，直接从传统的金融渠道融资很困难，为解决快速发展所需的资金，就必须寻求其他的融资方式。风险投资看到“互联网 +”具有极大发展潜力和良好市场前景，加之风险投资追逐高风险、谋求高资本收益的特性，恰恰迎合了企业发展过程中对资本的需求。

（四）“互联网 +”与传统经济整合的要求

“互联网 +”与传统经济是对立统一体相比较而存在没有泾渭分明的界限。美国萨默斯提出了“新经济需要建立在旧价值上”的观点，得到了《纽约时报》的高度评价。“互联网 +”的虚拟性并未使“互联网 +”空洞化，实物产品生产依然是社会经济的基础。“互联网 +”并不是纯粹的虚拟经济，而是虚拟与现实经济的结合。

“互联网 +”的发展需要发达的传统经济的支撑，从国际企业间并购的最新动态来看，新经济与旧经济并购趋势增强，新经济公司的表现和潜力受到特别的关注。新经济潜力惊人，但旧经济仍然保持有独特的优势，尤其表现在稳定的利润来源、发育成熟的营销网络、长期经营的品牌优势和高度发达的基础设施上。只做网络等高科技产品而没有旧经济融入更为广阔的物质载体是无法在未来继续生存的。在新经济公司和旧经济公司已经意识到彼此间互补作用的背景下，它们之间开始发生大规模的并购活动，并购在加大传统行业和网络的结合上，起到了决定性的作用。

三、“互联网 +”下影响企业并购的原因

第一，互联网思维的本质是整合资源，最终的落脚点是“卖货”。绝大多数传统企业的思维和能力仍然停留在“造货”的时代，虽然很多企业口头上讲着“客户至上”“客户就是上帝”，但是仍然用着“卖方市场”“造货时代”的逻辑经营自己的企业。这些企业将重心放在产品的开发上，以期满足消费者的需求。殊不知“产能过剩”时代，消费者对于产品性能需求的增长速度远远跟不上产品性能发展的速度，而产品体验发展的速度却跟不上消费者体验发展的脚步。因此，传统行业的企业家会出现面对互联网时代的转型束手无策，无法适应“卖货”时代节奏的现象。

第二，许多企业在面临网络经营环境时，常常匆忙地寻求并购，并购的理念和目标过多地聚焦在概念的策划和“包装”，关注的是资本市场和媒体的反应，过分地依赖“注意力经济”的作用，或是以并购为概念，使企业在资产交易方面获得特别收益。在这样一种理念支撑下的企业并购，注定了并购只能是一时辉煌，而不能长期繁荣。因为这种类型的企业并购并没有将原先的技术、信息、市场渠道等企业资源在网络环境中加以很好地整合，因而产生不了企业并购应该产生的协同效应。

四、企业再造理论

2016年1月，美国最大的出租车公司Yellow Cab Co-op宣布申请破产。而Uber和Lyft等互联网专车应用的崛起是导致其陷入财务困境的原因之一。而随着移动互联网时代的到来，此类的现象则更加明显，近些年甚至有许多行业整体的发展都过于迟滞，比如：音像出版业、大型制药业等都面临着商业模式过于落后的问题。随着“互联网+”与各个行业和企业的融合渗透，企业面临的挑战也会愈加严峻。而在挑战到来的时候，企业是获得新生还是遭遇危机，则主要取决于企业的适应和调整能力，也即企业进行再造的能力。

企业再造理论，出自美国著名管理学大师迈克尔·哈默和詹姆斯·钱皮合著的《再造企业：工商业革命宣言》一书，是企业为了实现生产成本、产品及服务质量、运营效率等现代企业运营指标的跨越式提升，以工作流程为核心，对自身的经营方式、管理方式及运营方式进行重新设计的颠覆性变革。

企业在长期发展过程中必然会形成一些根深蒂固的基本信念。这些信念影响着企业日常的管理经营活动，也是企业业务流程设计与执行的理论思想基础。企业再造就是以超越性、创造性的思维对这些基本信念进行反思重塑，以帮助企业更好地应对新的环境和挑战。它主要包括企业组织再造、战略再造、流程再造、管理再造及文化再造等多个方面。也就是说，企业再造就是对企业的整个生产、服务及运营过程进行重新设计并彻底变革，从而使其更具张力、更趋合理化。

第十章 “互联网+”下的企业财务管理实证分析

第一节 “互联网+”背景下的企业财务管理模式

如何在互联网时代通过完善现代企业财务管理模式的方式，提高企业发展的竞争力，是企业必须深入思考的问题。随着国内经济的快速发展，其对企业在市场竞争智能化提出了更高的标准。现代企业财务管理模式，作为企业管理工作中的重要组成内容，对于企业的经济效益的变化及未来的发展规划，都具有十分重要的影响。在企业的发展中，如何运用现代企业财务管理模式，完善自身存在的财务管理问题，提高财务管理工作的效率，对于提升企业在市场经济中的竞争力，具有积极地促进作用。

一、现代企业财务管理模式内容

现代企业的发展中，为了更好地完善自身的发展，重视财务管理模式的研究与工作措施的实施非常重要。通常情况下，现代企业财务管理模式内容主要有：集权式财务管理内容；分权式财务管理内容；相融式财务管理内容等几个方面的内容。企业如何结合自身的发展，实现现代企业财务管理模式的发展目标，对于其实现未来的规划，都会产生十分重要的影响。因此，企业在发展的过程中，应充分重视现代企业财务管理模式的发展。

（一）集权式财务管理内容

在现代企业财务管理模式发展中，集权式财务管理内容，是其中一项内容。集权式财务管理，主要是企业的总公司或者母公司对其下属的分公司或者子公司的财权，由母公司统一集中管理的财务管理方式。子公司在发展的过程中，不具有任何的财务决策权，母公司对子公司具有绝对的财务控制权。集权式财务管理方式，有利于母公司整体战略计划的实施发展，对于集体企业的整体发展具有一定的促进作用。

（二）分权式财务管理内容

在企业的发展中，分权式财务管理，作为现代企业财务管理模式内容之一，也是企业财务管理工作应重视的一点内容。相对于集权式财务管理方式，分权式财务管理的发展存在很大的不同。分权式财务管理，要求母公司将自身的决策控制权合理地分配给下属的子公司，二者之间的关系是代理关系，更多的时候，母公司承担了辅助子公司发展的作用和间接控制的作用。分权式财务管理，在一定程度上有利于企业战略的制定，母公司可以节约一定的发展成本。

（三）相融式财务管理内容

在企业财务管理工作中，相融式财务管理，也是现代企业财务管理模式内容之一，对于企业财务管理工作的发展存在一定的发展意义。相融式财务管理，在一定程度上有效地融合了集权式和分权式的优点，并有效地完善了二者发展的缺点。相融式财务管理，根据各个集团公司的实际发展情况的不同，制定不同时期的发展目标，并十分重视财务管理模式的健全发展。因此，相融式财务管理内容，是一项相对重要的工作内容。

二、在“互联网 +”下完善企业财务管理方法

（一）集中式财务管理方法

互联网的普及为财务的集中式管理提供了方便。企业可以运用信息网络技术，对电子商务进行整合，并提供有效的互联网财务管理方法，包括提供会计管理的相关财务软件，软件的功能包括集中做出财务方面的决策，集中核算财务等。这种集中式的财务管理，能够做到及时地处理财务数据，简化信息传递的程序，直接由企业的财务决策者将信息传递到部门相关的负责人，不需要中层管理者的接应，对市场的变化进行及时地跟踪和捕捉，做出的决策更具有针对性和适应性。

（二）企业财务管理信息系统建设

数字技术作为网络经济的先行者，其经济活动可以通过互联网在网上进行，由于会计信息是动态的，难以捉摸的。同时，开放的市场需求信息，容易形成一个多层次、立体的信息模式。基于互联网的企业财务信息系统，可以使信息更加生动、直观、并提供各种各样有效信息。

（三）创新财务管理方法

所谓的创新是相对传统财务管理而言的，传统的财务管理只重视资金的核算，创新财务管理方法的前提是要转变落后的观念，不仅局限于企业的管理者，还包括企业各部门的负责人以及基层员工，要在企业内部从上到下掀起学习先进管理

理论的热潮，并成为制度化，要认识到在互联网背景下，企业财务管理方法的创新是大势所趋，否则就无法适应现代企业发展的需要。

（四）建立网络信息安全保障体系

网络信息的安全保障是需要法律作为强制力作为保证实施的。因此首先要制定并完善相关的法律法规，从制度层面上加强网络安全，这是网络安全管理部门和国家立法部门需要做的事情。其次，还要设计具有实效性的网络管理系统来进行安全管理的维护。同时还要开展对员工进行安全意识的培训活动，对企业财务人员进行必要的普法知识的宣传，尤其是管理层的安全意识的培养，对网络信息安全的保护引起充分重视。

三、"互联网 +"背景下企业财务管理模式的创新

互联网 + 环境下财务管理的特点表现为：传统企业往往通过打造强有力的供应链体系来实现在市场竞争中的脱颖而出，所以在产销体系中各项实体资产的投资额与未来的收益数额、收益周期之间的关系是企业财务管理中关注的核心内容。而掌握知识产权、商誉、信息化程度、人才的创新活跃度等无形资产是决定互联网 + 环境下的企业盈利能力的主要因素。而互联网 + 环境下企业往往通过有效地整合各类资源实现实体生产配送环节，这个过程中代工企业和物流公司发挥了非常重要的作用。所以互联网 + 背景下的财务管理的重要内容之一就是优化整合无形资产。

（一）创新互联网 + 环境下财务管理工具

构建信息系统。企业财务管理信息系统的设计是建设在流程再造的基础之上，其重点内容是融合财务管理信息系统和电子商务交易系统，通过将信息需求模式划分为决策导向、控制导向、核算导向，并对三种导向与企业现代信息技术的智能化、信息化、电算化三类支持环境的关系进行探寻。对外通过电子货币支付、电子转账结算和与之相关的财务业务电子化的便捷、高效、安全地实现，以保证资源的有效共享和信息的及时互动；对内则应当保证网络财务监控与管理的有效实现。

互联网 + 背景下的财务管理对信息系统安全性提出了更重要的要求，由于财务问题多涉及公司机密和资金问题，一旦出现漏洞就会流失大量的资金和商业秘密，甚至对企业的经营和发展造成严重的影响，所以实际当中应当运用严格的传递手段和储存工具，对各种安全控制方法和措施进行研究，包括网上公正牵制、分离监控与操作，甚至在将与当前企业的审计委员会相类似的内控机构设立在企业内部，这些措施的发展最终形成了网络财务软件。

（二）创新财务管理支付模式

快速、便捷的活动方式是当今各个社会行业都在努力实现的目标。在支付方式中也是这样，所以电子形式的支付方式应运而生。消费者、厂商、金融机构等电子交易的当事人，通过网络使用安全电子手段实现货币支付或者资金流转就是电子支付。互联网 + 环境下电子商务系统中的重要组成部分之一就是电子支付，其是建立在电子商务快速发展的基础之上的，要使网上购物的速度和便捷性得到提升，就应当科学地运用电子支付。当前缴纳考试费用或者发放工资也是建立在电子支付的基础上的，经过一定时间的发展，微信支付成为当前最先进的电子集支付方式，通过和银行卡的绑定，微信支付能够通过“小伙伴活动”“小伙伴聚餐”等进行聚餐费用的支付，这样就不会有找零钱的麻烦产生，与传统的电子支付相比微信支付界面具有省时、便捷的特点，并且这种支付方式不会产生手续费，甚至可以享受某些特定的优惠。实际当中电子支付由电子货币类、电子信用卡、电子支票类三种方式构成。

第一，以数字化存在的价值体现的产品就是电子货币。它体现了互联网中消费者拥有的财务，通常由电子钱包和电子现金构成。通常来说电子装置有两种形态，首先是智能卡，其体现为卡片结构，并且有一个电子芯片嵌入其中，代表持卡人的电子财务信息储存在了芯片当中。第二种的电子货币是以服务器为载体，通过具有强大数据处理能力的计算机服务器的建立，大型金融机构将客户所拥有的电子服务信息存入其中。电子货币本身并不存在实体形式，本质上是一种以虚拟形式存在的数据信息，但又有加密信息被赋予其上，通过加密处理消费者财富值的数额只能用唯一的数据信息表现出来。但是需要智能卡或计算机服务器来支撑这些虚拟数据信息的存在。

第二，电子支票。在传统的银行业务中，买卖双方的金额交易功能通过支票来实现，买家在和卖家交易的过程中不必携带大量现金，这样交易的安全性和便捷性就能够得到有效保障。但是作为纸质化存在的形式，支票具有无法长期保存的问题，同时还能够模仿其中的签名，而电子支票可将传统支票所有信息通过数字化的形态反映出来，并且一张电子支票在计算机服务器中占有极小的容量，在计算机服务器安全的情况下电子纸票信息就不会受到威胁，即使是服务器产生故障，计算机中电子支票中的信息也会被提前备份，所以并不会发生丢失电子支票信息的问题，并且还需要密码和验证码进行电子支票信息的核对，这样电子支票就具有比传统支票更高的安全性。

第三，电子信用卡。电子信用卡通常在网上使用，具有方便、便捷的特点。

并可以通过发卡机构快速获得持卡人的信用额度，进而有效预防发生持卡人无法还清贷款问题。

（三）创新财务管理人员工作地点

互联网的发展很大程度上改变了互联网 + 环境下企业财务管理人员的工作地点，他们能够在互联网上实现传统办公室中的工作。这样财务管理人员的办公活动无论在哪都能够快速地实现，能够从网上看到企业与各个政府部门、客户、供应商的业务往来和信息传递，进而极大地提升了信息的准确性。

（四）创新财务理念

1. 零存货理念

控制存货是传统企业中的重要互动，货物存储量必须被控制在合理水平，过多则会降低产品质量和占用过多资金。如果存货过少就会降低销售质量，造成企业客户群的流失。而实际当中网络平台沟通的及时性决定了互联网 + 环境下交易双方能够及时共享供需要求，这样互联网 + 环境下企业的资金和货物储备需求就会降低，这样企业的利息成本和仓库管理成本就会大幅减少。

国外某研究机构还提出了“零存货”的概念，也就是准时生产制。在该种制度下企业在供产销各个环节能够将产品库存、原材料、产品接近零的目标，避免资金的机会成本被存货占用，并能够实现对存货过时、跌价、毁损等风险的预防。互联网 + 环境下企业进行生产计划制定的过程中，通过和消费者的谈判实现产品实际需求数量的确定，企业生产计划目标是建立在实际需求量的基础之上，并且根据生产计算进行原材料供应方案的制定，存货为零。可见零存货是建立在客户需求的基础之上，并且以供应商产生活动为目标，这个生产方式具有从后向前拉动的特点。

2. 零营运资本的经营理念

营运资本在进行公司运营管理中，管理层能够利用资本数额。实际当中营运资本的数值与企业资本额与短期债务额之差相等。与此同时，在财务管理学中企业财务状况的流动性比率就是企业流动资产与企业流动负债纸币。传统思维中为了实现企业抗风险能力的提升，增强企业短期偿债能力，管理者往往会把流动性比率控制在大于 1 的水平，过高或者过低都不行，否则就会使企业运营风险增加。在流动性比率过高时，通常会出现在企业资本额中应收账款数额、存货数额占比重大的现象，这样较高的流动性比率不仅使企业抗风险能力与短期偿债能力的提升，还会有难以被发觉的隐藏风险产生，所以对于企业发展营运也是非常不利的。

在互联网 + 环境中，管理者放弃了营运资本指标控制原则，并将“零营运资本”作为追求的目标。这样企业的流动性比率应当被控制在 1 左右，也就是说此时营运资本数值为零，企业资本额和短期债务额相等。在互联网 + 时代，人们大幅提升了资本周转效率，往往利用提升企业流动性比率实现企业抗风险能力的增强。当企业短期偿债能力提升已经无法产生令人满意的效果，这种情况下企业流动性比率的提升不仅对企业运营管理无益，还会使企业的应收账款、待摊费用、存货等在企业资本额中的比重增加，对于企业资本的快速周转是不利的。所以，互联网 + 环境下的企业财务管理需要管理者采取有效措施降低营运资本，这样才能够最大限度提升电子商务环境下的企业资本利用率，企业抗风险能力才能够获得大幅提升。

（五）创新企业筹资渠道

我国很多中小企业在贷款方面不够畅通的重要原因就是企业和银行之间信息的不对称问题，一方面中小企业无法获得需要款项，另一方面银行希望多发放贷款。但实际中，很多银行难以充分了解中小企业经营状况信息，所以无法将贷款轻易发放给企业。相反很多大企业的贷款成为众多商业银行想要争取的对象。根据相关调查，我国大企业数量仅占总数的百分之十，所以中小企业必然成为商业银行未来发展的希望，所以中小企业贷款越来越受到银行的重视，这个过程中必然需要一个能够解决银行和中小企业信息不对称的沟通渠道的建立。而运用互联网正是解决这个问题的重要手段，所以就产生了电子商务的网上融资。作为电子商务和银行联手推出的一项新的贷款方式，网上融资不同于传统贷款的地方在于它不需要任何的担保和抵押，是建立在企业网络信用的基础之上，对于那些具有良好信用的企业，都可以提供一定范围内的资金服务。

当前电子商务提供商和银行合作涉及的领域较多。银行可以从电子商务环境下的企业网上信用记录来确定贷款是否向企业发放。而消费者、供应商、政府正是这些信用记录的提供者，其中还包括企业自身的经营动向信息等内容。根据这些信息银行对电子商务环境下企业的信用进行评级，这样的融资方式极大地方便了互联网 + 环境下企业的融资，并且也在很大程度上实现了成本开支的节约。这种融资方式的优点体现在以下几方面：

1. 企业可以在互联网 + 环境下通过上网进行资金提供方的寻找。互联网上有不计其数的企业，企业如果需要进行融资就可以和广大企业通过互联网进行沟通，这样就会极大方便资金供需双方。

2. 使得互联网 + 环境下企业的继续筹资得到了方便。通过互联网企业能够获得及时的信息沟通平台和大量检索信息渠道，这样互联网 + 环境下企业和资金提供方耗费在路途和寻找信息的事件就能够被有效降低，互联网 + 环境下企业筹资的速度大幅提升，互联网 + 环境下企业接续资金的困难能够得到有效解决。

3. 降低了资金需求方的筹集成本。企业和资金提供方通过互联网能够获得良好的沟通渠道，双方能够在此基础上对需要信息进行有效的掌握，使得信息不对称和沟通不顺畅的问题得到了有效的解决。同时，这样一个平台通过两台计算机就能够创造出来，具有成本极低的优势，资金供需方的成本也大幅降低。

4. 扩大资金需求方的选择范围。相对于传统渠道来说，互联网上的资金提供者数量更多、规模更大，并且现实生活中的地域限制也被突破，在这样的平台中企业就能够选择最合适的资金提供方，进而达到降低自身筹资成本的目的。

第二节　案例分析：谷歌与雅虎

截至 2011 年度末，日本网络的人口普及率已达 79.1%，2012 年日本网民数量比上年度增加 42 万人，达到 9652 万人，网络信息对日常生活的影响愈发明显。网络中的信息是无限的，要想随时找到自己需要的信息，最不可或缺的是优秀的搜索引擎。称霸搜索引擎界的谷歌尽管页面简单却精度极高，甚至已经成了搜索的代名词。它促生了"去谷歌"的说法，而在英语中也被用作动词，意为"去搜索"。

与此相对的，日本人气最高的搜索引擎是"雅虎日本"，相信有不少人把浏览器主页设成了雅虎。雅虎日本不仅是个搜索引擎，还是个提供包括新闻、天气、网上购物等服务在内的门户网站，而这也让雅虎聚集了大量人气。在网络这个共通的平台中，两家从不同起点发展起来的企业却有着共通点，那就是都以信息力为背景开展商业活动。下面将从各种角度对谷歌和运营雅虎日本的雅虎株式会社之间，存在的相似点和不同点进行分析。

一、经营理念

1. 谷歌

谷歌的历史，要从斯坦福大学博士生拉里·佩奇和谢尔盖·布卢姆的数据挖掘研究说起。所谓数据挖掘，就是使用统计法等手段从庞大的数据中抽取有用信息的技术。

拉里·佩奇和谢尔盖·布卢姆为使数据挖掘适用于互联网世界，在 1996 年制作了名为"Back Rub"的搜索引擎，"Back Rub"能够通过使用互联网上的链接信息，来找出符合关键词的网页，此引擎在当时有着划时代的意义。为让这一技术获得成长，二人在 1998 年以私企形式创立了谷歌公司。而"谷歌（Google）"这个公司名称，据说取自于表示10的100次方的数字单位Googol。

谷歌从创业伊始便是一家拥有优秀搜索引擎的公司，但想让事业步入正轨，则必须完成两大课题。一是筹集大量资金用于购买大盘电脑，以便保存和处理搜索引擎收集到的庞大数据；二是如何打造一个利用优秀的搜索引擎获取高额收益的商业模式。成立初期公司的设备投资全依赖于风投资金，而分别在2000年10月及2003年开发出的划时代广告服务AdWords和AdSense，则解决了这两个难题，并且由此，谷歌开始了急速成长。

此后，谷歌于2004年8月在纳斯达克上市；2006年10月以16亿5000万美元（1320亿日元）的价格收购了在线视频分享网站YouTube；2011年8月以125亿美元（1兆日元）收购从事移动电话业务的摩托罗拉移动。谷歌的经营理念是“谷歌的使命是整理全世界的信息，让全世界的人都能连接和使用它们”，谷歌永远将用户体验放在首位。

2. 雅虎

雅虎的历史源自于1994年就读斯坦福大学的杨致远和大卫·费罗制作的能同时浏览大量优秀主页的综合网站。这个网站将各主页分门别类，看起来一目了然，这为它赢得了大量人气，也使它聚揽起更多网站链接。此后为将这个网站转化为事业，二人于1995年3月在美国成立了“Yahoo Inc.”，对其商业前景大为看好的软银社长孙正义在向雅虎集团出资的同时，于1996年1月与其合作成立了雅虎株式会社。

雅虎从1996年4月上线了“Yahoo！ JAPAN”，并于短短一年后的1997年11月在场外交易市场发行了股票。那以后出现了互联网泡沫，雅虎以每股股价超过一亿日元引发热议。

雅虎这一类的网站被称为门户网站。在网络世界的入口有了雅虎这样的门户网站，用户就能花更少的精力去接触更多样的信息。雅虎为充实门户网站内容，在2005年4月继承了六公ALPS公司为用户提供地图数据和地区信息的业务，还在2009年4月吸纳了提供视频分享服务的GyaO为子公司，以求通过收购企业等方式创造独具魅力的内容。

雅虎的经营理念是“生活原动力”。雅虎未来的方向，就是成为一个能让用户忽略网络技术相关问题、自然而然地使用网络的窗口，并且还希望这件事成为让生活变得更丰富的原动力——这就是雅虎的经营理念。

相比谷歌用数学词汇Googol来为公司命名，雅虎的理念则更贴近生活，它的口号听起来似乎与IT企业不符，而更像是一家知名超市或家电商场打出的标语。

然而，通过这种平凡的生活化经营理念构筑起的商业模式，可以说正是雅虎强大实力的源泉。仔细想来，互联网用户中的大多数其实对技术并不感兴趣，只是因为方便、有趣、简单才会使用互联网。一家门户网站全心全意为用户着想，最终得出了这样的结果，这样的经营理念是极其认真而诚实的。

二、主要的数据

谷歌和雅虎的主要数据对比：销售额数据，谷歌2兆9467亿日元，雅虎3021亿日元，可以看出谷歌的销售额是雅虎的近10倍。再对比营业利润数字，谷歌9128亿日元，雅虎1650亿日元，虽然谷歌的数字更大，但在营业利润率方面雅虎为54.6%，是谷歌31.0%的近两倍。这两家都是高收益性企业，但也能由此看出雅虎盈利的效率比谷歌更高。

从自有资本比率来看，谷歌和雅虎都超过了80%，可以看出这两家企业不仅收益性高，财务结构也相当健全。再看净资产数据，谷歌4兆5202亿日元，雅虎4683亿日元，作为互联网企业而言，这两家企业的资产金额很高。由于互联网企业不具有店铺工厂之类的固定资产，净资产数字普遍较低，但这两家企业为实现各自的商业模式都必须持有大量资产。不过两家企业总资产的具体内容大相径庭。

总市值方面，谷歌17兆8392亿日元，雅虎1兆5987亿日元。相对销售额和当期净利润不到10倍的差距，总市值的差距被拉开了10倍以上。尽管两家企业都拥有值得引以为豪的总市值，但能看出谷歌优秀的搜索引擎在前景方面获得了更高的评价。

再看从业人数，谷歌32467人，雅虎5124人，谷歌是雅虎的6.3倍。相对销售额上谷歌是雅虎的9.8倍，从业人数的6.3倍相对较小。营业利润率数据方面雅虎是谷歌的近两倍，由此能够看出雅虎的业务更依赖个人，而这样的商业模式产生利益的效率相当高。

三、商业模式分析

谷歌和雅虎商业模式的不同点，只要对比两家网站首页就一目了然了。谷歌首页除搜索框以外没有任何显眼的部分，以方便用户在最短时间内开始搜索。而与此相对，雅虎首页除了搜索框以外还密密麻麻地排列着新闻、天气、网上购物、广告等内容和网络服务，为的是让用户尽可能长时间停留在雅虎网站。

之所以首页设计有这样大的差距，是因为谷歌和雅虎对网络商务这个概念的诠释各不相同。而这两者的不同，可以说正是机器人型、目录型这两种搜索引擎特征的缩影。那么下面，我来为大家分析两家企业搜索引擎的原理，以及与之相结合的商业模式的区别。

1. 机器人型对目录型

（1）机器人型

以谷歌为代表的机器人型搜索引擎，指的是专用软件像机器人那样在网络中自动巡回搜集信息，然后通过电脑来解析这些信息，使它们可以被搜索到。这种搜索法中最关键的，是用来解析机器人搜集到的大量信息的算法。机器人型搜索引擎的优点，在于只要数据中心有容量，就能轻松应对网络规模的扩张。而使用谷歌搜索引擎的用户越多，用来分析用户搜索行为的样本也越多，搜索精确度也就更高了。

机器人型的缺点在于，一旦算法质量不够好，就会显示出错误的搜索结果。谷歌为克服这一缺点付出了辛勤的劳动，他们不断对搜索结果进行研究，哪怕出现一点异常就会对算法进行修正。这一搜索算法是谷歌价值的根源，而为谷歌赢得大半收益的搜索联动型广告，同样基于这种高效搜索算法。

（2）目录型

所谓目录型搜索引擎，就是由编辑事先挑选优质网站制作成列表（目录），这些网站会响应搜索关键词显示出来。用这种方法运营搜索引擎，需要人工进行网站的审查和分类工作。目录型的优点在于编辑者需要事先审查网站并制作简介，搜索结果会以一目了然的形式显示出来，并且色情网站等不合格站点也可以被轻松筛除。

另一方面，目录型搜索引擎的缺点在于网站必须靠编辑人工收集信息，所以在数量上有所限制。由于每每有新网站出现就必须靠人工收集，互联网规模发展越大，搜索品质就越难以维持。雅虎就是通过脚踏实地地持续制作目录，掌握了通览和审查可靠网站的技术，而这一技术则成了开展雅虎购物、雅虎拍卖等电子商务的基石。

与谷歌不同的是，门户网站雅虎在整理信息时使用的是目录型搜索引擎，所以相比设备上的投资更加注重需要人工来开展的业务。雅虎的固定资产为 345 亿日元（总资产的 6.1%），金额相比谷歌要低很多。但因为目录型搜索引擎无法应对急速扩张的互联网，雅虎目前也使用了谷歌开发的机器人型搜索引擎，而非自主开发的目录型搜索引擎。

2. 谷歌

谷歌商业模式的重点有以下三点。

（1）AdWords

虽说谷歌在云服务、销售平板电脑等诸多领域开展了业务，为其所得大部分利润的却是广告业务。谷歌确立的商业模式是以搜索引擎技术为核心的网络广告，其通过为客户带来前所未有的广告形式，实现了自我成长。而当中的核心服务就是 AdWords 和 AdSense。

AdWords 的意思是搜索联动型广告，或者目录广告，这一服务始于2000年，是一种具有划时代意义的类型。如 AdWords 诞生前，互联网广告普遍较为笼统，例如"考虑到浏览棒球网站的人大多喜欢棒球，投放棒球手套广告的话应该有得赚"。但事实上，浏览棒球网站的人大多数想看到的是棒球比赛的比分，需要棒球手套的用户并不多。而另一方面，却有一大批想要棒球手套的人并没有在网上浏览棒球网站。AdWords 可以让在谷歌搜索"棒球手套"的人直接看到相关广告。作为广告媒体的谷歌可以凭借较少的显示次数来获得较多点击，由此能赚取更多广告收入。而对在谷歌投放广告的广告商而言，由于广告费需要按点击数来支付，广告的性价比也变得更明确了。因为上述优势，才得以迅速扩张成为谷歌的核心服务。

（2）AdSense

打开了 AdWords 这一利用搜索引擎盈利的途径之后，谷歌在2003年上线了名为 AdSense 的新型广告服务。所谓 AdSense，指的是网站或博客的运营者，通过在自家网站上显示谷歌广告来赚取收入的服务。谷歌的算法会分析运营者的网站，并自动发布和显示适合网站内容的广告。一旦访问网站的用户点击了广告，广告主就需要向谷歌支付费用，而谷歌会将从中扣除自己应得份额后的金额支付给网站运营者。有了 AdSense，谷歌开拓了在自家搜索网站以外刊登广告的渠道，继而获得了更多收益。

刊登谷歌广告的网站运营者所获得的报酬被称作流量获得成本，AdSense 的收益性由流量获得成本和广告收入的关系决定。

（3）各种免费服务

谷歌除了广告服务以外，还提供 Gmail、网络浏览器 Google Chrome、能够在线编辑分享文档 PPT 电子表格的谷歌文档、对应50多种语言的谷歌翻译等多种免费服务。这些服务并非以单独获取收益为目的，它们全靠广告服务赚得的收益维持运营。谷歌之所以提供这些免费服务，是为让网络世界变得更快乐、更方便。

3. 雅虎

雅虎的商业模式分为以下三点。

（1）门户网站

雅虎业务的基础，在于门户网站吸引用户的能力。雅虎最初没有谷歌搜索引擎那样卓越的技术，于是它全靠提供搜索引擎以外的新闻、天气等人气分类来吸引用户，再利用广告、网购、付费内容等各种服务来盈利。雅虎日本是个非常好用的网站，但它背后的不是程序，而是人工付出的巨大辛劳。

运营雅虎日本，就必须将世间繁多的新闻、娱乐信息、学术信息等等，在进行简单明确的归纳整理后提供给用户。这一信息的编辑作业需要消耗大量时间，不止雅虎员工，其他公司负责编辑信息的编辑人员也是这样操作的。需要一提的是，想成为这样的编辑需要通过相应考试。只有像这样将门户网站丰富的信息和优秀的品质维持下去，雅虎才能够吸引到用户并开展各种商业活动。

（2）搜索联动型广告

在谷歌依靠 AdWords 和 AdSense 拓展业务的同时，雅虎也在探索利用搜索联动型广告获取收益的新路子。考虑到与其从零开始打造新系统，还不如利用已有的旧系统，雅虎收购了关键同广告系统运营公司 Overtrue。这一消息对当时同样计划拓展广告业务的谷歌而言也可谓大事一桩，因为雅虎上线搜索联动广告的行为，在差点被谷歌称霸的互联网广告界昭示了强烈的存在感。另外，日本最初使用的也是 Overtrue 的关键词广告，但现在已经变更为谷歌的搜索联动型广告发布系统。

（3）宽泛的业务领域

雅虎作为门户网站为提升用户吸引力，提供了几乎所有互联网能够提供的服务。如果说谷歌是搜索方面的专家，那雅虎就像个百货商店。雅虎凭借百货商店般样样有的门户网站来招揽用户，然后开设拍卖行收取手续费，或是招收商户收取租金。

雅虎的业务部门分为三块，具体为媒体部门（广告企划、销售）、BS 部门（提供信息刊登等商品及服务）、客户部门（会员服务、付费内容等），这三部分收益均等。同样作为以搜索引擎为主体开展业务的企业，雅虎与大部分收益来自于 AdWords 和 AdSense 的谷歌形成了鲜明的对比。雅虎各部门的业务内容具体如下。

① 媒体部门

媒体部门负责由广告公司投放的目录广告和联盟营销广告。目录广告指的是，一旦搜索关键词就会显示出相关广告的搜索联动型广告。所谓营销联盟广告，是指在合作站点上投放广告，再根据实际业绩计算广告费用的服务。由此可以了解到，雅虎同样开展了类似谷歌的业务。

② BS（Business-services）部门

BS 部门负责与各种企业合作，以刊登信息为中心开展业务。浏览日本雅虎的网站，可以看到左侧显示着标有“招聘”“兼职”“房地产”“汽车”等字样的链接。这些服务的提供者并非雅虎本身而是汽车公司和房地产公司，是他们借助雅虎投放了广告信息。不仅雅虎能因此获得投放费用，对汽车公司和房地产公司而言，雅虎网站的庞大用户群同样也极具魅力。像这样随着合作方的逐渐增加，雅虎本身也变得越来越方便好用了。

③ 客户部门

客户部门的业务主要针对个人竞拍和雅虎购物等内容。在这些服务中，雅虎的角色并非一个售卖商品的购物网站，而是会利用雅虎这个渠道将商品的销售企业和消费者连接起来，为他们提供网上交易的平台。

雅虎的事业部门如上所述分为三个大类，但由于各部门业务提供的服务太多，有些方面很难用几句话说清楚。例如 BS 部门除先前提到的业务以外还负责数据中心的运营，客户部门还包含 Yahoo BB（一种宽带）业务。服务范围广泛、几乎包含网络能够开展的所有业务，这就是雅虎商业模式的特征。

四、经营战略和关注重点

（1）谷歌的目标

创始人拉里·佩奇和谢尔盖·布卢姆怀着"工作要有挑战，挑战带来快乐"的想法创立了谷歌。为此，谷歌在办公室里放置了健身球、台球等器械，还为员工设置了免费自助食堂，致力于提供大学般轻松愉快的工作环境。并且，重视技术和独创性的谷歌还提出了谷歌的十大信条作为经营理念。

谷歌的十大信条：1. 以用户为中心，其他一切水到渠成。2. 心无旁骛、精益求精。3. 快比慢好。4. 网络的民主作风。5. 获取信息的方式多种多样，不必非要坐在台式机前。6. 不做坏事也能赚钱。7. 信息永无止境。8. 信息需求，没有国界。9. 没有西装革履也可以很正经。10. 没有最好，只有更好。

经营理念以十条口号的形式，将对信息力量的信任、通过技术为用户做出的贡献、身为技术人员勇往直前的骄傲以及自由的氛围一一传达了出来。其中解说篇幅最长的，就是第 6 条"不做坏事也能赚钱"。谷歌公司有着"不作恶"的口号，这个口号是谷歌行动的原点。

谷歌除了以搜索联动广告为中心的广告业务以外，还参与了其他种类繁多的活动，从提供 Gmail、安卓、ChromeOS 开发、谷歌文档、谷歌翻译等服务，到探索解决能源问题的企划等等。谷歌常被问到"你们的目的究竟是什么"。而谷歌的目的，则在第十条"没有最好，只有更好"中做了如下说明。

（2）谷歌的发展历史

谷歌创立至今都做过些什么，可在谷歌主页"深入了解我们的发展历史"部分寻找答案。在这个页面，能够感受到谷歌愉快自由的企业文化氛围。在公司成立第二年即 1999 年的 11 月，“感恩而死”乐队前厨师查理·艾尔斯加入了谷歌。公司刚一成立就想到雇佣厨师，想必是因为年轻员工将享用美食视为头等大事吧。

2004 年愚人节，谷歌发布消息称其开发了能够读取用户思维的。此后每年愚人节搞恶作剧成了谷歌的惯例，例如“计划在月球设立新的搜索中心”“谷歌与维珍集团董事长理查德·布兰森共同发表成立新航空公司”等。

当然，谷歌员工会的不只有玩，他们的工作同样出色。2000 年 5 月，谷歌上线了除英语以外的法语、德语、意大利语等十种谷歌搜索服务；2002 年，“Google（动词）”入选“最有用”年度热门词汇。2004 年 8 月 19 日谷歌公开募股，在公司成立的第六年上市。

此后，2005 年 7 月谷歌地球上线，2006 年 10 月谷歌文档启动服务，2007 年 2 月的情人节开放了原为邀请注册制的 Gmail。2007 年 5 月谷歌公布了首个手机开放平台安卓，以及与其他企业合作组建的开放手机联盟。另外，数据中心需要消耗大量电能的谷歌同样重视能源问题，于是在 2007 年 5 月推出了 RE<C 计划，该计划旨在利用可再生资源发电。

诸如此类，谷歌不光拿 AdWords 和 AdSense 赚取的收益再次投资广告业务，也对各种让人们生活变得更方便的活动进行了积极的投资。并且，谷歌还抱着“只要自己认为对用户有益就去做，不成功就放弃”这种大学生般轻松的态度，为打破世界固有框架、创造更自由公平的社会而奋斗着。

谷歌的活动理念很美好，在现实世界却因利益关系催生了不少摩擦。谷歌利用广告业务的收益免费提供各种服务，这对依靠运营同类型服务来盈利的企业是个沉重的打击。

（3）支撑急速成长的收购战略

谷歌之所以能在短期内实现急速成长，是因为其通过积极的收购战略获得了内容、技术和优秀工程师。到 2015 年 10 月，谷歌收购了大约 184 家公司，其中最大的收购是针对摩托罗拉的 125 亿美元。根据公开数据，谷歌花了至少 280 亿美元用于收购。由此看来，谷歌收购了诸多为用户提供身边服务的企业。诸如此类，谷歌的战略就是收购拥有优秀业务的企业以提供充满吸引力的功能。如此一来，主营的广告业务收入便能随着用户使用谷歌功能次数的增加而增加，并且还能获取更多用户数据用来提升搜索引擎和广告的精准度。谷歌通过用收购来获取服务的方法，意在加速“广告 + 搜索”这一优秀的商业模式。

（4）与微软的较量

由于谷歌很少公开自己的战略和事业计划，有人用保密主义来形容它。而打开谷歌主站的投资者信息页面，也确实能发现其公开的信息量以其公司规模而言相当之小，其中最大的特征是，上面几乎不存在事业计划等相关内容。虽说主站显示了经营理念，却找不到大多数公司用来吸引投资者的中期经营计划等信息。谷歌的保密主义和它的成立背景息息相关。

最初谷歌并不希望同行知道自己的AdWords和AdSense广告事业获得成功的消息，他们最想保密的对象就是微软的比尔·盖茨。当时在互联网界流传着这么一句话：“被比尔·盖茨盯上的企业，最后不是被收购就是破产。”比尔·盖茨对于提供有发展前景的服务、并有利于微软自身发展的企业，采用的策略就是收购。

接受微软的收购案并没有问题，但在独立精神旺盛的经营者中，也有部分人不愿加入微软麾下。而当企业对收购案表示拒绝时，微软就会利用自己优秀的工程师和充裕的资金开发出类似功能，对这家企业造成沉重打击。所以说一家公司一旦被比尔·盖茨盯上，最后不是加入微软，就是公司本身破产。

为避免这种情况发生，谷歌将财务信息一直隐瞒到公开募股前，从而掩盖了广告事业的成功。在通过公开募股确立了财务基盘后，谷歌凭借云服务向利用桌面环境获取巨额利润的微软实施了反击。微软的主要收益来源是操作系统等应用软件的销售。一旦这些软件的销售额下降，微软会在经营方面受到重创。

而与其相对的，谷歌主营业务是广告，没必要像微软依靠销售操作系统和应用软件来盈利。所以，谷歌决定免费向用户提供电脑操作系统Chrome OS和手机操作系统安卓。而在表格制作和文档编辑方面，用户只要使用基于云服务的谷歌文档，就算没有Word、Excel和PPT照样可以编辑文档。谷歌的战略就是依靠便捷的网络环境吸引用户，继而提升自身的广告收入。之所以提供各种免费服务，正是出于这样的考虑。

近来除电脑外，使用智能手机和平板电脑上网的人越来越多。谷歌推出了自主研发的NEXUS，将移动端市场的广告业务往有利方向推进。2012年，谷歌以125亿美元（1兆日元）的价格收购摩托罗拉，获取其硬件、通信技术和专利，表现出了对移动端的重视。这一战略使得谷歌在股市获得了与微软同等的评价。

随着谷歌的逐渐壮大，微软中有越来越多人开始向往谷歌那样自由的工作环境，于是微软的优秀人才开始往谷歌跳槽。人才的流动，加速了两家企业的较量。

2. 雅虎

（1）一手养大雅虎的井上社长

雅虎成立于1996年。随着电脑慢慢普及，在成立16年后的2013年一季度，雅虎已经成了销售额达3021亿日元、营业利润1650亿日元、从业人数达5124人的大型企业。随着上网方式从台式机向移动端、智能手机转移，为使公司高层年轻化，2012年4月1日，当了16年社长的井上雅博将社长之位让给了宫坂学。井上的理念是向用户提供“水一般亲密无间的服务”，这一理念在书中有着如下的说明。

井上的思路，与IT企业的普遍形象相比显得毫无特色。它给你的印象是或许是“方便好用”，但要向不知道这个网站的人做详细解说却有难度，因为尽管用户能从中获得诸多小小的方便，可总体看来并没有任何抢眼的特点。

虽然并不抢眼，却是个很方便的门户网站。平凡，但平凡才是雅虎的精髓。用户们自然而然会把它当作网络的入口，让它充斥生活的各个角落，就像我们用水那样自然。

在“经营理念”部分，我曾提到雅虎的经营理念是“生活原动力”。作为网络的入口，任谁都能自然而然地使用，并且它能为生活带来很大便利——这正是生活原动力的定义。永远当网络世界的生活原动力，为用户提供水一般与人亲密无间的服务，这曾是井上社长最为重视的理念。

（2）新社长宫坂的挑战

宫坂为再次提速雅虎的利润增长，以“智能手机优先”为口号公布了致力于开展智能手机业务的方针。值得一提的是以2012年3月12日为分界线，通过智能机连接雅虎网站的流量超过了非智能手机。

①ONLY1战略

雅虎的初衷是把网站建设成“方便好用样样有的百货商店”，于是功能的数量越来越多，雅虎提供的服务数量曾一度接近150项。然而服务的增加势必需要消耗更多经营资源，所以这也拉低了服务整体的收益性。

雅虎为提升服务的整体收益，决定今后将经营资源优先导入“雅虎竞拍”等20项顶尖项目以培养ONLY1的服务。而当其他网站运营的项目强于自家网站同类服务时，雅虎会中止自家服务转而与之合作，使用户能经由雅虎网站去使用这家网站的服务。例如雅虎原本有个名叫“雅虎菜单”的烹饪交流版块，但在提供同类服务的网站中“Cookpad”人气更高，于是雅虎终止了“雅虎菜单”，在首页上添加了Cookpad的连接，获得的代价便是广告收入。这就是雅虎构筑的商业模式。

② 最强搭档

所谓最强搭档指的并非网络方面，而是与现实中的商家携手开展业务的战略。具体为通过与软银移动、ASKUL、文化便利俱乐部等企业联手组成搭档，来提升雅虎销售额和服务质量。

③ 挑战未涉足领域

雅虎设立了日本国内投资基金 YL Capital，利用雅虎品牌效应和业务技巧，主要对日本国内新兴企业投资。其目的是将有前景的新兴企业培养成雅虎未来的商业伙伴，并获得资本收益。

无论战略设想得多么优秀，如果没有能实现它的企业文化，一切都只是空中楼阁。为了有效实施战略，雅虎创造了一个词——"爆速化"。所谓爆速化，指的是加快"掌握情势""决定策略""执行"这一系列业务循环的速度。为推行爆速化，雅虎实施了现场权限下放、组织运用小分队等措施。

（3）雅虎使用谷歌搜索引擎的理由

雅虎于 2010 年 7 月 27 日宣布将"Yahoo！ JAPAN"搜索引擎替换为谷歌引擎，转换工作在 2011 年中期基本完成。使用谷歌搜索引擎，会对雅虎的业务带来怎样的影响呢？

和目录型搜索引擎相比，机器人型搜索引擎更能适应网络规模的扩张，因为搜索次数越多用户行动分析数据也越多，搜索精度也就越高；而与此相对的目录型则需要人工来手动进行网站整理，网站越多搜索品质就越难维持。

为此，雅虎更换了谷歌搜索引擎。表面看来，似乎是从创业伊始便潜心完善机器人型引擎的谷歌，打败了以目录型引擎起步的雅虎。并且雅虎还采用了谷歌的搜索联动型广告发布系统，由此能看出雅虎对谷歌算法的优越性是表示认可的。

但事实上，雅虎和谷歌最基础的商业构造本就不同。谷歌使用的，是依靠将搜索完善到极致来获取广告收入的专家型商业模式，而雅虎则是方便样样有的百货店商业模式。虽然搜索引擎界的胜者是机器人型引擎，但雅虎将机器人型搜索引擎吸纳为自身服务之一的做法，也成功提升了自己这个门户网站的魅力。

而在另一方面，这件事对谷歌也具有重大意义。伴随着搜索引擎的更替，雅虎将拍卖购物等数据提供给了谷歌。谷歌搜索引擎和广告业务的强势，正是基于背后庞大的数据。得到雅虎数据后，谷歌的数据宝库得到了进一步的充实，搜索正确率和关键词广告准确度的提升也指日可待。为此，雅虎采用谷歌搜索引擎的做法，可谓一场双赢的交易。

（4）解决问题的原动力

雅虎在“生活原动力报告”的汇报中介绍了他们的 CRS 活动。在报告中宫坂社长表示“小到生活琐事，大到关乎日本未来的要事，无论电脑网络还是手机网络，雅虎永远是利用 IT 来解决各种困惑的‘解决问题的原动力’”。雅虎就是要利用本职工作来解决各种难题。

想进行网络交易，以“雅虎平拍卖”和“雅虎购物”等，普通用户也能轻松上网交易；想解决求知问题，有“雅虎新闻话题”“雅虎天气、灾害”“雅虎报道”等；想放心地娱乐，可以去视频分享平台“Gyao！”；如果在出行生活信息搜索上遇到难题，可以查看提供地域信息的“雅虎地图”等。

一系列服务化身为“课题解决原动力”，为顾客、社会、投资家、公司职员、业务伙伴等利益相关者解决问题——这就是雅虎的目标。

五、决算书分析

1. 损益表

谷歌销售额从 2007 年度的 1 兆 2900 亿日元到 2011 年度的 2 兆 9467 亿日元，5 年间翻了 2.3 倍。再看营业利润，从 2007 年度 3953 亿日元到 2011 年度的 9128 亿日元也翻了 2.3 倍，和销售额几乎同比增长。谷歌在过去 5 年间持续增收增益，可以看出它的成长相当顺利。

再看雅虎销售额。从 2008 年第一季度的 2620 亿日元到 2012 年第一季度的 3021 亿日元，5 年间翻 1.2 倍；营业利润方面从 2008 年第一季度的 1248 亿日元到 2012 年第一季度的 1650 亿日元，5 年间翻 1.3 倍。雅虎虽然是个营业利润率超过 50% 的高收益率企业，但以互联网企业应有的发展速度来看，销售额和利润都没能获得增长。由于过去 5 年间雅虎一直维持着这种状态，新社长宫坂将第一要务设定在了利益成长再加速上。

比较两边的数据，谷歌规模较大，但两家企业在这 5 年都保持着增收增益的状态。然而营业利润率和当期净利润率这两项，却揭示了两者的不同。

一是雅虎的营业利润率高于谷歌。相比谷歌的 30%，雅虎的 50% 就显得比较高了。之所以产生了这样的差距，是由被计入谷歌销售成本中的数据中心相关成本和新服务开发研究费用巨大，加之谷歌在税务策略上花了一番工夫导致的。

二是相对谷歌的营业利润率和当期利润率起伏变化，雅虎却保持了稳步增加。谷歌 2008 年当期净利润率仅有 19.4%，相比其他年份有所减退。2011 年营业利润率 31.0%，当期利润率 25.7%，这个数字也有所减少，然而原因在于花费的研究开发费、销售费用过高。

谷歌对搜索技术和有发展前景服务项目的投资向来积极。就像前面提到的那样，谷歌近年来收购了不少互联网企业，像这样的投资有成功也有失败，投资的成功与否能够在相当程度上左右企业的损益。由此可以看出，谷歌为提升服务而进行的积极投资，给利润率也带来了影响。

那么下面来分析一下两家公司的损益表和每 100 日元销售额所需成本。谷歌销售额 2 兆 9467 亿日元，销售成本 1 兆 252 亿日元，销售总利润 1 兆 9215 亿日元（销售总利润率 65.2%）。销售费及一般管理费 1 兆 87 亿日元，营业利润 9128 亿日元（营业利润率 31.0%），净利润 7570 亿日元（净利润率 25.7%）。

从每 100 日元销售额所需成本的构造来看，利用广告业务盈利的谷歌在销售成本中产生了流量获得成本，这是支付给利用 Adsense 刊登广告的网站经营者的成本。并且用来储存谷歌庞大搜索信息的大型数据中心，其所需的设备投资和光热费也属于销售成本。于是，每 100 日元的销售成本为 34.8 日元。

谷歌的另一个特征就是研发费率高，每 100 日元销售成本中占 13.6 日元。由此体现出这家企业对科研非常重视，将大量资金都投入了提升核心技术即搜索算法及其应用方法中。并且在研究开发费用中，还包括了开发新服务所需成本及改善现有服务的成本。

接下来看雅虎，销售额 3021 亿日元，销售成本 280 亿日元，销售总利润 2741 亿日元（销售总利润率 90.7%）。销售费用及一般管理费 1090 亿日元，营业利润 1650 亿日元（营业利润率 54.6%），净利润 1006 亿日元（净利润率 33.3%）。

每 100 日元销售额所需成本构造方面，销售成本仅占 9.3 日元，税费甚至高于销售成本。为什么雅虎的销售成本如此之低呢？那是因为雅虎的业务基础是门户网站，不像谷歌的那样包括诸多需要向其他合作伙伴付款的业务。另外，雅虎也不需要大型数据中心，虽说他们也开展了部分数据中心业务和自制内容的业务，但还是可以说这是种几乎不会直接发生成本的商业形态。

而在另一方面，销售费用及一般管理费比重较大，那是因为门户网站需要搜集各种信息并整理更新到网站上，这需要耗费相当大的人力。为此，雅虎人工作业部分中人事费占 9.2 日元，外包编辑部分的业务委托费 4.8 日元。另外，雅虎的税费达 22.8 日元，每 100 日元销售额需要付出 22.8 日元的企业相当罕见，而这也体现出了雅虎的高收益性。

2. 资产负债表

比较谷歌和雅虎的资产负债表：谷歌总资产 5 兆 6419 亿日元，流动资产 4 兆 1014 亿日元（72.7%），固定资产 1 兆 5405 亿日元（27.4%）。单看资产部分，现金和存款 7761 亿日元、有价证券 2 兆 6931 亿日元，可以看出用于投资的资金合计 3 兆 4692 亿日元。另外，由于谷歌数据中心存在大量服务器，所以固定资产中的有形资产金额为 7465 亿日元。

其他资产方面，商誉 5711 亿日元。所谓商誉是指以高出其他企业净资产的价格将其收购时产生的资产，发生在收购拥有品牌力和技术力的企业时。谷歌 2011 年进行了 79 次收购，由此产生了高额商誉。商誉的数额大，与有型设备和库存并无关系，而是证明了该企业收购了拥有强大技术力、信息力等无形资产的企业。

再看负债部分，流动负债 6929 亿日元（12.3%），非流动负债 4288 亿日元（10.4%），负债合计 1 兆 1217 亿日元（19.9%）。净资产合计 4 兆 5202 亿日元（80.1%），比率相当高，可以看出其财务结构很健全。

来看雅虎的资产负债表。雅虎总资产 5620 亿日元，流动资产 4570 亿日元（81.3%），固定资产 1050 亿日元（18.7%）。资产部分，现金及存款 2573 亿日元，应收款项 1246 亿日元，流动资产比例非常高。另外，总资产的 5620 亿日元约是谷歌总资产的十分之一。负债部分，流动负债 910 亿日元（16.2%），非流动负债 27 亿日元（0.5%），负债合计 937 日元（16.7%）。净资产合计 4683 亿日元（83.3%），财务结构相当健全。

接下来，通过两家企业数据的对比进行分析。首先，谷歌 80.1%，雅虎 83.3%，两家企业的净资产比例都很高，并且两家企业净资产的半数以上也都是流动资产（谷歌 72.7%、雅虎 81.3%），数字是流动负债的 5 ~ 6 倍，由此体现出了他们优异的短期支付能力。从这些数据可以判断，两家企业的经营稳定性都非常有保障。

下面再看固定资产比率，谷歌的 27.3% 比雅虎的 18.7% 多了将近 10%，这是由于两家不同的商业模式导致的。谷歌使用机器人型搜索引擎，需要为储存大量数据的数据中心投资。与之相对的雅虎以目录型引擎门户网站为原点，尽管信息整理等工作会产生高额人事费，却不需要谷歌那样大额的设备投资。

参考文献

[1] 竺素娥，涂必胜 . 财务管理 [M]. 杭州：浙江工商大学出版社，2011.
[2] 王化成 . 财务管理 [M]. 北京：中国人民大学出版社，2016.
[3] 杨周楠，王海林，续慧泓 . 财务管理信息化 [M]. 北京：电子工业出版社，2008.
[4] 张瑞君 . 网络环境下的会计实时控制 [M]. 北京：中国人民大学出版社，2004.
[5] 陈翔鸥 . 网络财务理论与技术 [M]. 苏州：立信会计出版社，2005.
[6] 熊细银，熊晴海 . 网络财务管理 [M]. 北京：北京大学出版社，2012.
[7] 潘东高 . 网络环境下会计理论和方法若干问题研究 [D]. 武汉：武汉理工大学博士论文，2003.
[8] 张克友 . 网络财务理论及应用 [M]. 郑州：郑州大学出版社，2009.
[9] 苏亚民 . 网络背景下企业财务与业务信息处理一体化研究 [M]. 北京：世界图书出版公司，2013.
[10] 小哈里森 . 财务会计 [M]. 北京：清华大学出版社，2013.
[11] 陈少华 . 财务会计研究 [M]. 北京：中国金融出版社，2007.